Pequeñas cosas bellas

Pequeñas cosas bellas

Consejos sobre la vida y el amor
de alguien que ya lo ha vivido

Cheryl Strayed

Traducción de
Isabel Ferrer y Carlos Milla

Rocaeditorial

Título original: *Tiny beatiful things*

Copyright © 2012 by Cheryl Strayed

Primera edición: febrero de 2015

© de la traducción: Isabel Ferrer y Carlos Milla
© de esta edición: Roca Editorial de Libros, S.L.
Av. Marquès de l'Argentera 17, pral.
08003 Barcelona
info@rocaeditorial.com
www.rocaeditorial.com

Impreso por LIBERDÚPLEX, s.l.u.
Crta. BV-2249, km 7,4, Pol. Ind. Torrentfondo
Sant Llorenç d'Hortons (Barcelona)

ISBN: 978-84-9918-920-8
Depósito legal: B. 26.938-2014
Código IBIC: DNF

RE89208

Para Stephen Elliott e Isaac Fitzgerald.
Y para todas las personas que me escribieron.

Índice

Introducción

En su día yo fui Sugar: lecciones sobre empatía radical

$\mathcal{H}$ace mucho tiempo, antes de existir Sugar, existió Stephen Elliott. A Stephen se le ocurrió cierta idea para una página web, cosa que así de entrada no suena muy original, lo reconozco, salvo por el hecho de que esa idea consistía en crear un foro en línea en torno a la literatura, titulado *The Rumpus* [«El jaleo»]. Como el propio Stephen era escritor, y, por lo tanto, pobre, intentó convencer a sus amigos escritores, tan pobres como él, para que le echaran una mano.

13

Y nosotros, sus amigos, aceptamos, porque queremos a Stephen y porque (si se me permite hablar en representación de todo el grupo) nos moríamos de ganas de encontrar una distracción de apariencia noble. Mi aportación fue un consultorio sentimental, y como título propuse «Dear Sugar Butt» [«Querida Trasero de Azúcar»], por la expresión afectuosa que usábamos Stephen y yo para dirigirnos el uno al otro en nuestra correspondencia por *e-mail*. No entraré en detalles respecto al homoerotismo bobo que subyace en semejante expresión de cariño. Baste señalar que al final «Dear Sugar Butt» se abrevió, por suerte, en «Dear Sugar» [«Querida Azúcar»].

Hace falta ser un poco arrogante, como es mi caso, para asumir la responsabilidad de ponerse al frente de un consultorio sentimental. Pero lo justifiqué pensando que podía crear un consultorio distinto, algo irreverente e implacablemente sincero a la vez. El defecto de diseño fue que concebí a Sugar como un personaje, una mujer con un pasado turbulento y una manera de expresarse un tanto atrevida. Y si bien hubo momentos en que Sugar me pareció real, en que tuve la sensación de sintonizar con la aflicción de mis corresponsales, las más de las veces fingí, recurriendo al ingenio cuando no encontraba inspiración en el corazón. Después de un año escribiendo una carta tras otra a vuelapluma, lo dejé.

Y ahí habría acabado Sugar si, por esas fechas, no me hubiese topado con un texto no literario de Cheryl Strayed. Yo conocía a Cheryl como autora de una magnífica y desgarradora novela titulada *Torch*. Pero al leer este otro artículo, un penetrante recuerdo de una infidelidad y el dolor de una pérdida, sentí el cosquilleo de un pálpito. Le escribí para preguntarle si quería relevarme en el papel de Sugar.

Fue un disparate pedírselo a ella. Como yo, Cheryl tenía dos hijos pequeños y un montón de deudas, y no contaba con ningún puesto académico estable. Lo último que necesitaba era un consultorio sentimental en línea no remunerado. Por supuesto, yo tenía una baza importante: Cheryl era la única admiradora que me había escrito una carta en mi papel de Sugar.

14

Sugar se convirtió en un fenómeno como consejera sentimental gracias a su respuesta a lo que, para cualquier otra persona, habría sido una carta digna de tirarse a la basura: «Querida Sugar —escribía el corresponsal, que debía de ser un hombre joven—: ¿qué coño, qué coño, qué coño? Planteo esta pregunta tal como uno se la hace a diario ante todas las situaciones». La respuesta de Cheryl empezó de la siguiente manera:

Querido Qué Coño:

El padre de mi padre me obligaba a meneársela cuando yo tenía tres y cuatro y cinco años. No se me daba nada bien. Tenía las manos demasiado pequeñas, no conseguía el ritmo adecuado y no entendía lo que hacía. Solo sabía que no quería hacerlo. Sabía que me sentía desdichada y angustiada de una manera tan nauseabundamente peculiar que ahora mismo siento que me sube a la garganta esa náusea tan peculiar.

Fue algo sin precedentes. Al fin y al cabo, los consultorios sentimentales se adhieren a un código tácito, según el cual hay que centrarse en el corresponsal, ofrecer las frases manidas de rigor, inducir a pensar que todo es soportable. Contar los abusos sexuales que uno mismo ha padecido no forma parte del código.

Sin embargo, Cheryl no pretendía escandalizar sin más a un joven inmaduro para inculcarle compasión. Anunciaba la naturaleza de su misión en el papel de Sugar. El futuro nos deparará a todos aflicciones inexplicables, eso era en esencia lo que ella quería decir. La vida no es un juego narcisista que se practica en línea. Todo importa: cada pecado, cada cargo de conciencia, cada aflicción. Como prueba de ello, describió su propia lucha ante una crueldad que había sufrido antes de tener siquiera edad para entenderla. Así, concluyó con delicadeza: «Plantéate mejor las preguntas, encanto. ¿Qué coño es tu vida? Contesta a eso».

Al igual que mucha gente, leí esa respuesta con lágrimas en los ojos, que es como uno lee a Sugar. No estábamos ante una entrometida formalista que lidiaba con angustias modernas. Sugar era un ser humano real que, temerariamente, se desnudaba ante nosotros para ayudarnos a entender la naturaleza de nuestras propias dificultades.

15

Casualmente, creo que Estados Unidos se muere de soledad, que nosotros, como personas, hemos caído en el falso sueño de la conveniencia. Hemos dejado de comprometernos seriamente con nuestra vida interior —esa fuente de sentimientos tan poco convenientes— y hemos sucumbido a las desenfrenadas tentaciones de lo que nuestros amigos del «negocio de la codicia» llaman el «libre mercado».

Nos precipitamos cada vez más deprisa a través del tiempo, el espacio y la información, buscando esa conexión en la Red. Pero, a la vez, nos alejamos de nuestras familias, de nuestros vecinos y de nosotros mismos. Hacemos *egosurfing*, actualizamos nuestro estado en las redes sociales y echamos un vistazo para ver qué famosos arruinan sus vidas y cómo lo hacen. Pero este método de curación no surte efecto.

Y por eso, creo, Sugar es ya tan importante para tanta

gente. Porque ofrece algo casi inusitado en nuestra cultura: empatía radical. La gente acude a ella con verdadero dolor, y ella la atiende, contando anécdotas de su propia vida, situaciones concretas que la llevaron a sentirse frustrada y perdida, y hablando de los caminos que siguió para reencontrarse. Es capaz de transformar en auténtica literatura lo que sería la materia prima de los manuales de autoayuda.

Ahora me viene a la cabeza la respuesta que le dio a un hombre destrozado por la muerte de su hijo, un hombre que le preguntaba cómo volver a ser humano. «La extraña y dolorosa verdad es que soy una persona mejor porque perdí a mi madre de joven —escribió Sugar—. Cuando dices que lees mis textos como si fueran sagrados, lo que haces es alcanzar ese lugar divino dentro de mí que es mi madre. Sugar es el templo que construí en mi lugar obliterado.»

En ese sentido, *Pequeñas cosas bellas* puede leerse como una especie de autobiografía hecha a medida. Pero es una autobiografía que tiene un propósito. Con mucha paciencia y elocuentemente, Cheryl asegura a sus lectores que, dentro del caos generado por nuestra vergüenza, nuestra decepción y nuestra ira, hay un significado, y dentro de ese significado se halla la posibilidad de rescate.

Llama la atención que Sugar haya nacido en Internet, ese mundo en penumbra al que acude la gente que necesita huir de su verdadero yo para reconstruir su identidad a bajo precio, para lucirse en público. Internet puede ser muchas cosas, claro está. Con demasiada frecuencia, es un pozo negro de distracciones, un lugar donde nos permitimos practicar el deporte moderno de la crítica mordaz y el regodeo en el sufrimiento ajeno, exponiendo las razones de nuestro propio fanatismo, un lugar donde nos burlamos del sufrimiento ajeno y, por lo tanto, lo despreciamos.

Sin embargo, el sueño que nos ronda a cuantos navegamos por Internet es poder confesar algún día nuestro propio sufrimiento, poder encontrar a alguien que nos escuche de verdad, que no nos dé la espalda al conocer nuestras revelaciones más repelentes. Ese alguien es Sugar.

Cuentes lo que le cuentes a Sugar, para ella todo será hermoso y humano. Por eso, hombres y mujeres le escriben sobre intimidades que no pueden compartir con nadie más, impulsos inefables, penas insolubles. Ella sabe que la atención es el primer y último acto de amor, sabe que el recurso más escaso entre los humanos no es el petróleo barato ni el agua potable, ni siquiera el sentido común, sino la misericordia.

En cada una de las respuestas de su sección —me cuesta emplear las palabras «consultorio sentimental», que parecen restar valor a lo que hace— obra el mismo milagro: absorbe nuestras historias. Deja que habiten dentro de ella y piensa en las experiencias de su propia vida. También se da cuenta de que hay otra historia más verdadera tras la que solemos presentar al mundo, aquella que no podemos o no queremos ver, la realidad que eludimos y las falsas ilusiones, las situaciones en las que sencillamente nos atascamos. Puede que Sugar sea tierna, pero no dora la píldora. En ese sentido, ofrece lo que esperamos de una madre: suficiente compasión para sentirnos a salvo dentro de nuestra necesidad rota, y suficiente sabiduría para aferrarnos a la esperanza.

17

Así que decidme, valientes, ¿quién hace este trabajo hoy en día? No los que comercian con la fama en Hollywood, con sus explosiones y sus tetas relucientes, ni los demagogos movidos por el afán de lucro del Cuarto Poder, ni los políticos que asesinan la moral en nombre de los patrocinadores corporativos y que a eso lo llaman política.

Es Sugar quien hace este trabajo. Y eso la convierte en artista.

Cheryl Strayed era artista mucho antes de convertirse en Sugar. Quienes han tenido la suerte de haber leído la novela de Cheryl, *Torch*, o su relato autobiográfico, *Salvaje*, ya lo saben.

Para ella ha sido difícil conciliar sus dos vidas: por un lado, la de responsable anónima de un consultorio sentimental con un gran número de seguidores incondicionales; por otro, la de escritora, madre y esposa que intenta llegar a fin de mes. Los maledicentes de Internet y los detractores se lo pasarán en grande despotricando de esta dicotomía Cheryl/Sugar. Pero el nombre del autor no es lo que importa a los lectores. Lo que les importa es lo que escribe.

Pequeñas cosas bellas perdurará como obra literaria, al igual que los demás libros de Cheryl, porque todos ellos cumplen con el cometido esencial de la literatura: nos hacen más humanos. Necesitamos libros, y los libros de Cheryl en particular, porque todos nosotros, en el reino privado de nuestros corazones, necesitamos desesperadamente la compañía de un amigo sabio y verdadero. Alguien que no se avergüence de nuestras emociones, ni de las suyas, que sea consciente de que la vida es corta y lo único que podemos dar, en definitiva, es amor.

La empatía radical no está de moda. La última versión del capitalismo trabaja a marchas forzadas para que concentremos nuestra atención en el producto, no en las personas. Por eso ahora necesitamos tanto a Sugar. Ya entenderéis lo que quiero decir cuando paséis a la próxima página.

Corred hacia la oscuridad, encantos, y brillad.

STEVE ALMOND

PRIMERA PARTE

Siempre fuimos solo nosotros

¿Qué es este libro?

Es una selección de textos del consultorio «Querida Sugar». Muchos se publicaron originalmente en *TheRumpus.net*. Otros aparecen aquí por primera vez. Las cartas incluidas en este libro llegaron a Sugar por *e-mail* de manera anónima a través de *The Rumpus* o directamente a su dirección de correo electrónico. La mayoría de las personas que me escribieron no sabían que yo era Cheryl Strayed y, del mismo modo, yo desconocía la identidad de la mayoría de los autores de las cartas. Este libro es una recopilación de intercambios íntimos entre desconocidos.

¿Introdujiste cambios en las cartas antes de publicarlas?

En algunos casos, corregí un poco las cartas para hacerlas más breves o más claras, pero casi todas aparecen tal como las escribieron las personas que sintieron el impulso de dirigirse a mí.

¿A qué clase de cartas contestas?

A toda clase de cartas. Unas tratan de idilios y amor; otras, del dolor y la pérdida; y otras, de cuestiones de dinero o problemas familiares. Mis criterios para decidir qué cartas voy a contestar en la sección de «Querida Sugar» son muy subjetivos: contesto a cualquier cosa, siempre y cuando me interese, me plantee un desafío o me conmueva.

¿Qué clase de consejos das?

Los mejores que se me ocurren.

Como una campana de hierro

Querida Sugar:

Mi matrimonio se fue a pique después de veinte años. ¿Quién tuvo la culpa? ¿Yo? ¿Mi mujer? ¿La sociedad? No lo sé. En aquellos tiempos, los años ochenta, éramos demasiado inmaduros para el matrimonio, y los dos nos esforzamos en evitar la infelicidad que pendía sobre nosotros.

Sin embargo, eso es el pasado. En los tres años que han pasado desde que nos separamos, he tenido otras relaciones. Una superficial, una seria... y otra, que es la actual. Con la superficial no hubo ningún problema: expliqué muy claramente que no quería una relación estable tan pronto. La segunda, al principio, fue superficial, y de hecho rompí cuando ella empezó a tomársela en serio, pero no fui capaz de alejarme y le prometí que me plantearía hacer planes a largo plazo con ella. También le dije que la «quería» después de todo un año evitando hablar de amor, palabra cuyo significado, en realidad, no entiendo. Me eché atrás cuando llegó la hora de la verdad, y así perdí a una amante y, a la vez, a una amiga.

Ahora he conocido a otra mujer con la que me entiendo muy bien. Salimos y tenemos relaciones íntimas desde hace unos cuatro meses. Ella está atravesando un divorcio difícil. Cuando nos conocimos, no buscaba un compromiso. Eso a mí me pareció muy bien, pero, en realidad, ninguno de los dos tenía interés en salir con más de una persona, así que aquí estamos, con una relación en exclusiva.

Creo que está enamorándose de mí, aunque ella evite pronunciar la palabra «amor». También yo la evito, pero es evidente que es algo que a los dos nos ronda por la cabeza. Me da miedo expresarle mi amor en voz alta, ya que sé por experiencia que eso viene cargado de promesas y compromisos que son muy frágiles y fáciles de romper.

Mi pregunta es: ¿cuándo es el momento adecuado para dar ese gran paso y declarar uno su amor? ¿Y en qué consiste eso de «amar»?

Cordialmente,

JOHNNY

24 *Q*uerido Johnny:

La última palabra que me dirigió mi madre fue «amor». Estaba tan enferma, débil y trastornada que no pudo acabar y decir «amor mío», pero dio igual. Esa simple palabra tiene el poder de sostenerse por sí sola.

Yo no estaba con mi madre cuando murió. No había nadie a su lado. Murió sola en una habitación de hospital. Por eso me pasé muchos años con la sensación de que tres cuartas partes de mis entrañas eran un bloque de hielo. Reproduje una y otra vez en mi cabeza la sucesión de acontecimientos y decisiones que me impidieron estar junto a mi madre en sus últimas horas, pero darle vueltas no sirvió de nada. Darle vueltas era un largo salto en picado hacia un cubo de mierda sin fondo.

Ya nunca me sería posible estar con mi madre en el momento de su muerte. Ella nunca volvería a la vida. Lo último que sucedió entre nosotras siempre sería lo último. Quedaría la manera en que yo me incliné para darle un beso y la manera en que ella dijo: «No, por favor», cuando me acerqué, porque ya no soportaba el dolor físico que sentía cada vez que alguien la tocaba. Quedaría la manera en que le anuncié que volvería a la mañana siguiente y la manera en que ella, en respuesta, se limitó a asentir. Quedaría la manera en que yo cogí mi abrigo y dije: «Te quiero», y la manera en que ella guardó silencio hasta que me disponía a salir y entonces dijo: «Amor». Y quedaría la manera en que al día siguiente, cuando volví, ella seguía allí tendida en aquella misma cama, pero muerta.

La última palabra de mi madre resuena dentro de mí como el tañido de una campana de hierro que anuncia la hora de comer: «amor, amor, amor, amor, amor».

Pensarás, supongo, que esto no tiene nada que ver con tu pregunta, Johnny, pero tiene mucho que ver con mi respuesta. Tiene mucho que ver con «todas» las respuestas que he dado a mis corresponsales. Es la historia del origen de Sugar. Y es a lo que mi mente ha estado volviendo una y otra vez en estas últimas cinco semanas desde que me escribiste y dijiste que desconocías la definición de «amor».

No es algo tan difícil de entender como pareces creer, encanto. El amor es el sentimiento que nos inspiran aquellos que nos importan mucho y a quienes tenemos en alta estima. Puede ser ligero como el abrazo que damos a un amigo o pesado como los sacrificios que hacemos por nuestros hijos. Puede ser romántico, platónico, familiar, fugaz, duradero, condicional, incondicional; puede estar colmado de pena, avivado por el sexo, empañado por los malos tratos, amplificado por la bondad, distorsionado por la traición, intensificado por el paso del tiempo, ensombrecido por las dificultades, aligerado por la generosidad, alimentado por el humor y «cargado de promesas y compromisos» que quizá queramos asumir o no, y quizá mantengamos o no. Seguramente, lo mejor que puedes hacer en tu vida es sacarle todo el puto jugo al amor. Y, en ese sentido, Johnny, creo que te queda mucho trabajo por delante.

Pero antes de abordar esa cuestión, quiero decirte lo siguiente, cariño: «digamos que en cierto modo yo sí te declaro mi amor».

Ese amor es por cómo me escribiste, dejando totalmente al descubierto tu corazón de pasota inquisitivo, asustado, patoso, desenfadado y reservado. Ese amor es porque me has obligado

25

a escribir «pasota», a pesar de que me opongo moralmente a toda forma de pasotismo, y a mencionarlo siquiera. Ese amor es porque durante cinco largas semanas apenas he pasado un día sin pensar: «Pero ¿y qué hago con Johnny? ¿Qué voy a decirle?». Ese amor es porque hace unas noches, cuando estaba en la cama con el señor Sugar, él leyendo *The New Yorker* y yo leyendo *Brain, Child*, tuve que parar y dejar la revista apoyada en mi pecho porque pensaba en ti y en tu pregunta; entonces el señor Sugar dejó también la revista apoyada en su pecho y me preguntó en qué pensaba, y se lo dije, y mantuvimos una conversación sobre tus problemas y luego apagamos la luz; él se durmió, pero yo me quedé despierta con los ojos cerrados, escribiendo mi respuesta para ti en la cabeza durante tanto tiempo que al final me di cuenta de que no iba a conciliar el sueño, así que me levanté y me paseé por la casa, y me serví un vaso de agua y me senté a la mesa de la cocina a oscuras, y miré la calle mojada por la ventana, y mi gata se acercó, se subió de un salto a la mesa y se sentó a mi lado. Entonces, al cabo de un rato, me volví hacia ella y dije: «¿Qué voy a decirle a Johnny?». Y ella ronroneó.

Siempre supe qué te diría. El problema no era no saberlo. Pero no sabía cómo acceder al sinfín de cosas dispuestas en múltiples capas superpuestas que me sugería tu carta: las preguntas no formuladas que se adivinaban tan claramente bajo las preguntas que sí expresaste.

Lo que a ti te da miedo no es el amor. Lo que te da miedo es toda la basura que has vinculado al amor. Y te has convencido de que negar una sencilla palabra a la mujer a la que crees amar te protegerá de toda esa basura. Pero no es así. Estamos en deuda con las personas que nos importan y a las que nosotros importamos, tanto si les decimos que las queremos como si no. Nuestra principal obligación es ser sinceros: explicar cómo es nuestro afecto cuando esa explicación puede ser trascendente o clarificadora.

Y en tu caso lo será. Me preguntas cuándo es el momento adecuado para decir a tu amante que la amas; la respuesta es: cuando creas que la amas. Ese también es el momento adecuado para explicarle lo que significa para ti tu amor por ella. Si sigues recurriendo a una conducta evasiva como principal táctica en tus relaciones amorosas con las mujeres, vas a entorpecer no solo tu felicidad, sino también tu vida.

Te animo a hacer algo más que levantar las manos cuando te plantees «quién tuvo la culpa» de que tu matrimonio de veintiún años se fuera a pique. Nadie tuvo la culpa, querido; aun así, todo recae en ti. Te corresponde a ti reflexionar acerca de lo que fue bien y lo que fue mal en tu relación, y analizar cómo podrías aplicar en tus relaciones actuales y/o futuras lo que fue bien y erradicar lo que fue mal.

Dicen que los drogadictos dejan de madurar emocionalmente cuando empiezan a consumir, y he conocido a los suficientes drogadictos para saber que es así. Creo que lo mismo puede ocurrir en las relaciones monógamas de larga duración. Tal vez algunas de tus limitadas interpretaciones sobre lo que implica pronunciar la palabra «amor» son vestigios de lo que pensabas que implicaba cuando te comprometiste, hace muchos años, con tu exmujer. Eso es el pasado, como bien dices, pero sospecho que parte de ti sigue detenida en aquel entonces.

Una declaración de amor no está inherentemente «cargada de promesas y compromisos que son muy frágiles y fáciles de romper». Las condiciones que aceptas en cualquier relación tienen que ver con si has dicho «te amo» o no, pero no es eso lo que las define. «Te amo» puede significar: «Creo que eres estupenda y hermosa, y haré cuanto esté en mis manos para ser tu pareja durante el resto de mi vida». Puede significar: «Creo que eres estupenda y hermosa, pero ahora mismo atravieso una etapa de transición, así que vamos a tomarnos lo de las promesas con calma y aceptar las cosas tal como vengan». Puede significar: «Creo que eres estupenda y hermosa, pero no me interesa un compromiso contigo, ni ahora ni probablemente nunca, por mucho que sigas siendo estupenda y hermosa».

La cuestión, Johnny, es que tienes que decir algo. Has de definir las condiciones de tu vida. Tienes que resolver las complejidades y las contradicciones de tus sentimientos por esa mujer y expresarlas. Debes describir esa clase concreta de amor, ese amor en plan «joder, yo no quería enamorarme, pero no sé cómo me he enamorado», que según parece sientes por ella. Juntos, ambos asumís todo lo que significa tener un compromiso «sin compromiso», exclusivo y muy oportuno en medio de su difícil divorcio y no mucho tiempo después de tu matrimonio de dos décadas.

Hazlo. Hacerlo liberará tu relación de la tensa maraña que se forma cuando uno se calla las cosas. ¿Te das cuenta de que tu reticencia a pronunciar la palabra «amor» ante tu amante ha creado un campo de fuerza por sí sola? Callarse las cosas distorsiona la realidad. Las personas que se callan las cosas se vuelven desagradables y mezquinas. Las personas a quienes se les ocultan las cosas se desquician y se desesperan, y son incapaces de saber lo que sienten.

Así que libérate de eso. Déjate de estrategias y reservas. Las estrategias y las reticencias son para los capullos. Sé valiente. Sé auténtico. Utiliza la palabra «amor» con las personas a las que amas para que, cuando sea importante pronunciarla, la pronuncies.

Todos nos moriremos algún día, Johnny. Toca la campana de hierro como si fuera la hora de comer.

Un saludo,

SUGAR

Cómo desatascarse

*Q*uerida Sugar:

Hace unos dieciocho meses me quedé embarazada. En una reacción que nos sorprendió tanto a mi novio como a mí, decidimos tener el bebé. Aunque no habíamos planificado el embarazo, nos hacía ilusión ser padres. Era un hijo muy querido y deseado. Cuando estaba de seis meses y medio, lo perdí. Desde entonces me cuesta levantarme de la cama.

No paso un solo día sin pensar quién habría sido esa criatura. Era una niña. Tenía un nombre. Cada día, al despertar, pienso: «Mi hija ahora tendría seis meses» o «Quizás hoy mi hija habría empezado a gatear». A veces solo puedo repetirme una y otra vez la palabra «hija».

Naturalmente, tengo la impresión de que todo el mundo alrededor va a tener un hijo y no veo más que bebés por todas partes, así que me impongo la obligación de alegrarme por ellos y de tragarme la sensación de vacío. La verdad es que ya no siento gran cosa, y, sin embargo, todo me duele. Según la mayoría de las personas que me rodean, ya tendría que haber superado mi dolor. Como me señaló alguien: «Solo fue un aborto». Así que también me siento culpable por quedarme tan atascada, llorando por la pérdida de una hija que nunca existió, cuando debería haberlo dejado atrás o algo así.

No hablo mucho del tema. Hago ver que no ha pasado. Voy a trabajar y salgo con gente, y sonrío y me comporto como si todo estuviera bien. Mi novio se ha portado genial y me ha apoyado mucho, aunque no creo que entienda lo mal que estoy. Quiere que nos casemos e intentemos tener otro hijo. Cree que eso me animará. No es así. Me dan ganas de darle un puñetazo por no sentirse como yo.

Por otro lado, está el motivo por el que perdí a mi hija. El médico del hospital dijo que no le extrañaba que hubiera abortado, ya que el mío era un embarazo de alto riesgo a causa de la obesidad. No me fue fácil oír que la culpable del aborto era yo. Parte de mí piensa que el médico era un gilipollas, pero otra parte dice: «Tal vez tenga razón». No soporto pensar que tuve la culpa, que yo misma provoqué el aborto. A veces ni siquiera soy capaz de respirar de lo culpable que me siento. Cuando salí del hospital, contraté a un entrenador personal, me puse a régimen y empecé a perder peso, pero ahora me he descontrolado por completo. A veces me paso días sin comer y, de pronto, me atiborro y después vomito. Estoy horas y horas en el gimnasio, caminando en la cinta hasta que no puedo dar un paso más.

Mis amigos y mi familia piensan que estoy muy bien, Sugar, pero nada más lejos de la verdad. Solo puedo pensar en que la pifié. Me siento desbordada por todo. La parte racional de mí entiende que, si no salgo de esto, me haré mucho daño. Lo sé, y, sin embargo, la verdad es que me trae sin cuidado.

Quiero saber qué puedo hacer para que vuelvan a importarme las cosas. Quiero saber qué puedo hacer para no sentirme tan culpable, qué puedo hacer para superar la sensación de que maté a mi bebé.

Mi hija ya tenía nombre. La queríamos. Por un lado, me da la impresión de que soy la única a quien eso le importa. Por otro, me siento fatal por lamentar lo que «solo fue un aborto» cuando ya ha pasado casi un año. Estoy atascada.

Cordialmente,

ATASCADA

*Q*uerida Atascada:

Lamento mucho que tu hijita haya muerto. Lo lamento de verdad. Siento vibrar tu sufrimiento a través de la pantalla de mi ordenador. Es lógico. Es como debe ser. Aunque vivimos en una época, en un lugar y dentro de una cultura que intenta convencernos de lo contrario, sufrimos cuando nos suceden cosas horrendas.

No escuches a la gente que dice que a estas alturas tendrías que haber «superado» la muerte de tu hija. Las personas que predican en voz más alta sobre estas cuestiones nunca, por lo general, han tenido que superar nada. O al menos nada que altere la vida de verdad, que te trastoque la cabeza y te aplaste el alma. Algunas de esas personas creen que, quitando importancia a tu dolor, te ayudan. Otras se amedrentan ante la intensidad de tu pérdida y utilizan las palabras para alejar tu dolor. Muchas de esas personas te quieren y son dignas de tu amor, pero no serán ellas quienes te ayuden a aliviar el dolor causado por la muerte de tu hija.

Viven en el planeta Tierra. Tú vives en el planeta Mi Bebé Ha Muerto.

Tengo la impresión de que ahí te sientes muy sola. No lo estás. Ahora mismo hay mujeres que leen esto con lágrimas en los ojos. Hay mujeres que se han pasado el día canturreando para sus adentros «hija, hija, hija» o «hijo, hijo, hijo». Mujeres que se han torturado en privado por lo que temen haber hecho o no haber hecho para causar la muerte de su hijo. Debes buscar a esas mujeres. Ellas pertenecen a tu tribu.

Lo sé porque yo misma he vivido en unos cuantos planetas que no eran el planeta Tierra.

No hay nada como el poder curativo de un intercambio de palabras, por pequeño que sea, con alguien que enseguida entiende con toda exactitud de qué estás hablando porque también lo ha vivido. Llama a los hospitales y a las clínicas de obstetricia de tu zona e infórmate acerca de los grupos de apoyo para las personas que han perdido hijos en el parto, o antes o después. Lee la autobiografía de Elizabeth McCracken *An Exact Replica of a Figment of My Imagination*. Busca foros en línea donde puedas conversar con otras personas sin necesidad de fingir.

Y también deja de fingir ante ese novio tan adorable. Dile que te gustaría darle un puñetazo y explícale la razón. Pregúntale qué representa para él la muerte de tu hija y haz el esfuerzo de escucharlo cuando te hable de su experiencia, sin compararla con la tuya. Creo que deberías ver a un psicólogo —tanto sola como con tu novio— y te recomiendo encarecidamente que cojas el teléfono y pidas hora hoy mismo. Un psicólogo te ayudará a exteriorizar y a examinar el complejo dolor al que tanto te aferras, y te ayudará también a tratar esa depresión (probablemente situacional).

Así te desatascarás, Atascada. Tienes que tender la mano y buscar ayuda fuera. No para dar la espalda a la hija a la que amabas, sino para poder vivir la vida que te corresponde, esa que incluye la triste pérdida de tu hija, pero no acaba ahí. Esa vida que con el tiempo te conducirá a un lugar en el que, además de llorarla, te sentirás afortunada por haber tenido el privilegio de quererla. Ese lugar de verdadera sanación es un lugar de una virulencia extrema. Es un lugar gigantesco. Es un lugar de una belleza monstruosa y una oscuridad infinita y una luz resplandeciente. Y para llegar allí tienes que hacer un gran esfuerzo, un esfuerzo colosal, pero puedes conseguirlo. Eres una mujer capaz de recorrer esa distancia. Lo sé. Tu capacidad para lograrlo se pone de manifiesto en cada una de las palabras de la radiante estrella de dolor que es tu carta.

A veces ser Sugar es una tarea obsesiva. Es divertida y tiene su gracia; es fascinante e interesante, pero, de vez en cuando, una pregunta de un corresponsal penetra en mi cabeza tal como penetran y me obsesionan personajes, escenas o situaciones en otros textos que escribo. No puedo dejar de pensar en esa pregunta. La contesto, pero hay algo más y lo sé, y no puedo dar la respuesta por concluida hasta que descubro qué es eso otro. Noto su presencia del mismo modo que la princesa percibe la presencia del guisante debajo de veinte colchones y otros tantos edredones. Sencillamente, no puedo descansar mientras eso siga ahí. Eso me pasa con tu pregunta, querida. Y si bien es verdad que debes buscar tu tribu y hablar con tu novio y pedir hora con un psicólogo, hay algo que es aún más verdad, y es lo siguiente.

Hace unos años trabajé con preadolescentes en un colegio de enseñanza media. La mayoría de las alumnas eran chicas blancas pobres, de séptimo y octavo. Ni una sola tenía un padre como es debido. Casi todos estaban en la cárcel o vagaban por las calles de la ciudad colgados de la droga…, o se tiraban a sus hijas, o bien ellas ni siquiera los conocían. Sus madres eran jóvenes manipuladas y maltratadas, aturdidas por el consumo de drogas y alcohol, con tendencia ellas mismas a infligir malos tratos. Las veintipico chicas elegidas para reunirse conmigo, tanto en grupo como individualmente, habían sido clasificadas por el profesorado del colegio como alumnas de «más alto riesgo».

La descripción de mi puesto era «defensora de los jóvenes», y empleaba el método de la consideración positiva incondicional. Mi misión consistía en ayudar a las jóvenes a salir adelante a pesar de la espantosa olla de mierda en la que se habían cocido a fuego lento durante toda su vida. Salir adelante en ese contexto significaba no quedarse embarazadas o no ir a la cárcel antes de acabar secundaria. Significaba conservar después un empleo de camarera en Taco Bell o de dependienta en Walmart. ¡Solo eso! Era algo así de intrascendente, pero a la vez tan importante. Era como intentar empujar un tráiler con el dedo meñique.

En rigor, yo no estaba facultada para ser defensora de los jóvenes. Nunca había trabajado con jóvenes ni había prestado ayuda psicológica a nadie. No tenía estudios de magisterio ni de psicología. En los años anteriores, había sido una camarera que escribía relatos en cuanto tenía ocasión. Pero, por alguna razón, quería ese empleo, de modo que usé mis dotes de persuasión para conseguirlo.

Se suponía que las chicas no debían saber que yo pretendía ayudarlas a salir adelante. Tenía que capacitarlas en secreto, con sigilo y solapadamente, acompañándolas a lugares donde nunca habían estado para hacer cosas que nunca habían hecho. Las llevé a un gimnasio de escalada, a un ballet y a un recital de

33

poesía en una librería independiente. Partía de la teoría de que si les gustaba trepar con sus cuerpos de niñas en flor por una roca artificial con puntos de apoyo y asideros del tamaño de un guijarro, quizá no se quedaran preñadas. Si eran testigos de la belleza del arte representado en vivo —ejecutado delante de ellas—, no serían adictas a la metanfetamina, no robarían carteras y no acabarían en la cárcel a los quince años.

Por el contrario, se harían mayores y conseguirían un empleo en Walmart. Esa era la esperanza, el objetivo, la razón por la que me pagaban. Y mientras realizábamos esas actividades para capacitarlas, yo tenía que hablarles de sexo, drogas, chicos, madres, relaciones, hábitos de estudio sanos y de la importancia de la autoestima, y tenía que contestar con sinceridad a todas sus preguntas y recurrir a la consideración positiva incondicional para reafirmarlas cuando me contaban una historia.

Al principio me daban miedo. Me intimidaban. Tenían trece años; yo, veintiocho. Casi todas se llamaban Crystal, Brittany o Desiré. Se mostraban distantes y burlonas, tímidas y hoscas. Se escondían bajo capas y capas de cremas, lociones y productos para el pelo que olían un poco a chicle de fresa. Todo les resultaba de lo más odioso, y todo era aburrido y tonto, y lo que no era absolutamente guay era una «mariconada» total, y tuve que pedirles que no emplearan la palabra «mariconada», y explicarles por qué no debían usarla para decir que algo era una bobada, y ellas me tomaron por una «mamona» integral por pensar que cuando decían «mariconada» se referían a algo propio de un homosexual, y entonces tuve que pedirles que no dijeran «mamona», y todas nos echamos a reír. Al cabo de un rato repartí unos cuadernos que les había comprado.

—¿Podemos quedárnoslos? ¿Podemos quedárnoslos? —preguntaron a voces en un gran coro rebosante de alegría y desesperación.

—Sí —contesté—. Abridlos.

Les pedí que cada una escribiera tres cosas que fueran ciertas acerca de sí mismas y una que fuera mentira. Luego, una por una, las leyeron en voz alta, e intentábamos adivinar cuál era la mentira. Para cuando habíamos recorrido la mitad del círculo, todas me adoraban.

No a mí. Sino a quién yo era. No a quién yo era, sino a cómo las trataba: con consideración positiva incondicional.

Yo nunca había sido objeto de tanto deseo. Si tenía un prendedor para el pelo en forma de flor, querían quitármelo y ponérselo ellas. Si tenía un bolígrafo, me pedían que se lo regalara. Si tenía un bocadillo, me preguntaban si podían darle un bocado. Si tenía un bolso, querían ver qué llevaba dentro. Y, sobre todo, querían contármelo todo. Absolutamente todo. Hasta el último detalle de sus vidas. Y me lo contaban.

Cosas abominables, horribles, escandalosas, tristes y despiadadas. Cosas que me obligaban a entornar los ojos mientras escuchaba, como si con entornar los ojos pudiera oír con menos claridad esas historias y protegerme así de ellas. Cosas que me obligaban a cerrar la puerta de mi despacho cuando se marchaban y llorar a lágrima viva. Historias interminables de malos tratos, traición, ausencia y devastación, y esa clase de pena que entra en una espiral tan cerrada que al final se convierte en un cúmulo de desesperación eterna y ya ni siquiera parece una espiral.

Una de las chicas era muy guapa. Se parecía a Elizabeth Taylor de joven, sin caderas tan curvilíneas. Tenía una piel de una luminiscencia perfecta. Unos ojos de color azul mar. El pelo largo y brillante. Una generosa pechera, tamaño copa D, y, por lo demás, delgada como una modelo. Cuando la conocí, acababa de cumplir trece años. Ya se había tirado a cinco chicos y había hecho mamadas a diez. Había perdido la virginidad a los once años con el exnovio de su madre, un hombre que ahora estaba en la cárcel por robar un televisor. En ese momento, tenía un amante de treinta y dos años. La recogía casi todos los días a un paso del aparcamiento del colegio. La convencí para que me dejara llevarla a un centro de planificación familiar para que le administraran una inyección de Depro-Provera, pero, cuando llegamos, no se la dieron. No accedió a someterse a un examen ginecológico, y la doctora se negó a ponerle la inyección si ella no se dejaba reconocer. Ella lloró y lloró y lloró. Lloró con un miedo y un dolor tan intensos que daba la impresión de que alguien hubiera entrado en la consulta y hubiera marcado su hermoso culo con un hierro candente. Le dije todo lo que se me ocurrió para consolarla, inspi-

35

rarla y capacitarla. La doctora le habló en tono reconfortante, pero también imperioso. Con todo, esa chica que a los trece años ya se había tirado a cinco chicos y hecho mamadas a diez se negó a tenderse durante tres minutos en una camilla de reconocimiento, en una sala bien iluminada y en compañía de dos mujeres con buenas intenciones.

Otra chica vestía una enorme sudadera que le llegaba hasta las rodillas y, al margen de la temperatura que hiciera, llevaba siempre la capucha puesta. Una tupida cortina de pelo de colores punkis le colgaba ante el rostro. Era como si su cabeza tuviera dos partes de atrás, sin cara. Para moverse, ladeaba la cabeza discretamente de distintas maneras y miraba por debajo de su cortina de pelo. Se negó a hablar durante semanas. Fue la última en pedirme el bolígrafo. Llegar a conocerla fue como intentar congraciarse con un gato salvaje. Casi imposible. Un paso adelante y mil pasos atrás. Pero cuando lo logré —cuando la domestiqué, cuando se apartó el pelo y le vi el rostro pálido y frágil y lleno de acné—, me contó que casi todas las noches dormía en un cobertizo de madera ruinoso cerca del callejón situado detrás del bloque de apartamentos donde vivía con su madre. Iba allí porque no soportaba estar en el piso donde su madre, una alcohólica y enferma mental que no tomaba su medicación, despotricaba y deliraba, y a veces llegaba a la violencia física. La chica se remangó y me enseñó los cortes en los brazos, que se hacía repetidamente por el placer que le causaba.

Otra chica me contó que el novio de su madre, en un momento de enfado, la había sacado a rastras al jardín, había abierto la manguera y la había obligado a mantener la cara bajo el chorro de agua helada hasta casi ahogarla; luego no la había dejado entrar en la casa hasta pasadas dos horas. Corría el mes de noviembre. La temperatura era de unos cuatro grados. Esa no era la primera vez que ocurría. Ni sería la última.

Les expliqué a las chicas que esas cosas no estaban bien. Que eran inaceptables. Ilegales. Que llamaría a alguien y que ese alguien intervendría y aquello acabaría. Llamé a la policía. Llamé al servicio de protección de menores del estado. Los llamé a diario y nadie hizo nada. Nadie. Nada. Nunca. Por más veces que ese hombre estuviera a punto de ahogar a aquella niña con una manguera en el jardín, o por más veces que el individuo de treinta y dos años recogiera a la chica de trece años e imponente pechera en el aparcamiento del colegio, o por más veces que la chica encapuchada sin cara durmiera en el cobertizo ruinoso del callejón mientras su madre deliraba.

Tampoco yo había vivido entre algodones. Había pasado por no pocas dificultades y aflicciones. Creía saber cómo era el mundo, pero aquello me costaba creerlo. Creía que si algo malo le ocurría a un niño y el hecho salía a la luz, se pondría fin a ese hecho. Pero comprendí que no vivimos en una sociedad así. Esa sociedad no existe.

Un día, al llamar a los servicios de protección de menores, pedí a la mujer que me atendió que me explicara por qué nadie protegía a los niños. Me contestó que no había dinero para adolescentes que no estaban en una situación de peligro inmediato, porque el estado se encontraba en quiebra y, por lo tanto, los servicios de protección de menores se veían obligados a establecer prioridades. Cuando los afectados eran menores de doce años, los servicios intervenían en el acto, pero, cuando eran de mayor edad, se redactaba un informe, se archivaba y el nombre se añadía a una larga lista. Estos eran los chicos a quienes alguien, algún día, tendría que ir a ver para comprobar cómo estaban, eso cuando se dispusiera de tiempo y dinero, si es que alguna vez se disponía de tiempo y dinero. Lo bueno de los adolescentes, me dijo en confianza, era que si las cosas se ponían muy mal en casa, solían fugarse, y para los chicos fugados había más presupuesto.

Cuando colgué, tenía la sensación de que se me había partido el esternón. No había tenido tiempo aún de respirar cuando, de pronto, apareció la chica a quien el novio de la madre había estado a punto de ahogar con la manguera del jardín varias veces. Se sentó cerca de mi mesa, en la silla que ocupaban todas las chicas que me contaban sus historias horrendas, y me contó una historia horrenda más. Esta vez, al final, le contesté algo distinto.

Le contesté que eso no estaba bien, que era inaceptable, que era ilegal y que lo denunciaría. Pero no le prometí que fuera a dejar de suceder. No le prometí que alguien fuera a intervenir. Le expliqué que, muy probablemente, seguiría ocurriendo y que ella tendría que sobrevivir a eso. Que tendría que buscar dentro de sí la manera no solo de escapar de esa mierda, sino también de sobreponerse a ella, y si no era capaz de hacerlo, su vida entera sería una mierda, para siempre. Le dije que sería difícil huir de la mierda, pero si no quería correr la misma suerte que su madre, era ella quien debía evitarlo. Debía hacer algo más que aguantar. Debía tender la mano y buscar ayuda en el exterior. Debía desearlo más de lo que había deseado nada en el mundo. Debía agarrarse a todo lo bueno que se cruzaba en su camino como quien se ahoga, y debía alejarse a nado despavoridamente de todo lo malo. Debía contar los años y dejarlos pasar, crecer y luego alejarse lo máximo posible para correr hacia sus sueños mejores y más felices, que la esperaban al otro lado del puente construido por su propio deseo de sanación.

Pareció escuchar, de esa manera desganada y displicente propia de los adolescentes. Dije lo mismo a todas las chicas que entraron en mi despacho y se sentaron allí, en la silla de las historias horrendas. Ese acabó siendo mi Evangelio. Terminó siendo lo que decía con mayor frecuencia porque era lo más cierto.

También en tu caso es lo más cierto, Atascada, y en el caso de cualquier persona a la que le ha ocurrido algo realmente horrendo.

Nunca dejarás de querer a tu hija. Nunca te olvidarás de ella. Siempre sabrás su nombre. Pero ella siempre estará muerta. Nadie puede intervenir para enmendar eso, y nadie lo hará. Nadie puede borrarlo por medio del silencio ni apartarlo con palabras. Nadie te protegerá del sufrimiento. No puedes eliminarlo a fuerza de llorar, de comer, de pasar hambre, de alejarlo, de darle de puñetazos, ni haciendo una terapia. Está ahí, y tienes que sobrevivir a eso. Tienes que soportarlo. Tienes que vivirlo y quererlo, y seguir adelante y ser mejor persona por ello, y alejarte lo máximo posible hacia tus sueños mejores y más felices, que te esperan al otro lado del puente construido por tu propio deseo de sanación. Los psicólogos, los amigos y la demás gente que vive en el planeta Mi Bebe ha Muerto pueden ayudarte a lo largo del camino, pero la sanación —la auténtica sanación, ese auténtico momento de cambio en el que te arrodillas en el barro— depende única y exclusivamente de ti.

Ese empleo en la escuela de enseñanza media fue el mejor que he tenido, pero solo me quedé un año. Era un curro muy duro y yo era escritora, así que lo dejé para dedicarme a trabajos menos agotadores emocionalmente, a algo que me permitiera escribir. Un día, seis años después de dejarlo, fui a comer a un Taco Bell no muy lejos del colegio. Justo cuando recogía mis cosas para marcharme, una mujer con el uniforme de Taco Bell se acercó y me llamó por mi nombre. Era la chica sin rostro que vivía en el cobertizo ruinoso. Ahora llevaba el pelo recogido en una cola de caballo. Era una mujer adulta. Tenía veinte años, y yo, treinta y cinco.

—¿Eres tú? —exclamé, y nos abrazamos.

Me contó que estaban a punto de ascenderla a ayudante de dirección del local. Me habló también de las chicas de nuestro grupo con las que seguía en contacto y me explicó lo que hacían. Y me dijo que yo la había llevado de escalada, al ballet y a un recital de poesía en una librería independiente, y que esas cosas no las había vuelto a hacer nunca más.

—No te he olvidado, a pesar de los años que han pasado desde entonces —afirmó.

—Estoy muy orgullosa de ti —dije, dándole un apretón en el hombro.

—Lo he conseguido. ¿verdad?

—Así es —contesté—. Sin duda, lo has conseguido.

Yo tampoco la he olvidado. Se llama Desiré.

Un saludo,

SUGAR

Ese desfile exultante

Querida Sugar:

Soy un chico de veintiún años. Estoy en la universidad. Aunque trabajo a jornada completa para pagar parte de mis gastos, sigo viviendo en casa de mis padres. También uso su coche. No me importa vivir con mis padres; mejor dicho, no me importaría si no fuese gay. Mis padres son fundamentalistas cristianos. Creen que ser homosexual es un «pecado» contra el que una persona debe luchar, algo comparable al alcoholismo o la drogadicción. Creen que los homosexuales deberían arrepentirse y ver a Jesús.

Mis padres saben que soy gay, pero no lo reconocen. Creen que me he arrepentido y he encontrado a Jesús. Cuando tenía diecisiete años, mi madre amenazó con echarme de casa porque no estaba dispuesta a tolerar «mi conducta enfermiza bajo su techo». Para poder quedarme en casa de mis padres, tuve que acudir a un consejero cristiano para corregir mi homosexualidad. Me sometí a su tratamiento, pero no sirvió de nada. Me confundió aún más. No detesto a mis padres, pero me desagradan profundamente por el trato que me dan. Creen que soy hetero, pero no confían en mí. Mi madre me vigila a todas horas y, a menudo, irrumpe en mi habitación, según parece con la esperanza de sorprenderme haciendo algo. Cuando salgo, tengo que decirles con quién voy; si no, no me dejan el coche. Cortan la conexión a Internet si me quedo solo en casa y esconden el módem cuando se van a dormir porque temen que vea material «pecaminoso» y que eso me arrastre otra vez al «estilo de vida gay».

Aunque delante de mis padres y mi hermana finjo ser hetero, ante mis amigos, mis compañeros y también mi hermano (que me acepta incondicionalmente) he salido del armario. Vivir una doble vida supone una tensión muy grande para mí. He tenido dos relaciones homosexuales. Mis padres saben que mi novio actual es gay y lo tratan como si fuera a contagiarme otra vez la homosexualidad.

Me marcharía de casa, pero no encuentro ningún alojamiento que se ajuste a mi presupuesto. Una buena amiga acaba de ofrecerme la posibilidad de trasladarme a la costa del Pacífico, en el norte —vivo en la costa este—, y me lo estoy planteando seriamente. El problema es que no quiero huir de mis problemas y me gusta mucho el chico con el que mantengo relación, pero ahora mismo tengo la sensación de estar en un callejón sin salida. Me siento asfixiado por las expectativas de las personas que están a uno y otro lado de mi doble vida. Unos me condenarían al Infierno si descubrieran que soy gay. Los otros desean que rompa todo lazo con mi familia.

¿Puedes darme algún consejo que me sea de ayuda?

Asfixiado

*Q*uerido Asfixiado:

Sí. Sí puedo ofrecerte algo que te ayude. Puedo decirte que te largues de esa casa ya mismo. No debes vivir con personas que pretenden aniquilarte. Aunque las quieras. Aunque sean tus padres. Ya eres un hombre adulto. Busca la manera de pagar el alquiler. Tu bienestar psicológico es más importante que el uso gratuito de un coche.

Es una lástima que tus padres sean unos fanáticos mal informados. Lamento que te hayan hecho sufrir de esa manera, encanto. Sus ideas sobre la homosexualidad (y, ya puestos, sobre el alcoholismo o la drogadicción) son absolutamente erróneas. Todos tenemos derecho a nuestras opiniones y creencias religiosas, pero no a inventarnos gilipolleces y a usar luego esas gilipolleces para oprimir a los demás. Eso es lo que tus padres están haciéndote a ti. Y al optar por fingir que eres hetero para apaciguarlos, también tú te oprimes a ti mismo.

Debes poner fin a esa situación. Ponerle fin no significa huir de tus problemas. Significa solucionarlos. En tu consulta dices que te sientes «asfixiado por las expectativas de las personas que están a uno y otro lado de mi doble vida», pero en tu vida no hay dos lados. Hay uno solo, y eres tú. El verdadero tú. El tú gay.

Sé esa persona.

Aunque todavía no estés listo para salir del armario ante tus padres, te ruego que te alejes de su compañía. Haz las maletas y márchate. A la costa del Pacífico, a la otra punta de la ciudad, al sótano de un primo chiflado tuyo que vive en Tuscaloosa…, donde sea. Simplemente, apártate de esas personas que te mandaron al campamento de reeducación porque para ellos tu sexualidad (normal, sana) es una enfermedad.

Eso no significa que debas romper todos los lazos con ellos. Hay una vía intermedia, pero va en una única dirección: hacia la luz. Tu luz. La que parpadea dentro de tu pecho cuando sabes que haces lo correcto. Escúchala. Confía en ella. Deja que te fortalezca.

Esos padres dementes tuyos se darán cuenta de que eres gay se lo digas o no. De hecho, ya lo saben. Si te prohíben el acceso a Internet no es porque no quieren que veas Scooby Doo, cariño. Te animo a marcharte de la casa de tus padres, no para que puedas hacer ante ellos la sonora declaración «¡Soy gay!», sino para que vivas con dignidad entre personas que te aceptan mientras resuelves tu relación con ellos a una distancia emocionalmente segura. Antes o después —tanto si se enteran por ti como si lo deducen por su cuenta—, tus padres van a tener que lidiar con la realidad de que eres un homosexual que está fuera del alcance de (su) Dios. Cuando eso ocurra, lo menos malo que puede suceder es que pierdas su aprobación. Y lo peor que puede suceder es que te repudien. Tal vez para siempre. Lo que significa que su amor por ti depende por completo de:

> Nada. Porque eres su querido hijo y su principal obligación para contigo como padres es cuidar de ti y ayudarte a madurar, aunque te conviertas en una persona que nunca habían imaginado.

V NO

> Tu compromiso de abstenerte de tocar las partes íntimas de otros hombres.

V SÍ

¡Vaya! ¿En serio? ¿Verdad que es lamentable y absurdo? Sé que estoy siendo un poco frívola, pero solo porque, si me lo planteo con toda seriedad, se me parte el corazón en mil pedazos. Quiero que entiendas, sobre todo, una cosa: el amor basado en condiciones como las impuestas por tus padres es feo, mezquino, enfermizo. Sí, enfermizo. Y un amor así acabará contigo si lo toleras.

No lo toleres, pues. Hay en el mundo mucha gente que te querrá tal como eres. Un sinfín de gente llena de vitalidad, jodida, feliz, en conflicto, alegre y deprimida que dirá: «¿Eres gay? ¿Y a mí qué coño me importa? Te queremos entre nosotros». Ese es el mensaje del Proyecto las Cosas Van a ir a Mejor. Aguanta, dice, y capea el temporal, porque ¿sabes qué? Las cosas van a ir a mejor.

Y, por muy cierto que sea eso, y por mucho que me hayan conmovido numerosos vídeos de gais, lesbianas, bis y trans donde cuentan sus historias, creo que falta una pieza importante en ese mensaje. Toda la gente de esos vídeos maravillosos..., ¿sabes qué? No solo es que las cosas les hayan ido a mejor. Es que las cosas les han ido a mejor porque ellos se lo han propuesto. En algún momento de sus vidas —un momento muy parecido a este momento de tu vida, Asfixiado—,

43

todas esas personas se plantaron y decidieron contar la verdad en lugar de permanecer «a salvo» dentro de la mentira. Comprendieron que, de hecho, en la mentira no estaban a salvo. Que esta amenazaba su existencia más profundamente que la verdad.

Fue entonces cuando las cosas empezaron a ir a mejor para ellos. Cuando tuvieron el valor de decir: «Este soy yo, aunque me crucifiquéis por ello».

Algunas personas perdieron su empleo por decirlo. Algunas perdieron a su familia y a sus amigos. Algunas incluso perdieron la vida. Pero, al hacerlo, se ganaron a sí mismas. Esa es una frase que, en mi opinión, vive dentro de cada uno de nosotros —la frase con la que afirmamos que seremos quienquiera que seamos, pese a quien pese—, pero lamentablemente tiene que anidar en ti con mucha fuerza, Asfixiado. Espero que la encuentres en tu interior. No solo la frase, sino también toda la belleza y el coraje que te han llevado hasta el punto donde estás ahora, de modo que cuando la pronuncies, lo hagas en voz bien alta y con toda sinceridad.

¿Has estado alguna vez en un desfile de orgullo LGBT? Cada año llevo a los peques Sugar al que se organiza en nuestra ciudad y cada año lloro cuando lo veo. Están las *drag queens*, montadas en Corvettes. Están los policías y bomberos afeminados, muy peripuestos con sus uniformes. Están las lesbianas en bicicleta tirando de sus hijos en carritos y remolques. Están los que bailan la samba en tanga y con plumas. Están los tamborileros y los políticos, y unos cuantos a quienes lo que en realidad les gusta son los automóviles de época. Están los coros y las bandas de viento, y los regimientos de gente a caballo. Están los agentes de la propiedad inmobiliaria y los payasos, los maestros y los republicanos. Y todos desfilan ante nosotros mientras mis hijos ríen y yo lloro.

Mis hijos nunca entienden por qué lloro. Para ellos el desfile es como una fiesta. Cuando intento explicarles que la fiesta es una explosión de amor que tiene sus raíces en el odio, los confundo aún más, así que nos quedamos juntos entre bastidores, riéndonos y llorando, viendo ese desfile exultante.

Creo que lloro porque siempre lo veo como algo sagrado,

toda esa gente pasando por delante de mí. Gente que sencillamente decidió vivir su verdad, a pesar de que hacerlo no era sencillo. Cada una de esas personas tuvo el valor de decir: «Este soy yo, aunque me crucifiquéis por ello».

Tal como dijo Jesús.

Un saludo,

SUGAR

Una moto sin nadie encima

*Q*uerida Sugar:

Me he enamorado en la mediana edad. Básicamente, se trata de eso. Soy un hombre de mediana edad, casado, y me he enamorado de una amiga. Y me ha dado fuerte, como en la adolescencia: me sudan las palmas de las manos, estoy distraído, la cabeza me da vueltas, y todo eso. De momento, la cosa no ha ido más allá del coqueteo, y sé que no me conviene. Mi pregunta no es qué debo hacer (tengo bastante claro que debo comportarme), sino ¿qué hago con toda esta maravillosa pero inquietante energía?

ENAMORADO

*Q*uerido Enamorado:

Mantente alejado del objeto de tu enamoramiento y usa esa «energía maravillosa pero inquietante» para reinvertir en lo que, por lo visto, más te importa: tu matrimonio. Esta semana ten un detalle especialmente tierno con tu mujer. Haz el amor esta noche, y que sea un polvo magnífico y más tórrido que nunca. Id a dar un largo paseo o a cenar tranquilamente, y hablad con amor de lo que vais a hacer para que vuestro amor y vuestra relación sigan siendo sólidos. Tienes claro que no quieres sucumbir a tu enamoramiento, así que confía en esa claridad y alégrate de tenerla. La bandeja de entrada de mi cuenta de correo electrónico está llena de mensajes de personas que no lo ven tan claro. Se torturan con la indecisión, la culpabilidad y el deseo. Aman a X, pero quieren follar con Z. Es un tormento por el que pasan casi todas las personas monógamas en un momento dado. Todos amamos a X, pero queremos follar con Z.

Z es tan brillante, tan cristalina, es tan poco probable que te riña por no sacar la basura al contenedor de reciclaje. Nadie tiene que discutir con Z. Z no lleva reloj. Z es como una moto sin nadie encima. Preciosa. Que no va a ninguna parte.

Un saludo,

SUGAR

47

El ajuste de cuentas

𝒬uerida Sugar:

Soy la afortunada madre de un encantador bebé y no sabes cómo valoro cada instante.

Por desgracia —o por suerte, según se mire—, el padre del bebé no sigue mi ejemplo en eso de dar valor a cada instante.

El padre del bebé vive en otro estado. Se marchó cuando yo aún estaba embarazada y no asistió al parto. Pese a que cada seis semanas, poco más o menos, declara por *e-mail* que quiere a su hijo, no paga la pensión de alimentos, no ha visto al niño desde pocas semanas después de su nacimiento (ahora tiene más de un año). Ni siquiera telefonea para enterarse de cómo le va.

Mi pregunta es: ¿estoy obligada a mandarle fotos y mantenerlo al día acerca de su hijo porque cada dos o tres meses envía *e-mails* más bien patéticos para hablar de sí mismo? Me decanto más bien por la opción de no mantenerlo al día, pero gustosamente tomaría en consideración la opinión de un encanto de persona como tú, Sugar.

Quiero hacer lo más conveniente para mi criaturita, aun cuando mi deseo sea darle una patada al padre del niño en la entrepierna con unas botas de puntera de acero a la vez que grito: «¿Y a ti qué coño te pasa, pedazo de narcisista?».

Uf. Qué placer decir eso. ¡Qué empiece la curación! Alegría y amor, mi queridísima Sugar,

AY MAMÁ

Querida Ay Mamá:

¿Tienes unas botas de puntera de acero? Yo sí. Y te las prestaré encantada para que puedas darle a ese cretino una patada en el culo como es debido. Tu rabia está justificada. Tu furiosa estupefacción por la incapacidad del padre del niño para ser un auténtico padre con tu precioso hijo es muy comprensible.

Pero ¿sabes qué te digo? Nada de eso importa un comino.

Al menos en vista de lo que está en juego para tu hijo si optas por permitir que esa cólera perfectamente razonable te guíe a la hora de decidir cómo vas a actuar con respecto a su padre. El hecho de que ese hombre sea el padre de tu hijo es uno de los aspectos más esenciales en la vida del niño. Seguirá siendo un hecho pase lo que pase, tanto si el hombre con quien te has reproducido mantiene alguna vez relación con el niño como si no. Un día, dentro de unos años, tu hijo le pedirá cuentas a su padre (y también a ti). Siempre hay un ajuste de cuentas. Para todos nosotros. Pedir cuentas de lo que ha ocurrido en nuestra infancia y por qué y quiénes son nuestros padres, y cuáles fueron sus aciertos y sus fallos con nosotros, es la tarea que todos llevamos a cabo cuando hacemos el esfuerzo de convertirnos en personas completas y adultas. Ese ajuste de cuentas resulta especialmente tenso cuando un padre ha fallado a su hijo, y, por tanto, te recomiendo que: (a) hagas lo que esté en tus manos para evitar un fracaso entre tu hijo y su padre; (b) procura a toda costa no fallarle tú, si el padre de tu hijo persiste en su actitud.

Es obvio que pugnas con la rabia y la decepción que sientes con toda la razón del mundo hacia el padre del niño. No te lo echo en cara; nadie te lo echaría en cara. Pero aquí no viene al caso qué es culpa tuya y qué no. La cuestión —como tú misma afirmas en tu carta— es qué es lo que más le conviene al niño.

Me preguntas si, en respuesta a los *e-mails* intermitentes que te manda el padre de tu hijo, estás obligada a enviarle fotos y ponerlo al día, y mi respuesta es sí. No porque estés obligada para con él —no le debes nada—, sino porque estás obligada para con tu hijo. Dado el hecho de que el padre de la criatura parece un gilipollas lamentable (más que un gilipollas maltratador), lo mejor que puedes hacer por tu primor de niño es fomentar el vínculo padre-hijo, y más en esta primera etapa de la vida del niño.

Como has explicado con tan deprimente detalle, la cosa no ha empezado bien. Hasta el momento el padre de la criatura ha fallado en todos los frentes. Eso no es responsabilidad tuya, pero sí es tu problema. Cualquier esfuerzo por tu parte encaminado hacia la inclusión, la comunicación, la aceptación y el perdón podría conducir a una relación positiva entre tu hijo y su padre, lo cual puede tener un profundo efecto en el curso de su vida. O no. Eso todavía no podemos saberlo. Pero es un asunto de vital importancia, y te aconsejo encarecidamente que lo intentes.

No te digo esto a la ligera. Sería mucho más divertido darle una patada a ese tío con las botas de punta de acero. Yo misma te ayudaría en eso con mucho gusto. Comprendo lo indignante e injusto que es que se espere de ti una respuesta elegante e íntegra a ese «narcisista». Pero, de vez en cuando, todos debemos actuar así, corazón mío, y ahora te ha llegado el momento a ti. Este es el momento de hacerlo. Porque, lógicamente, no haces esto por ti; lo haces por tu hijo. Me consta que eso ya lo sabes. Veo que eres una madre excelente. Tu bondad materna resplandece en cada palabra de la carta. Y ahora —¡para horror mío!— te imploro que busques la manera de ayudar al hombre que te dejó preñada para que resplandezca igual que tú.

Nuestros hijos lo merecen, ¿verdad que sí? ¿Ese amor resplandeciente? Sí, lo merecen. Así que pongámonos manos a la obra.

Lo primero que te recomiendo es que fuerces al padre de la criatura a pagar la pensión de alimentos. Eso puedes conseguirlo por medio de una negociación jurídica pacífica, o puedes demandarlo. Sea lo uno o lo otro, te animo a que lo hagas a través de los cauces formales, más que por medio de un acuerdo personal; así tendrás a qué recurrir si el padre de la criatura no paga. Exigiendo a ese hombre que contribuya económicamente, no solo proteges a tu hijo, sino que además transmites dos circunstancias importantes: que esperas algo del padre de la criatura y que él debe algo a su hijo. Si es un individuo mínimamente decente, aflojará la pasta sin protestar mucho. Si es un buen tío que pasa una mala época, te lo agradecerá más adelante. Te aconsejo que busques de inmediato a un abogado.

Mi segundo consejo es que redactes un *e-mail* dirigido al padre del niño en el que: (a) declares compasivamente que eres consciente de su ausencia en la vida de su hijo; (b) propongas a las claras que se organice una visita, y (c) lo pongas al día en cuanto a la personalidad y el desarrollo de tu hijo. Adjunta un par de fotos. Cuéntale unas cuantas anécdotas. Cuando digo que «declares compasivamente», quiero decir que, con algún circunloquio, dejes caer que hasta ahora el padre de la criatura no ha ejercido como tal. Es decir, dale un poco de margen para cambiar. Es decir, no insinúes que quizás hayas formado equipo con una consejera sentimental para romperle los dientes de una patada con unas botas de puntera de acero francamente peligrosas. Es decir, muestra tu lado mejor y más gigantesco. Esto, a veces, significa fingir, aunque sea solo un poco. Di, por ejemplo, algo así: «Hola, padre de la criatura, espero que estés bien. El bebé está cada día más grande y más guapo y más asombroso. Pese a que nuestra relación es agua pasada, para mí es importante que el bebé tenga relación con su padre y, basándome en lo que has escrito en tus *e-mails*, me consta que también es importante para ti. Quiero acordar una fecha para una visita».

Mi tercer consejo es que busques a alguien que cuide, regularmente, a tu hijo durante unas horas, para poder salir con tus amigos más enrollados y despotricar con ellos sobre el dolor, la ira y el desconcierto que te produce el hecho de que un hombre con el que en otro tiempo te acostaste —¡el hombre que es biológicamente la mitad de tu preciado hijo!— sea un capullo integral. Puede parecerte que esto no viene al caso, pero te equivocas. Es una pieza vital del rompecabezas de la supervi-

51

vencia. Debes encontrar algo en qué depositar tus sentimientos negativos hacia el padre de tu hijo. Si no lo haces, te dominarán. Muy posiblemente el mal rollo entre el padre de la criatura y tú no ha hecho más que empezar. Incluso si las cosas van bien, no me sorprendería que más de una vez en los próximos años te entren ganas de estrangularlo. Si no encuentras algo en lo que volcar esos sentimientos, puede que no consigas evitar volcarlos en tu hijo.

Y ese es el peor lugar donde volcarlos.

Hace un par de años leí los resultados de un estudio sobre los efectos que pueden tener los comentarios negativos de los padres divorciados y separados acerca de sus ex, cuando los hacen en presencia de sus hijos. Lo busqué mientras escribía esta respuesta, para poder citarlo debidamente y reproducirlo literalmente, pero no he tenido suerte. Y no importa, porque lo que recuerdo más vívidamente de ese estudio es, en realidad, una única cosa: para un niño, resulta devastador oír a un progenitor hablar mal del otro. Tanto es así que, según descubrieron los investigadores, el hecho de que un progenitor diga directamente al niño «Eres un inútil de mierda» es, desde un punto de vista psicológico, menos perjudicial que decirle: «Tu padre/madre es un inútil de mierda». No recuerdo si tenían alguna teoría que lo explicara, pero a mí me pareció lógico. Creo que todos tenemos cierta fortaleza dentro de nosotros que se activa cuando nos atacan y a la que, sencillamente, no podemos recurrir cuando alguien a quien queremos es atacado, en especial si ese alguien es nuestro progenitor, la mitad de nosotros —el otro primordial—, y la persona que lo ataca es la otra mitad, el otro primordial.

Sé de qué hablo. Mi propio padre fue una fuerza destructiva en mi vida. Si dibujáramos un mapa de mi vida y buscáramos el origen de todo —todos los pasos y decisiones y transiciones y acontecimientos—, probablemente lo mejor que me ha pasado en la vida es el hecho de que mi madre, cuando yo tenía seis años, reuniera valor para divorciarse de mi padre.

Mi padre dejó embarazada a mi madre cuando ambos tenían diecinueve años. No estaban muy enamorados, pero el aborto era ilegal, y mi madre no quería irse a un refugio para chicas descarriadas y entregar su bebé a otra persona, así que se casó con mi padre. Durante los nueve años siguientes, tuvieron tres hijos —mis dos hermanos y yo—, y sucedieron cosas muy graves. Podría contarte episodios horribles de esos años de convivencia con mi padre, a menudo un hombre violento y malvado. Pero esas no son las cosas que necesitas oír.

Lo que necesitas oír es lo mucho que lo quise yo de niña. A mi padre. Mi papá. Mi papi. El afecto que yo sentía por él era enorme, irrefutable, mayor que mi horror y mi pesar. No podía evitar querer a mi padre. Era algo que sencillamente estaba ahí. No me planteé jamás la posibilidad de no quererlo, por feas que se pusieran las cosas. Aborrecía la manera en que nos trataba a mi madre, a mis hermanos y a mí. Lloraba y gritaba, y me escondía y tenía dolores de cabeza impropios de alguien con mis años, y mojaba la cama a una edad en la que ya no era normal. Pero era mi padre y, por lo tanto, cuando mi madre por fin lo abandonó, le supliqué que volviera con él. Es más, se lo «supliqué» como no le he suplicado nada a nadie en toda mi vida. A mis seis años, lloré a moco tendido porque sabía que, si de verdad se había acabado, si mi madre de verdad había abandonado a mi padre, ya no tendría padre.

¿Y sabes una cosa? No me equivocaba. Cuando mis padres se divorciaron, me quedé sin padre.

Desde entonces lo he visto tres veces: visitas cortas durante las cuales sucedieron cosas tristes y horripilantes. Pero, en general, no hubo nada. No hubo padre. Solo hubo una gran soledad sin padre durante los años de mi infancia, época en la que viví en bloques de apartamentos baratos ocupados por otros hijos de madres solteras, que en su mayoría tenían poco trato con sus padres. Un par de veces al año llegaba un sobre dirigido a mí y a mis hermanos, con la dirección escrita de puño y letra de mi padre. Nos esperaba en el buzón cuando volvíamos del colegio y nuestra madre estaba aún en el trabajo. Mi hermano, mi hermana y yo abríamos esas cartas con tal júbilo que una peculiar oleada recorre todavía mi cuerpo mientras escribo estas palabras.

«¡Una carta! ¡De papá! ¡*Unacartadepapá*! ¡*Depapádepapádepapá*!»

Sin embargo, deberíamos haber sabido lo que nos aguar-

53

daba. En realidad, lo sabíamos, pero no éramos capaces de admitir que lo sabíamos. En el sobre constaban nuestros nombres, pero la carta que contenía nunca era para nosotros. Era siempre otra cosa y siempre lo mismo: una diatriba malévola y vulgar contra nuestra madre. Que si era una puta y un parásito viviendo a costa de los subsidios. Que si en su día debería haberla obligado a someterse a un aborto ilegal. Que si era una madre espantosa. Que si él vendría a llevársenos a mis hermanos y a mí cuando ella menos se lo esperara, y entonces lo lamentaría. Entonces lo pagaría. Entonces no volvería a ver nunca más a sus hijos. ¿Qué le parecería eso?

La idea de que mi padre me secuestrara era lo que más me aterrorizaba. Me rondaba siempre por la cabeza, esa posibilidad de ser raptada. Me preparé, imaginando complicadas fantasías sobre cómo escaparíamos mis hermanos y yo, cómo conseguiría yo que los tres regresáramos con nuestra madre al coste que fuera. Atravesaríamos el país a pie descalzos si era necesario. Seguiríamos ríos y nos ocultaríamos en zanjas. Robaríamos manzanas de los árboles y ropa de los tendederos.

Sin embargo, nuestro padre nunca se nos llevó. Nunca tuvo la menor intención de hacerlo, como comprendí un día, cuando tenía veintisiete años. «¡Nunca me quiso a su lado!» Me di cuenta con tal claridad, sorpresa y dolor que rompí a llorar al instante.

¿Ejercerá de padre algún día el padre de tu hijo, Ay Mamá?

No lo sabemos. Esa carta aún no se ha abierto. Podría contener cualquier cosa. La gente cambia. La gente comete errores espantosos y luego los repara. A veces, hombres que se muestran distantes cuando sus hijos son pequeños se convierten más tarde en padres maravillosos. Otros siguen igual. Pase lo que pase, por el bien de tu hijo es mejor que mantengas tus sentimientos hacia el padre al margen de las decisiones que tomes y las acciones que emprendas respecto a la relación entre el niño y su padre. Tu comportamiento y tus palabras tendrán un profundo impacto en la vida de tu hijo, en lo que se refiere tanto a sus sentimientos hacia su padre como a sus sentimientos hacia sí mismo.

Mi madre nunca pronunció una mala palabra sobre mi padre ante nosotros. Tenía todo el derecho del mundo a odiarlo, a indisponernos contra él, pero no lo hizo. No es que nos mintiera sobre él. Hablábamos a menudo y con franqueza sobre los episodios difíciles que habíamos presenciado y sufrido a manos de mi padre. Pero ella no lo demonizó. Lo presentó como un ser humano: complicado, con defectos, susceptible de redención. Y eso significa que, a pesar de todo, me permitió querer a mi padre, ese hombre ausente que era una mitad de lo que yo soy. Cuando era pequeña y le preguntaba a mi madre por qué se había enamorado de mi padre, ella buscaba detalles que contarme, pese a que ya no se acordaba bien. Cuando yo era adolescente y le reprochaba que fuera tan reticente a condenar el comportamiento de mi padre, me decía que daba gracias por su existencia, porque sin él no nos habría tenido a nosotros. Cuando apenas me había convertido en mujer y mi madre supo que iba a morir, un día me acarició el pelo y me dijo que no le importaba si yo quería rehacer la relación con mi padre, que siempre debía permanecer abierta a la posibilidad del perdón, la reconciliación y el cambio, y actuar así no sería una traición hacia ella, sino más bien una prueba de la clase de mujer que ella había hecho de mí.

No es justo que mi madre tuviera que ser tan benévola con un hombre tan poco benévolo. Espero que despotricara de él con sus amigos más enrollados. Como madre soltera —y con eso quiero decir verdaderamente sola, como tú, Ay Mamá, que no comparte la guarda y custodia—, se veía en la obligación de mostrar su lado mejor más a menudo de lo que puede pedírsele a cualquier ser humano. ¿Y sabes qué es lo que a mí me parece de una belleza extrema? Ella mostraba ese lado. Era imperfecta. Cometía errores. Pero mostraba su lado mejor más a menudo de lo que puede pedírsele a un ser humano.

Y ese es el don de mi vida.

Mucho después de su muerte, fueron sus palabras y su comportamiento lo que formó el puente que yo, con paso vacilante, crucé para curar las heridas infligidas por mi padre. Ese es el don que debes conceder a tu hijo, al margen de cómo decida comportarse el padre de la criatura, al margen de si alguna vez aparece y se convierte para tu hijo en el padre que debería ser. Es la concesión que la mayoría de nosotros debemos hacer unas cuantas veces en el transcurso de nuestra vida: amar con un sentido conscientemente claro de la finalidad, aunque nos indigne hacerlo. Aunque prefirieras calzarte tus botas de puntera de acero y echarte a gritar.

Da. No lo lamentarás. Al final saldrá a relucir en el ajuste de cuentas.

Un saludo,

SUGAR

Tienes un lío en la cabeza

*Q*uerida Sugar:

Tengo veintitantos años. Mantengo una relación seria con el mismo chico desde hace seis, aunque hemos roto alguna que otra vez (eso cuando yo era más joven). Desde hace un tiempo, estoy muy alterada y vengo replanteándome si quiero seguir con la relación, pero no acabo de asumir la idea de perder para siempre a esa persona que parece la adecuada para mí, ni quiero partirle el corazón, por supuesto. Por otro lado, tampoco quiero asentarme en esto definitivamente y lamentarlo más adelante. Me da la sensación de que esperamos cosas distintas de la vida y tenemos intereses distintos, pero soy incapaz de tomar una decisión, así de sencillo. Le he explicado lo que siento, pero no ha servido de nada. Nos hemos tomado un pequeño «descanso», pero los descansos nunca dan resultado.

Lo que más temo es quedarme sola y no encontrar nunca a alguien que esté a la altura. No contribuye el hecho de que mis amigas empiezan a tener relaciones estables con sus novios y a hablar de boda. ¡Por favor, ayúdame, Sugar!

Cordialmente,

ASUSTADA Y CONFUNDIDA

*Q*uerida Asustada y Confundida:

A los veinte años viví en Londres. En realidad, era una sin techo y estaba en la más absoluta miseria, pero, como carecía de la documentación que un estadounidense necesita para trabajar en Londres, pasaba el día buscando las monedas que se le caían a la gente por la calle. Un día, un hombre trajeado se acercó a mí y me preguntó si quería un empleo de tres días por semana en una importante gestoría, con contrato; más tarde esta gestoría acabaría cerrando por corrupción.

«Claro», contesté.

Y fue así cómo me convertí en «la chica del café uno dos tres».

En realidad, el nombre del puesto que ocupaba era: «chica del café». Lo de «uno dos tres» se añadió para reflejar la circunstancia de que yo me encargaba de servir café recién hecho a todos los contables y secretarias de las tres primeras plantas del edificio. Aquello era un trabajo más duro de lo que cabría pensar. «Chica del café», me llamaban los hombres cuando pasaba a su lado con mi bandeja, y a menudo chasqueaban los dedos para captar mi atención. Llevaba una falda negra por encima de unas medias blancas y un ajustado chaleco sobre una blusa blanca, e iba casi siempre con la lengua fuera. Como no me dejaban usar el ascensor, para ir de una planta a otra tenía que subir y bajar a todo correr por una escalera situada en la parte trasera del edificio.

Esa escalera era mi santuario, el único lugar donde nadie chasqueaba los dedos ni me llamaba «chica del café». En los descansos salía a la calle y me sentaba en una franja de cemento al pie del edificio donde se hallaba la importante gestoría que acabaría cerrando por corrupción. Un día, mientras estaba allí sentada, se acercó una anciana y me preguntó de qué parte de Estados Unidos era. Le contesté, y me explicó que hacía muchos años había visitado ese lugar de Estados Unidos. Luego mantuvimos una agradable conversación. A partir de entonces se presentaba a diario cuando yo estaba sentada en el cemento y charlábamos.

No era la única persona que se acercaba a hablar conmigo. En esa época, yo estaba enamorada de alguien. De hecho, estaba casada con esa persona. Y no tenía las cosas nada claras. Por las noches, hacía el amor con él, y después, tendida a su lado, lloraba, consciente de que lo amaba y a la vez de que no soportaba seguir con él porque no estaba preparada todavía para amar a una sola persona, y sabía que si lo dejaba me moriría de pena y lo mataría a él de pena y que, en lo referente al amor, se acabaría todo para mí porque nunca encontraría a otra persona a quien amara tanto como a él, o que me amara tanto como él me amaba a mí, otra persona que fuera tan absolutamente tierna, atractiva, enrollada, compasiva y buena. Así que seguía con él. Buscábamos monedas juntos por las calles de Londres. Y, a veces, cuando me tomaba un descanso en la importante gestoría que después cerraría por corrupción, él venía a verme.

Un día se presentó cuando la anciana estaba allí. Mi marido y la anciana nunca habían coincidido, pero yo le había hablado a él de ella —contándole nuestras conversaciones—, y también le había hablado a ella de él. «¿Este es tu marido?», preguntó la anciana, que enseguida lo reconoció, llena de regocijo cuando él se acercó. Le estrechó la mano con las dos suyas, charlaron unos minutos, y luego ella se marchó. El hombre a quien yo amaba guardó un largo silencio, esperando a que la anciana se alejara; luego me miró y, con cierta sorpresa, dijo:

—Tiene un lío en la cabeza.

—¿Tiene un lío en la cabeza? —pregunté.

—Tiene un lío en la cabeza —repitió él.

Y los dos nos echamos a reír, a reír y reír, tanto que posiblemente nunca me he reído más en la vida. Tenía razón. «¡Tenía razón!» Esa anciana, durante todo el tiempo, en todas las conversaciones que habíamos mantenido mientras yo estaba allí sentada en el cemento, había tenido un enorme lío en la cabeza. Parecía muy normal en todos los sentidos, salvo en uno: llevaba en la cabeza una increíble torre de casi un metro de altura formada a base de trapos viejos y raídos y mantas y toallas hechas jirones, sostenido todo ello mediante un complejo sistema de cuerdas atadas bajo el mentón y prendidas a las tiras de los hombros de su impermeable. Daba una imagen extraña, pero nunca le había mencionado a mi marido ese detalle en ninguna de las conversaciones sobre la anciana.

«¡Tiene un lío en la cabeza!», exclamamos los dos entre risas, allí sentados en el cemento, pero pronto dejé de reír. Rompí a llorar. Lloré y lloré y lloré tanto como había reído. Lloré hasta el punto de que no volví al trabajo. Mi empleo de «chica del café uno dos tres» se acabó allí mismo, en ese momento.

—¿Por qué lloras? —me preguntó mi marido, abrazándome.

—Porque tengo hambre —contesté, pero no era verdad.

Sí era verdad que tenía hambre —en esa época siempre andábamos escasos de dinero y de comida—, pero no lloré por eso. Lloré porque esa mujer tenía un lío en la cabeza y yo había sido incapaz de decirlo, y porque sabía que, de algún modo, eso guardaba relación con mi rechazo a seguir con un hombre al que amaba, pero a la vez me negaba a reconocer algo tan evidente y tan cierto.

Eso ocurrió hace mucho tiempo, Asustada y Confusa, pero me acordé de todo cuando leí tu carta. Tus palabras me llevaron a pensar que a lo mejor fue ese momento lo que ahora me impulsa a decirte esto: tienes un lío en la cabeza, encanto. Y, aunque quizá ahora mismo a ti te sea imposible verlo, para mí es evidente. No estás dividida. Lo que te pasa es que tienes miedo. Ya no deseas mantener una relación con tu amante, a pesar de que es un hombre fantástico. El temor a quedarte sola no es una buena razón para seguir con él. Dejar a ese hombre con el que llevas seis años no será fácil, pero saldrás adelante, y él también. Lo más probable es que el final de tu relación con él señale el final de una época en tu vida. Al pasar a esta nueva época, perderás algunas cosas y ganarás otras.

Confía en ti. Es la regla de oro de Sugar. Confiar en uno mismo significa hacer realidad lo que uno ya sabe que es cierto.

Un saludo,

SUGAR

Escribe como una cabrona

*Q*uerida Sugar:

Escribo como una chica. Escribo sobre mis experiencias femeninas, y eso suele traducirse en forma de emociones sin filtrar, amor no correspondido y, en última instancia, en un diálogo acerca de mi vagina como metáfora. Y es entonces cuando puedo escribir, cosa que ya no ocurre.

En estos momentos, soy una joven patética y confusa de veintiséis años, una escritora incapaz de escribir. Ahora, ya entrada la noche, estoy aquí en vela para plantearte una pregunta, en realidad para planteármela a mí misma. Llevo horas aquí sentada, ante mi escritorio, mentalmente inmóvil. Pienso en personas a quienes amaba y me pregunto por qué no me amaban a mí. Me tumbo boca abajo en la cama y tengo miedo. Me levanto, me acerco al ordenador, y me siento aún peor.

David Foster Wallace se consideraba un escritor fracasado a los veintiocho años. Hace unos meses, cuando la depresión me hincó el diente, me lamenté ante mi novio de entonces de que nunca sería tan buena como Wallace; estábamos en Guerrero Street, en San Francisco, y él, allí en plena calle, me contestó a gritos: «¡Basta ya! ¡Ese hombre se suicidó, Elissa! ¡Dios quiera que no seas nunca como él!».

Soy consciente de que las mujeres como yo lo pasan mal y deben sobrellevar la autotrivialización, el desprecio por las personas que gozan de mayor éxito, la compasión mal encauzada, la adicción y la depresión, tanto si son escritoras como si no. Piensa en el canon de las mujeres escritoras: un tema unificador es que en muchos casos sus carreras se vieron truncadas por el suicidio. Con frecuencia, le he explicado a mi madre que ser mujer/escritora, escritora/mujer, significa sufrir inexorablemente y terminar derrumbándose sobre una montaña de «habría podido hacerlo mejor». Ella, suplicante, me pregunta: «¿No puede ser de otra manera?».

¿Puede serlo? Me entran ganas de tirarme por la ventana a causa de lo que, según veo, se reduce a una única razón: no soy capaz de escribir un libro. Pero lo que quiero, más que morir, es tener una vida totalmente distinta. Empiezo a pensar que debería elegir otra profesión; como sugiere Lorrie Moore: «estrella de cine / astronauta, estrella de cine / misionera, estrella de cine / maestra de parvulario». Quiero deshacerme de todo lo que he acumulado y empezar como una persona nueva, una persona mejor.

Mi vida no está mal. No tuve una infancia difícil. Sé que no soy la primera escritora deprimida. «Escritora deprimida»: como el primero de estos dos términos es menos cierto, el segundo es más agudo. Me han diagnosticado, clínicamente, un grave trastorno depresivo y mantengo una relación intermitente con la medicación, cosa que menciono para que no parezca que empleo la palabra «depresión» a la ligera.

Dicho esto, añadiré que soy una persona trastornada de alta funcionalidad, que bromea lo justo para que casi nadie se dé cuenta de la verdad. Lo cierto es que estoy enferma debido al pánico que me produce no poder superar —y saber que no superaré— las limitaciones, la inseguridad, las envidias y la ineptitud que me impiden escribir bien, con inteligencia, con corazón, y extensamente. Y temo que, incluso si consigo escribir, los demás desprecien y se burlen de mis historias, historias sobre mi vagina, etcétera.

¿Cómo he llegado al punto en el que ya no puedo siquiera levantar la cara de la cama? ¿Cómo se hace para seguir adelante, Sugar, cuando una se da cuenta de que tal vez eso no sea lo suyo? ¿Cómo se pone en pie una mujer y se convierte en la escritora que desea ser?

Cordialmente,

ELISSA BASSIST

*Q*uerida Elissa Bassist:

A los veintiocho años, tenía una pizarra en mi salón. Era una de esas pizarras con dos caras oblicuas y cuatro patas que se sostenía sola y se plegaba. A un lado, escribí: «"El primer fruto del conocimiento de uno mismo es la humildad", Flannery O'Connor»; por otro lado escribí: «"Se sentó y solo pensó en una cosa, en su madre aferrándose y aferrándose a sus manos", Eudora Welty».

La cita de Eudora Welty procede de su novela *La hija del optimista*, que en 1972 ganó el Premio Pulitzer. Es un libro que releí varias veces, y esa frase sobre la mujer que se quedaba sentada pensando solo en una cosa era la principal razón por la que lo leía. Yo también me quedaba sentada así. Pensando en una única cosa. Una cosa que, en realidad, eran dos cosas unidas, como las citas espalda con espalda de mi pizarra: lo mucho que echaba de menos a mi madre y que la única manera de soportar la vida sin ella era escribir un libro. «Mi» libro. El que yo sabía que llevaba dentro desde mucho antes de saber que las personas como yo podían llevar libros dentro. El que sentía latir en mi pecho como un segundo corazón, sin forma e inimaginable hasta que mi madre murió, y entonces apareció: la trama se reveló, la historia que necesitaba contar para seguir viviendo.

El hecho de no haber escrito el libro todavía a los veintiocho años me entristecía. Esperaba mucho más de mí. Por entonces yo era un poco como tú, Elissa Bassist. No tenía un libro, pero no carecía del todo de reconocimiento literario. Había recibido unas cuantas becas y premios, había publicado

63

un par de relatos y artículos. Estos logros menores avivaron las fatuas ideas que albergaba sobre lo que conseguiría y a qué edad lo lograría. Leía con avidez. Prácticamente, memoricé las obras de autores que adoraba. Dejé constancia de mi vida en mis diarios de manera copiosa y artificial. Escribí relatos en arranques febriles e intermitentes, convencida de que por arte de magia constituirían una novela sin que yo tuviera que sufrir demasiado.

Pero me equivocaba. El segundo corazón que tenía dentro latía aún más fuerte, pero nada se convirtió en libro por arte de magia. Cuando estaba a punto de cumplir los treinta, caí en la cuenta de que si de verdad deseaba escribir la historia que debía contar, antes tendría que hacer acopio de todo lo que había dentro de mí. Tendría que sentarme y pensar en una sola cosa durante más tiempo y mayor intensidad de lo que yo creía posible. Tendría que sufrir, y con eso quiero decir «trabajar».

Por entonces, yo creía que había malgastado la tercera década de mi vida por no tener ya un libro acabado, y me fustigaba amargamente. Pensaba de mí misma muchas de las cosas que piensas tú, Elissa Bassist. Que era perezosa y torpe. Que, pese a llevar la historia dentro de mí, no era capaz de materializarla, de sacarla realmente de mi cuerpo y plasmarla en el papel, de escribir, como tú dices, «con inteligencia, con corazón, y extensamente». Pero, al final, había llegado al punto en que la perspectiva de no escribir un libro era más espantosa que la de escribir un libro lamentable. Y, por tanto, me puse a trabajar seriamente en ello.

Cuando acabé de escribirlo, comprendí que las cosas ocurrían tal como tenían que suceder. Que no podría haber escrito el libro antes. Sencillamente, no habría sido capaz de hacerlo, ni como escritora ni como persona. Para llegar al punto al que tenía que llegar para escribir mi primer libro, debía hacer todo lo que hice entre los veinte y los treinta años. Tenía que escribir muchas frases que quedaron en nada y relatos que nunca constituyeron una novela por arte de magia. Tenía que leer con avidez y redactar extensas entradas en mis diarios personales. Tenía que perder el tiempo y llorar la muerte de mi madre, y reconciliarme con mi infancia y mantener relaciones sexuales estúpidas y tiernas y escandalosas, y madurar. En pocas palabras, tenía que adquirir el conocimiento de mí misma que menciona Flannery O'Connor en esa frase que anoté en mi pizarra. Y una vez llegada a ese punto, tuve que detenerme en el primer fruto del conocimiento de uno mismo: la humildad.

¿Sabes qué es eso, encanto? ¿Ser humilde? La palabra viene del latín *humilis* y *humus*. Estar «postrado». Ser «de la tierra». Estar «en el suelo». Ahí estaba yo cuando escribí la última palabra de mi primer libro. Literalmente, en el frío suelo de baldosas, llorando. Sollocé y gemí y me reí entre lágrimas. Tardé media hora en levantarme. La felicidad y la gratitud me impedían tenerme en pie. Había cumplido los treinta y cinco hacía unas semanas. Estaba embarazada de dos meses de mi primer hijo. No sabía si la gente consideraría mi libro bueno o malo, horrible o hermoso, y no me importaba. Solo sabía que ya no latían en mi pecho dos corazones. Me había arrancado uno con mis propias manos. Había sufrido. Había sacado todo lo que llevaba dentro.

Finalmente, había podido darlo porque había prescindido de todas las ideas fatuas que en otro tiempo había albergado sobre mí misma y sobre mis textos: ¡tanto talento!, ¡tan joven! Había dejado de ser fatua. Había descendido a la noción de que lo único de verdad importante era sacar de mi pecho ese corazón palpitante de más. Lo que significaba que tenía que escribir mi libro, mi libro muy posiblemente mediocre. Mi libro, que muy posiblemente no se publicaría. Mi libro, que no estaba ni de lejos a la altura de la obra de los autores a los que yo admiraba tanto que prácticamente memorizaba sus frases. Solo entonces, cuando me rendí con humildad, fui capaz de llevar a cabo el trabajo que necesitaba hacer.

Espero que pienses a fondo en esto, querida. Si tuvieras una pizarra de dos caras en tu salón, yo que tú escribiría «humildad» en una cara y «rendición» en la otra. Eso es lo que, según creo, necesitas encontrar y hacer para salir de las horas bajas que atraviesas. Lo que más me fascina de tu carta es que, en su núcleo, por debajo de toda la angustia y la aflicción y el miedo y el autodesprecio, hay arrogancia. En ella, das por sentado que «deberías» haber alcanzado el éxito a los veintiséis años, cuando, en realidad, la mayoría de los escritores tarda mucho más en conseguirlo. En ella te lamentas de que

65

no llegarás a ser nunca como David Foster Wallace —un genio, un maestro del oficio—, y al mismo tiempo cuentas lo poco que escribes. Te desprecias, y, sin embargo, te consumes en ideas fatuas sobre tu propia importancia. Subes demasiado arriba y caes demasiado abajo. Ninguno de los dos puntos es el idóneo para trabajar.

El trabajo lo realizamos a nivel del suelo. Y lo más generoso que puedo hacer por ti es decirte que bajes de las nubes. Sé que es difícil escribir, querida. Pero es más difícil no hacerlo. La única manera de descubrir si «eso es lo tuyo» es ponerse manos a la obra y ver si es lo tuyo. La única manera de superar tus «limitaciones, inseguridades, envidias e ineptitud» es producir. Tienes limitaciones. Eres inepta en ciertos sentidos. Eso puede afirmarse de todos los escritores, y en especial de los escritores de veintiséis años. Sentirás inseguridad y envidia. La fuerza que atribuyas a esos sentimientos depende totalmente de ti.

El hecho de que estés luchando con un trastorno depresivo grave añade, sin duda, una capa más a tus dificultades. No me he centrado en eso en mi respuesta porque creo —y da la impresión de que tú también lo crees— que es solo una capa. De más está decir que tu vida es más importante que lo que escribas y que debes consultar con tu médico en qué medida la depresión puede contribuir a la desesperación que sientes respecto a tu trabajo. Yo no soy médico, y, por tanto, no puedo darte consejos en esa dirección. Pero sí puedo decirte que no estás sola en tus inseguridades y tus miedos. Son típicos de los escritores, incluso de aquellos que no padecen una depresión. Cualquier artista que lea esto comprenderá tu lucha. Incluida yo.

Otra capa de tu angustia parece arraigada en tu preocupación de que, como mujer, tus textos, centrados principalmente en «emociones sin filtrar, amor no correspondido» y el diálogo sobre tu «vagina como metáfora», se tomen menos en serio que los de los hombres. Sí, lo más probable es que sea así. Nuestra cultura ha progresado notablemente en lo que se refiere a sexismo, racismo y homofobia, pero aún no hemos llegado al final del camino. Sigue siendo un hecho que la obra literaria de mujeres, homosexuales y escritores de color a menudo se encuadra como específica, no universal; como menor, no mayor; como personal o particular, no algo socialmente significativo. Hay alguna que otra cosa que puedes hacer para desafiar esas tendencias y estupideces y arrojar luz sobre ellas.

Sin embargo, lo mejor que puedes hacer es bajar de las nubes. Escribe tan extraordinariamente bien que sea imposible encuadrarte. Nadie va a pedirte que escribas sobre tu vagina, primor, nadie va a darte nada. Tienes que dártelo tú. Tienes que decirnos lo que tengas que decir.

Eso es lo que han hecho las escritoras de todos los tiempos, y es lo que continuaremos haciendo. No es cierto que «ser escritora significa sufrir inexorablemente y terminar derrumbándose sobre una montaña de "habría podido hacerlo mejor"»; tampoco es cierto que un «tema unificador es que en muchos casos sus carreras se vieron truncadas por el suicidio». Te recomiendo encarecidamente que dejes a un lado esas ideas. Son inexactas y melodramáticas, y no te sirven de nada. Sufren y se suicidan personas de todas las profesiones. A pesar de las diversas mitologías en relación con los artistas y nuestra fragilidad psicológica, el hecho es que la ocupación no es un factor de predicción clave para el suicidio. Sí, podemos recitar una lista de escritoras que se han quitado la vida, y sí, podemos conjeturar que su condición de mujeres en las sociedades en que vivían contribuyó al estado de depresión y desesperación que las indujo a eso. Pero no es el tema unificador.

¿Sabes cuál es?

La cantidad de mujeres que han escrito novelas, relatos, poemas, artículos, obras de teatro, guiones y canciones hermosos pese a toda la mierda que han soportado. La cantidad de ellas que no se han derrumbado en una montaña de «habría podido hacerlo mejor», sino que, por el contrario, han seguido adelante y han llegado a ser mejores de lo que nadie habría previsto o les habría permitido ser. El tema unificador es la resistencia y la fe. El tema unificador es ser una guerrera y una cabrona. No es la fragilidad. Es la fortaleza. Es el valor. «Si el valor te falla —como escribió Emily Dickinson—, ponte por encima de tu valor.» Escribir es difícil para todos, incluidos los hombres blancos heterosexuales. Trabajar en una mina de carbón es más difícil. ¿Te crees que los mineros se pasan el día entero hablando de lo difícil que es extraer carbón? Pues no. Sencillamente cavan.

Tú tienes que hacer lo mismo, querida joven promesa, querida luciérnaga tierna, dulce, arrogante, hermosa, chiflada, talentosa y atormentada. El hecho de que estés tan empeñada en escribir me indica que escribir es para lo que estás aquí. Y cuando la gente está aquí para eso, casi siempre nos cuenta algo que necesitamos oír. Quiero saber qué llevas dentro de ti. Quiero ver los contornos de tu segundo corazón palpitante.

Así que escribe, Elissa Bassist. No como una chica. No como un chico. Escribe como una cabrona.

Un saludo,

SUGAR

Una luz nueva, más fracturada

*Q*uerida Sugar:

Hace poco mis padres han decidido divorciarse. Para ser más exactos, mi padre ha dejado a mi madre por una mujer más joven. Una historia típica, solo que cuando le ha ocurrido a mi familia, me he quedado por los suelos, como si fuese el primer divorcio en el mundo. Soy una persona adulta. Siempre he estado muy unida a mi padre. Lo veía como un modelo digno de seguirse. Fue muy doloroso enterarme de que salía con otra mujer a escondidas de mi madre y de que había estado mintiéndonos a todos. De pronto, no puedo confiar en ese hombre con quien contaba y a quien quería.

Intento ser comprensiva. Supongo que mi padre tuvo un serio conflicto y que esto no fue fácil para él. También me indigna y me duele que haya seguido con su vida tan fácilmente y que nos haya mentido. Quiero recuperar nuestra antigua relación y, al mismo tiempo, tengo la sensación de que no puedo recuperarla por cómo me siento ahora. A eso se añade el hecho de que está con otra persona y que asume su papel de padre de manera distinta. ¿Cómo sintonizo con él de una forma auténtica?

Firmado,

Una que se enfrenta a un divorcio

Querida Una que Se Enfrenta a un Divorcio:

No tiene nada de bueno que el padre de una deje a la madre de una por otra persona, y menos cuando es por una mujer más joven, y menos después de una etapa mintiendo al respecto. Lamento tu dolor.

Creo que sintonizarás con tu padre de una manera auténtica siendo auténtica tú misma. Ser auténtica implica ser real, ser franca, ser sincera y honrada. Es necesario que le digas a tu padre cómo te sientes por sus actos y decisiones. Es necesario que compartas tu herida y tu rabia con él, así como tu deseo de reconstruir esa relación dañada a causa de su falsedad. También es necesario que hagas lo posible por escucharlo.

Esto no lo sé con certeza, pero supongo que tu padre no quería hacerte daño. Probablemente, tampoco quería hacer daño a tu madre, aunque da la impresión de que sí os lo ha hecho. Hay buenas personas que hacen toda clase de idioteces cuando intervienen el sexo y el amor. Pese a que sientas el engaño de tu padre como una traición personal, lo que ocurrió es algo entre él y tu madre. No podía contarte lo de su aventura antes de estar preparado para contársela a tu madre. No era su intención mentirte a ti. Es solo que te has visto atrapada en sus mentiras. Tú tenías una visión en primer plano de una intimidad que en último extremo no te incluía. No debes interpretar esa traición como si, en realidad, sí te incluyera. El simple hecho de que tu padre haya demostrado no merecer la confianza de tu madre no significa que no sea digno de la tuya.

Ya sé que dará la impresión de que defiendo el comportamiento de tu padre, pero te aseguro que no es así. Comprendo plenamente por qué te sientes como te sientes. También yo estaría furiosa y dolida. Pero, a menudo, la transformación exige que separemos nuestras respuestas emocionales de nuestra mente racional. Tu mente racional sabe que los hombres abandonan a sus esposas por mujeres más jóvenes continuamente. Tu respuesta emocional es que no puedes creer que tu padre lo haya hecho. Tu mente racional sabe que es difícil incluso para personas fuertes y con sentido ético sostener una monogamia a largo plazo. Tu respuesta emocional es la conmoción ante la circunstancia de que tus padres no lo hayan conseguido. Creo que ahora te sería útil apoyarte mucho más en el lado racional. No digo que tengas que negar tu dolor, sino más bien que pongas en perspectiva lo que en esencia parece verdad: tu padre no consiguió ser un buen marido para tu madre en su última etapa, pero eso no significa que no vaya a conseguir ser un buen padre para ti.

Te animo a darle la oportunidad. No creo que debas eximirlo de toda culpa, pero tampoco debes considerarlo culpable ya de por vida. Busca la manera de entretejer el fallo de tu padre en el tapiz de vuestro prolongado vínculo. Explora con valor lo que significa para él esta nueva relación y pregunta dónde encajas tú en ella.

Será difícil, claro, es normal. La historia de la intimidad humana consiste en permitirnos ver continuamente a aquellos a quienes amamos de manera más profunda bajo una luz nueva, más fracturada. Mira bien. Corre ese riesgo.

Un saludo,

71

SUGAR

Camaradas en el bosque

$\mathcal{Q}$uerida Sugar:

Cada año, tres de mis mejores amigos de la universidad y yo nos vamos a pasar un fin de semana solo para hombres en una cabaña en el bosque. Todos tenemos treinta y tantos, y celebramos estos encuentros desde hace casi una década. Es nuestra manera de mantenernos en contacto, dado que todos llevamos vidas muy ajetreadas y algunos residimos en ciudades distintas. Pese a que a veces me paso meses sin hablar con ellos, los considero mis amigos más íntimos. Nos hemos visto pasar por sucesivas relaciones, dos bodas, un divorcio, uno de nosotros saliendo del armario, uno de nosotros tomando conciencia de que es alcohólico y superándolo, uno de nosotros siendo padre, problemas de familias disfuncionales, la muerte de otro de nuestros amigos de la universidad más cercanos, éxitos y fracasos profesionales..., ya te haces una idea.

En nuestra última reunión, hace un par de meses, oí por azar a mis amigos hablar de mí. Antes de este incidente, los cuatro habíamos tratado el tema de mi vida amorosa. Mi novia de toda la vida y yo rompimos el año pasado por razones en las que ahora no entraré, pero en las que sí entré con mis amigos cuando ella y yo decidimos dar por concluida la relación. No mucho antes de mi fin de semana con mis amigos, ella y yo volvimos, y les dije que mi ex y yo íbamos a intentarlo otra vez.

No dijeron gran cosa en respuesta, tampoco lo esperaba.

Más tarde, ese día, salí a dar un paseo, pero no tardé en darme cuenta de que me había olvidado la gorra, así que regresé a la cabaña a buscarla. En cuanto abrí la puerta, los oí hablar de mí en la cocina. No era mi intención escuchar a escondidas, pero no pude evitarlo, ya que el tema éramos mi novia y yo. No diría que estuvieran poniéndome verde, pero sí hicieron comentarios críticos sobre la manera en que «justifico» mi relación y sobre otros aspectos de mi personalidad que no eran muy halagüeños. Al cabo de unos cinco minutos, abrí la puerta y cerré de un portazo para que supieran que estaba allí y dejaran de hablar.

Hice como si no los hubiera oído, pero no tardé en contarles lo ocurrido. Se sintieron muy violentos. Todos se disculparon, me aseguraron que no había mala intención en sus palabras y sostuvieron que simplemente les preocupaba que hubiera vuelto con mi novia, pues consideraban que no era buena para mí. Yo le quité importancia con la mayor naturalidad posible y actué como si quisiera dejarlo correr, pero ya han transcurrido dos meses y aquello aún me molesta. Me siento traicionado. Para empezar, no es asunto de ellos con quién decido salir, y, por otro lado, me cabrea que hablen así a mis espaldas.

Reconozco que, posiblemente, estoy tomándome esto demasiado a pecho. Admito que a lo largo de los años he hablado de cada uno de ellos con los otros. He dicho cosas que no me habría gustado que la persona en cuestión oyera, ni siquiera por mediación de otro. Mi parte racional entiende que cabe esperar esta clase de conversaciones entre amigos. Parece un rasgo de debilidad admitirlo, pero estoy dolido. De buena gana, una parte de mí los mandaría a la mierda cuando llegue el fin de semana de la cabaña el año que viene.

¿Tú qué opinas? ¿Debo perdonar y olvidar? ¿O debo buscarme un nuevo grupo de amigos?

EL EXCLUIDO

Querido Excluido:

Qué desastre. Debió de ser horroroso oír a tus amigos hacer comentarios negativos sobre ti. Y qué mal debieron de sentirse ellos cuando se enteraron de que los habías oído. Es normal que te sientas molesto y dolido.

Y sin embargo…, y sin embargo —sabías que vendría un «sin embargo», ¿verdad?—, en el orden global esto es bastante insignificante, bastante corriente. Estoy convencida de que no debes separarte de esos amigos y cambiarlos por otros nuevos. Además, esos nuevos amigos… ¿Qué quieres que te diga? También ellos hablarían de ti a tus espaldas.

Pero me adelanto a los acontecimientos.

Quizás el primer paso para superarlo sea reconocer que lo que ocurrió fue ciertamente desafortunado. Al oír lo que no iba dirigido a ti, violaste un código social que existe para proteger tus sentimientos. Oíste a tus amigos expresar opiniones sobre ti que ellos, en su buena educación, te habrían ahorrado, y las dijeron con un lenguaje directo que no habrían utilizado si hubiesen sabido que tú estabas escuchando. Presenciaste una conversación sobre ti sin las restricciones que habría impuesto la preocupación por tus sentimientos. No es raro que te sientas tan herido. Cualquiera lo estaría.

No obstante, el hecho de que tus amigos tengan esas opiniones no significa que no te aprecien o no te valoren como amigo, o que no piensen que, por lo demás, eres una de las mejores personas que conocen. Puede que te cueste creerlo en este momento, ahora que tienes los sentimientos tan en carne viva, pero es la verdad.

Hablamos de nuestros amigos a sus espaldas. Lo hacemos. Pregunta a cualquier experto en ciencias sociales que haya estudiado los comportamientos de la comunicación humana. Incluso tú has admitido haberlo hecho. Nuestros amigos son testigos de nuestras virtudes y nuestros defectos, de nuestras malas costumbres y nuestras cualidades, de nuestras contradicciones y nuestras tretas. Es de esperar que, de vez en cuando, necesiten hablar de los aspectos negativos de nuestras vidas y personalidades no precisamente con admiración. Como en todas las cosas, hay maneras sanas y constructivas de hacerlo, y también maneras malsanas y destructivas.

Una manera sana parte del respeto y el afecto. En este caso, hacemos evaluaciones críticas y observaciones poco halagadoras totalmente dentro del contexto de nuestro aprecio y preocupación por el individuo en cuestión. A veces, hablamos a espaldas de un amigo para lidiar con nuestras dudas o nuestra desaprobación respecto a las decisiones que esa otra persona ha tomado. A veces, lo hacemos porque nuestros amigos poseen rasgos que nos desconciertan, nos confunden o nos sacan de quicio, pese a que los queremos de todos modos. A veces, hablamos de nuestros amigos con otros porque hemos tenido una interacción extraña o descortés o estúpida con uno de ellos y, sencillamente, necesitamos un desahogo. El sustrato de estas conversaciones es la sólida conciencia de que sentimos afecto y nos preocupamos por el amigo en cuestión, pese a los detalles que nos irritan, confunden o decepcionan de él o ella. Los pensamientos negativos que expresamos sobre este amigo no pesan tanto como los muchos pensamientos positivos que nos inspira.

Una manera malsana de hablar de un amigo a sus espaldas parte de la crueldad y la mala intención. Hay en ello falta de generosidad y un regodeo corrosivo; uno se complace en despellejar al supuesto amigo. Aunque finjamos lo contrario, en realidad no le deseamos nada bueno. Lo juzgamos severamente y con mezquindad. No protegeremos a ese amigo; por el contrario, estamos dispuestos a traicionarlo si se presenta la ocasión. Además, nos aprovechamos gustosamente de esa «amistad» si surge la oportunidad. Nuestro afecto se basa más en la conveniencia que en el corazón.

Dicho esto, añadiré que hay una manera buena y una manera mala de chismorrear, pero tanto en un caso como en el otro es muy desagradable oírlo si da la casualidad de que uno es el tema de conversación. Excluido, es indudable que, dado lo que ocurrió, tus amigos y tú vais a tener que reparar ese pequeño daño. Creo que con el tiempo lo conseguiréis.

No me cabe duda de que tus amigos hablaban desde el afecto y el interés por ti: desde la posición sana. Algo me dice

75

que tus amigos, inconscientemente, intentaban fortalecer sus lazos contigo, más que romperlos, cuando hablaban de ti aquel día en la cabaña. Al fin y al cabo, cuando se produjo ese «incidente», acababas de informarlos de que habías reanudado la relación con una mujer a quien, por lo visto, todos consideran —con razón o sin ella— un factor negativo en tu vida. Si no se preocuparan por ti, no se habrían molestado en hablar de ese giro en los acontecimientos. Como sí se preocupan por ti, empezaron a hablar de ello en un momento en que creyeron que tú no los oías. Colectivamente, exteriorizaron sus sentimientos, preparándose quizá para compartir contigo una versión atenuada.

Eso es porque te aprecian.

Oíste cosas que no deberías haber oído. Ellos dijeron cosas que no habrían dicho si hubiesen sido conscientes de tu presencia, pero eso no significa que te traicionaran. Significa solo que os visteis atrapados en una situación embarazosa, y todos nos imaginamos lo que sería estar en uno u otro lado.

Te recomiendo que hables de nuevo con tus amigos sobre lo ocurrido, solo que esta vez debes ser más franco. Sin duda, sigues dolido, en parte porque intentaste dejar de lado tus sentimientos demasiado deprisa. Permite que este descalabro entre «camaradas en el bosque» te acerque a tus amigos en lugar de separarte de ellos. Utiliza esa incómoda experiencia como oportunidad para aclarar las cosas en cuanto al tema de tu novia y lo que sea que tus queridos amigos creen que estás justificando acerca de tu relación con ella. Cuéntales lo mucho que te dolió oírlos. Explícales en qué se equivocan, a tu modo de ver. Diles por qué quieres a tu novia y por qué también ellos deberían mostrarse abiertos y quererla. Luego pregúntales por qué dijeron lo que dijeron sobre ti, sobre ella, y haz lo posible por escuchar.

Tu elección de compañera sentimental no es asunto de ellos, es verdad, pero si tienen una opinión al respecto, es porque te desean una buena vida. Ellos te conocen. Han escuchado lo que les has contado sobre tu relación con esa mujer y han hecho sus propias observaciones. No te sugiero que abandones a tu novia porque no les cae bien a tus amigos, sino que escuches lo que tienen que decir. Tal vez se han formado una opinión negativa de ella porque tú, después de la ruptura, al contar el episodio a tus amigos, les diste una imagen de esa chica inexactamente desfavorable. Tal vez sea solo que no saben de lo que hablan, y es necesario que los saques de su error. Tal vez ellos ven algo que tú ahora mismo no ves, cegado como quizás estés por el deseo de que esa relación salga adelante.

No lo sabemos. El tiempo lo dirá. Pero te recomiendo que te tragues el orgullo y escuches con atención a tus amigos, que observes la imagen de ti mismo que ellos te devuelven. Podría ser útil. Quizá te cabree. Quizá te ayude a superar el resquemor por lo ocurrido en la cabaña. Lo complicado con los amigos es que a veces se equivocan por completo sobre nosotros, y a veces aciertan por completo, y, por lo general, solo en retrospectiva sabemos si ha sido lo uno o lo otro.

Yo tengo una excelente amiga a la que llamaré Beth. Ella se enamoró deprisa y profundamente de un hombre, al que llamaré Tom. En el transcurso de un año o dos, Tom sometió a Beth a un viaje de continuos altibajos. Hubo amor, engaño, abandono, mentiras, pasión, promesas y un montón de gilipolleces absolutas. Beth subía. Luego bajaba. Se presentaba ante la puerta de mi casa temblando y llorando, o me telefoneaba para decirme lo increíble que era Tom. Después de ser testigo de la relación durante tiempo suficiente para formarme mi propia opinión, empecé a hacerle partícipe de mis propias opiniones. Al principio, le hablé con delicadeza, pero pronto ya no pude evitar decirle exactamente lo que pensaba en los términos más claros: ese hombre jugaba con ella; si no se deshacía de él para siempre, solo conseguiría sufrir.

Fueron necesarios varios meses, vueltas a la relación, en falso, y traiciones para que Beth me diera la razón. Para entonces, ella lamentaba no haberme hecho caso antes, pero la cuestión es que no se lo eché en cara. Yo tampoco habría hecho el menor caso. ¿Quién hace lo que un amigo le dice? Yo, desde luego, no, ni siquiera cuando después he reconocido plenamente que debería haberlo hecho.

Al cabo de unos meses, Beth empezó a salir con otro hombre. Lo llamaré Dave. Un mes después de iniciar la relación, me telefoneó para anunciarme que se habían comprometido.

«¿Para casaros?», pregunté con voz entrecortada, tratando

de ocultar mi desaprobación y el temor de que ese tal Dave fuese otra calamidad, otro Tom.

«¡Sí! Ya sé que hemos ido muy deprisa, pero estamos enamorados y vamos a casarnos», contestó ella. Estaba convencida. Él era fantástico. Ella se sentía muy feliz. Sabía que hacía bien.

Me pasé media hora planteándole una pregunta tras otra con un tono lo más optimista posible, pero, cuando colgué, no era optimismo ni mucho menos lo que sentía. Estaba preocupada. Envié inmediatamente un mensaje por correo electrónico a otra amiga íntima de Beth, una mujer a la que apenas conozco. Le pregunté qué pensaba sobre el disparate de que Beth se casara con ese hombre al que conocía desde hacía solo un mes. Cruzamos varios mensajes, hablando de Beth. Comentamos sus tendencias en lo que a hombres respectaba, nuestras observaciones sobre sus puntos fuertes y sus flaquezas, las cosas que esperábamos para ella y también temíamos. La conocíamos. La queríamos. Deseábamos su felicidad, pero hablábamos sin reparos a sus espaldas.

Meses más tarde, después de que Beth se casara con Dave, después de darme cuenta de que él realmente la hacía feliz y de que era bueno no solo con ella, sino para ella, le confesé lo que había hecho. Le conté que había cruzado *e-mails* con su amiga, porque estaba inquieta por lo deprisa que Dave y ella se habían comprometido. Vi asomar la tensión a su rostro cuando la informé de que dos de sus mejores amigas habían estado hablando de ella. Entendí por qué se sintió incómoda y se puso a la defensiva. ¿Quiénes éramos nosotras para meternos en esas cosas? Con quién se casaba ella y al cabo de cuánto tiempo no era asunto nuestro. Lo entendí perfectamente.

Sin embargo, también comprendí quiénes éramos. Éramos dos de sus mejores amigas. Éramos las personas que le escuchamos contar todas aquellas historias espantosas y magníficas sobre Tom, y seríamos las personas que estaríamos junto a ella al margen de cómo acabaran las cosas con Dave. Seríamos sus amigas, en todo caso. Porque la queríamos. Si nos necesitaba, le responderíamos en cualquier momento. Permaneceríamos a su lado. Ella lo sabía, y yo sabía eso mismo sobre ella. Sabía que siempre me diría la verdad, aunque me doliera, y también sabía que ella procuraría no herirme. En el transcurso de nuestra amistad supe que también ella podía haber tenido opiniones o preocupaciones sobre mí de las que hubiese preferido hablar con otra persona en términos que era mejor que yo no oyera. Y supe que eso no tenía nada de malo, que era una parte totalmente natural de mantener una amistad sincera a lo largo de muchos años. Que no era una traición, sino una bendición.

Eso es lo que tienes tú con esos hombres, Excluido. Verdaderos amigos, verdaderas bendiciones. Perdónalos. Considérate afortunado de tenerlos. Sigue adelante.

Un saludo,

SUGAR

Los pensamientos repulsivos me excitan

Querida Sugar:

Soy una mujer heterosexual que pronto cumplirá treinta y cuatro años. Los pensamientos repulsivos me excitan: pensamientos de relaciones incestuosas entre padre e hija, o la idea de que un hombre me «tome» agresivamente y yo sea sumisa en la cama. Siempre he procurado apartar de mi cabeza tales pensamientos porque no están en consonancia con la persona que soy y también porque son repugnantes y bochornosos, pero, por lo general, no puedo contenerme y se me va la cabeza. En esencia, es la única manera de excitarme

Soy una mujer fuerte, independiente, «normal», de orientación feminista, que, naturalmente, se opone a la violación, el incesto y la dominación masculina, así que me siento fatal por tener esos pensamientos y a la vez no puedo evitarlos. A lo largo de los años, he tenido tres novios formales, y unos cuantos amantes de corta duración, y recientemente he empezado a salir con un hombre que me gusta mucho. Con algunos de esos hombres he mantenido cierto juego de poder sexual, pero nunca he revelado a nadie en todo su alcance mis deseos o fantasías. Creo que una de las razones por las que me avergüenzo es que mi padre abusó sexualmente de mí de una manera leve en la primera etapa de mi vida (es decir, «ligeras caricias» de vez en cuando durante más o menos un año). Murió en un accidente de circulación cuando yo tenía ocho años, así que aquello no duró mucho, gracias a Dios, pero me preocupa que mis pensamientos enfermizos se remonten a él y a lo que hizo, sobre todo porque las fantasías «papá/hija» tienen un papel principal en mi cabeza, lo cual me da ganas de vomitar.

Escribo para preguntarte qué harías en mi lugar, Sugar. ¿Debo dar rienda suelta a mis pensamientos enfermizos o debo combatirlos?

Ya sé que la gente hace cosas muy raras, pero no tengo el menor interés en introducirme en una comunidad S&M; eso es demasiado fuerte para mi gusto. No participo en ninguna clase de desequilibrio de poder fuera del dormitorio, y no soy ni mucho menos masoquista. No deseo una mazmorra ni un látigo ni ser esclava de nadie. Solo anhelo ser dominada en la cama con amor pero con firmeza (de un modo que es casi exclusivamente psicológico, en forma de conversación, y que no va más allá de una firmeza tierna en lo referente a los aspectos físicos). Tengo la sensación de que necesito erradicar estas fantasías para siempre o asumirlas plenamente para disfrutar de una vida sexual más satisfactoria. ¿Tú qué harías? ¿Cómo lo harías? ¿Crees que podría siquiera correr el riesgo de plantearle esto a un hombre, o pensaría que soy una psicópata y saldría corriendo?

81

ANHELO DE SUMISIÓN

*Q*uerida Anhelo de Sumisión:

¿De niña jugaste alguna vez a eso de entrar en un cuarto de baño a oscuras y mirarte en el espejo en la penumbra y repetir «Micaela, Micaela, Micaela» trece veces? Cuenta la leyenda, al menos en el sitio donde yo me crie, que, después de pronunciar «Micaela» por última vez, el espejo se rompe y gotea sangre…, y muy posiblemente aparece Micaela en persona.

Me he acordado de ese juego al leer tu conmovedora carta,

Anhelo de Sumisión. Sé que es una cursilada, pero me gustaría que jugaras conmigo a tu propia versión del juego de Micaela. Entra en el baño, mírate en el espejo y repite esta frase para ti trece veces. Pero deja la luz encendida.

Los pensamientos repulsivos me excitan.
Los pensamientos repulsivos me excitan.
Los pensamientos repulsivos me excitan.
Los pensamientos repulsivos me excitan.
Los pensamientos repulsivos me excitan.
Los pensamientos repulsivos me excitan.
Los pensamientos repulsivos me excitan.
Los pensamientos repulsivos me excitan.
Los pensamientos repulsivos me excitan.
Los pensamientos repulsivos me excitan.
Los pensamientos repulsivos me excitan.
Los pensamientos repulsivos me excitan.
Los pensamientos repulsivos me excitan.

¿Se ha roto el espejo y ha goteado sangre? ¿Ha aparecido algún rostro espeluznante? ¿Has salido del baño corriendo y chillando? Espero que la respuesta sea no. Espero que te hayas quedado ahí, impertérrita, y te hayas mirado a los ojos. Cada atormentadora pizca de autodesprecio presente en tu carta y cada uno de los enigmas que planteas quedarán paliados y resueltos gracias a ti misma, encanto.

¡Claro que no eres una psicópata porque te exciten los pensamientos repulsivos! Ni siquiera eres rara. ¿Sabes cuántas mujeres tienen esas mismas fantasías? Invita a tu casa a tus mejores amigas y dedicaos un rato a eso de «yo te cuento las mías y tú me cuentas las tuyas». Coge cualquier libro en cuyo subtítulo aparezcan las palabras «mujeres» y «erótico», y, si lo hojeas, verás un auténtico festín de azotes y brutos autoritarios, grandes papás y niñas traviesas. Puede que seas una «mujer fuerte, independiente, "normal", de orientación feminista» y, aun así, desees esos disparates en la cama. De hecho, ser una «mujer fuerte, independiente, "normal", de orientación feminista» solo aumenta tus posibilidades de conseguir lo que deseas en el sexo.

Así que hablemos de cómo puedes llegar a eso, mi encantadora sumisa.

Veo claro que tienes que superar lo de tu padre. Abusó sexualmente y luego se murió. Eso son palabras mayores. Un buen psicoterapeuta te ayudará a asimilar la pérdida, la violación y el afecto que probablemente sientes por él. El psicoterapeuta te ayudará también a explorar qué conexión existe entre tu historia pasada y tus actuales deseos sexuales.

Sospecho que sí existe una conexión, al menos borrosa, por mucho que eso te incomode. Pero eso no significa que desearas que tu padre te follara o que quieras que los hombres te violen o te maltraten. Significa, quizá, que perdiste algo o sufriste una herida que tal vez —¡y solo tal vez!— intentas reparar por medio de tus anhelos sexuales. Es imposible saberlo, pero te animo a que intentes analizar tu propio mundo de sombras lo más a fondo posible. No tanto para librarte de tus «pensamientos enfermizos» como para que, por fin, puedas asumir tu sexualidad y divertirte.

Y es divertido. La cuestión con las fantasías sexuales es que consisten en «fingir». Y, cuando se representa una fantasía, se hace entre «adultos que actúan por propia voluntad». Existe una gran diferencia entre ser violada y pedir a alguien que te rompa la ropa y te folle. Tú eres quien manda en tu vida sexual, incluso si lo que deseas es renunciar al mando durante el sexo. Puedes recuperarlo en cualquier momento.

Lo que significa, naturalmente, que siempre has tenido el mando.

No es ese el caso en las víctimas de una violación. Ni en las víctimas de un incesto. Ni en las víctimas de matones dominantes. Pasas por alto este elemento clave cuando te fustigas por tener los deseos que tienes, cuando rechazas el hecho de que «los pensamientos repulsivos te excitan». La parte más repulsiva de cada uno de esos actos es que alguien sale herido porque se ve obligado u obligada a hacer lo que no quiere hacer.

Tú quieres todo lo contrario. Pretendes que alguien haga lo que tú «quieres» que haga. En cuanto comprendas esa distinción, dejarás de sentirte tan mal por tus deseos y empezarás a pedir a los hombres de tu vida que te ayuden a realizarlos. Será una diversión buena, excitante y magnífica.

También te asustará un poco, como ocurre siempre cuando tenemos el valor de dar en el clavo de las verdades más reales y crudas. Cuando tenemos las agallas de mirarnos directamente en el espejo y decir «Micaela» trece veces sin interrupción y ver —con emoción y terror— que no era a ella a quien debíamos temer.

Desde siempre ha sido a nosotros mismos a quienes debíamos temer.

Un saludo,

SUGAR

Tender la mano

*Q*uerida Sugar:

Me crie en el muy conservador y cristiano «sur profundo», donde, como he descubierto, mi vida ha transcurrido a resguardo de las ideas y los estilos de vida de otras zonas del país. Nuestro pueblo tiene una población de unos seis mil habitantes. El condado entero no llega a treinta mil. Sé que la gente se parece bastante en todas partes, pero en el sur tiende a ocultar las cosas a la vista del público.

Trabajo en el campo de la propiedad inmobiliaria y soy dueño de mi propio negocio. Llevo más de veinte años casado y tengo cuatro hijos. La primera mitad de mi vida de casado fue, a mi modo de ver, utópica, pero, en los últimos diez años, mi mujer y yo nos hemos distanciado. Ahora da la impresión de que tan solo convivimos pacíficamente, como hermanos. Ninguno de los dos es feliz, pero seguimos juntos por los niños.

Hace varios años sufrí un accidente y me lesioné la columna vertebral. Un neurocirujano me dijo que no serviría de nada operar, y me mandó a una clínica de tratamiento del dolor. Ahora soy irremediablemente adicto a los analgésicos. De joven experimenté con el alcohol y las drogas. En gran parte, se debió al suicidio de un hermano mayor. Pero nunca tuve problemas con las adicciones. Ahora me tomo en siete o diez días la dosis correspondiente a un mes de unos analgésicos muy potentes; luego me entra el mono y tengo que ir mendigando pastillas a otra gente para llegar a la siguiente cita con el médico. Sé que con esta medicación acabaré con el hígado convertido en una piedra, si es que no me muero antes de una sobredosis. Sé que tengo un grave problema.

Cuando la economía empezó a ir mal, también mi negocio se vio afectado, y acabamos perdiendo el seguro médico. Ya no tengo empleados, así que si no trabajo todos los días, no comemos. Siendo realistas, me es imposible someterme a un programa de rehabilitación. No puedo depender de mi mujer para mantenernos y no tenemos a ningún familiar cerca. Me siento solo, salvo por los niños. He intentado todo lo que se me ha ocurrido, desde rezar hasta la abstinencia. Pero, sencillamente, carezco de la disciplina necesaria para perseverar. He acabado dependiendo de la medicación mentalmente, tanto o más que desde un punto de vista físico. La necesito para ayudarme a afrontar la falta de trabajo e ingresos, así como para sobrellevar un matrimonio sin amor. A eso hay que sumar la pérdida de mi querida madre hace un año y medio y, poco después, la de uno de mis mejores amigos por culpa de un cáncer. Ahora he entrado en un estado depresivo y me asaltan pensamientos suicidas, cosa que sin duda guarda relación tanto con la medicación como con la economía y todo lo demás. Las opciones que veo son las siguientes:

1) Seguir como hasta ahora, sabiendo que hay muchas probabilidades de que eso acabe con mi vida.

2) Encontrar una manera de asistir a un programa de rehabilitación y perder la casa y el negocio (mi mujer no trabaja).

3) Ir a las reuniones de Alcohólicos Anónimos / Narcóticos Anónimos de este pueblo. Con eso, casi con toda seguridad, perdería lo poco que queda de mi negocio.

Espero que veas otras opciones, porque yo dudo mucho de que ninguna de las que he mencionado dé resultado. Por favor, sé sincera y franca, y dame una nueva perspectiva de este problema con tantas caras.

Gracias,

SOBERANO DE UN IMPERIO CAÍDO

Querido Soberano de un Imperio Caído:

Lamento mucho tu desgracia. Has enumerado las tres opciones que crees tener, pero, en realidad, todas dicen lo mismo: crees que lo tienes jodido ya antes de empezar. Entiendo por qué te sientes así. La convergencia del dolor físico, la drogadicción, los problemas económicos, la falta de cobertura médica y un matrimonio desdichado es realmente desalentadora. Pero no puedes permitirte el lujo de desesperarte. Puedes encontrar una manera de superar esas dificultades, y debes hacerlo. No hay tres opciones. Solo hay una. Como dice Rilke: «Debes cambiar tu vida».

Puedes hacerlo, Soberano. Ahora parece imposible, pero no estás pensando con claridad. Los fármacos, unidos a la desesperación y la depresión, te causan un estado de confusión mental. Esto es lo que debes pensar, aun cuando ahora mismo no quepa nada más en tu cabeza. Tener eso claro fue lo que me ayudó a mí a salir de mi propio desastre por las drogas, el dinero y el amor hace unos cuantos años. Una persona de mi total confianza me dijo qué debía hacer cuando yo, por mí misma, no era capaz de pensar con claridad, y escucharla me salvó la vida.

Dices que careces de la «disciplina necesaria para perseverar» en lo referente a abandonar la adicción, pero no es así. Lo que pasa es que no puedes hacerlo solo. Necesitas tender la mano en busca de ayuda externa. He aquí lo que creo que debes hacer:

1) Habla con un médico de tu clínica de tratamiento del dolor y dile que te has vuelto adicto a los analgésicos; explícale también que estás deprimido y en la ruina. Cuéntaselo

todo. No escondas nada. No estás solo. No tienes nada de qué avergonzarte. Sé que tu primera reacción es mentir al médico, por temor a que te corte el suministro de fármacos, pero no confíes en esa reacción. Esa es la reacción que te arruinará la vida y al final, posiblemente, te matará. Confía en el hombre que es tu verdadero yo y que llevas dentro de ti; y, si no puedes, confía en mí. Tu médico te ayudará a reducir sin peligro la dosis de medicación, te recetará otro fármaco no adictivo, te mandará a un programa de rehabilitación y/o psicoterapia, o todo a la vez.

2) A lo mejor, tu médico conoce un programa de rehabilitación gratuito, pero, si no es así, te ruego que vayas a una reunión de Narcóticos Anónimos (NA) (o de Alcohólicos Anónimos [AA], si eso es lo que hay en tu pueblo). Es lógico que temas que te juzguen y te condenen. Ciertas personas te juzgarán y condenarán, pero solo unas pocas. Los humanos tenemos una mente pequeña, pero un corazón grande. Casi todos nosotros la hemos pifiado en un momento dado. Estás metido en un buen lío. Has hecho cosas que no querías hacer. No te has comportado siempre de la mejor manera posible. Eso significa solo que eres como el resto de nosotros. Siempre que me he encontrado en una situación humillante, me ha sorprendido descubrir cuánta gente «normal» se hallaba justo en la misma situación humillante. Somos hermosamente imperfectos y complejos. Entre otras cosas más nobles, somos también unos drogadictos rijosos, egocéntricos e interesados. Creo que cuando vayas a la reunión de NA/AA, te consolará ver la cantidad de gente que hay con problemas parecidos a los tuyos, incluidas personas que suponías que no los tenían. Esas personas te ayudarán a curarte, querido. Te apoyarán cuando te enfrentes a la adicción. Y lo harán gratis. Conozco a mucha gente que ha dado un giro a su vida gracias a esas reuniones. Antes de ir, ninguna de esas personas creía ser del «tipo AA/NA». Todas se consideraban más listas o más sofisticadas, o menos religiosas o más escépticas, o menos enganchadas o más independientes que todos esos casos perdidos que asistían a AA o NA. Estaban todas equivocadas. Temes que tu negocio se vaya a pique si corre la voz de que asistes a esas reuniones. Creo que la gente es más ge-

nerosa de lo que imaginas; sí, incluso en el «muy conservador y cristiano "sur profundo"». Pero, Soberano, aunque tengas razón, ¿qué alternativa te queda? Si sigues por el mismo camino, la adicción y la depresión no harán más que agravarse. ¿Prefieres que tu negocio se hunda porque te negaste a introducir cambios en tu vida o porque vives en una comunidad de gilipollas que te castigarán y condenarán por buscar ayuda?

3) Habla con tu mujer y explícale lo de tu adicción y tu depresión. Ese puede ser el primer punto de la lista o el último: por tu carta no puedo saberlo. ¿Será tu mujer una importante defensora tuya cuando des el paso inicial de pedir ayuda o, por el contrario, te apoyará más si se lo dices después de haber realizado ya unos cuantos cambios positivos por tu cuenta? En cualquier caso, imagino que se sentirá traicionada al descubrir que has estado ocultándole tu adicción, y, finalmente, aliviada por saber la verdad. Dices que el tuyo es un matrimonio «sin amor», y es posible que realmente vuestra relación haya llegado a su fin natural, pero me gustaría que te plantearas la posibilidad de que en estos momentos no eres la persona idónea para juzgar algo así. Eres un drogadicto psicológicamente angustiado con cuatro hijos, sin cobertura médica, con una perspectiva laboral incierta y con un montón de facturas. No cabría esperar que tu matrimonio rebosara felicidad. Dudo que hayas sido un compañero magnífico en estos últimos años, y, por lo visto, tu mujer tampoco lo ha sido. Pero el hecho de que los dos hayáis conseguido —después de vuestros diez años de felicidad juntos— seguir otros diez «pacíficamente», a pesar del enorme estrés al que estáis sometidos, es un logro que no debes pasar por alto. Es posible que sea un indicio de que el amor que compartisteis en su día no ha muerto. Tal vez podáis reconstruir vuestro matrimonio. O tal vez no podáis. En todo caso, te animo a intentarlo.

4) Haz un plan financiero, aunque ese plan sea el análisis de un desastre. Mencionas el dinero como la razón por la que no puedes ir a rehabilitación, o siquiera a una reunión de AA/NA, pero, sin duda, sabes que las repercusiones económicas serán mucho peores si sigues por el mismo camino.

89

Está todo en juego, Soberano. Tus hijos. Tu profesión. Tu matrimonio. Tu casa. Tu vida. Si tienes que gastar un dinero en curarte, hazlo. La única manera de salir de un agujero es trepando. Después de consultar con tu médico y ver cuáles son las opciones, y después de charlar abiertamente con tu mujer acerca de tu situación, siéntate con ella y hablad de dinero, poniendo las cartas sobre la mesa. A lo mejor tienes derecho a una ayuda económica. A lo mejor tu mujer puede buscar trabajo, ya sea temporal o permanente. A lo mejor puedes pedir un préstamo a un amigo o a un pariente. A lo mejor las cosas no te parecerán tan graves en cuanto des los primeros pasos encaminados a la curación, y quizá puedas conservar tu trabajo mientras te recuperas. Sé que tu situación económica te da pánico porque tienes que mantener a cuatro hijos, pero, en estos momentos, todas tus decisiones te perjudican. Solo si te recompones, podrás mantener a tu familia económicamente.

Cuando tenía veinticuatro años, viví varios meses en Brooklyn. Compartía un apartamento con el hombre que era entonces mi marido, en un edificio que estaba casi todo vacío. Abajo había una bodega; encima, una pareja que tenía unas peleas espantosas en plena noche. El resto del edificio —aunque había muchos apartamentos— estaba desocupado por razones que nunca acabé de entender. Yo me pasaba todo el día sola escribiendo en el apartamento mientras mi marido trabajaba de ayudante al servicio de un amigo rico. Por las noches yo trabajaba de camarera.

—¿Tú has oído algo raro? —me preguntó mi marido una noche cuando llegué a casa de trabajar.

—¿Si he oído algo raro? —dije.

—Detrás de las paredes —explicó—. Antes he oído un ruido, y me preguntaba si también tú lo habrías oído hoy cuando estabas sola.

—No he oído nada —contesté.

Sin embargo, al día siguiente, sí lo oí. Un sonido detrás de las paredes, y luego procedente del techo. Algo que estaba cerca, después lejos, después otra vez cerca. De pronto, cesó. No supe qué era. Era inquietante. Un sonido parecido al lamento de un bebé muy discreto. Tenía el peso de una pluma, la velocidad de una hoja seca cayendo de un árbol. Acaso no fuera nada. Acaso hubiera salido de mi propio cuerpo. Era la reproducción exacta del sonido que emitían mis entrañas cada vez que pensaba en mi vida y en la necesidad de cambiarla y en lo imposible que parecía.

—He oído algo —le anuncié a mi marido esa noche.

Él se acercó a la pared y la tocó. Allí no había nada. Estaba en silencio.

—Creo que son imaginaciones nuestras —dijo, y yo coincidí con él.

No obstante, a lo largo de todo el mes de diciembre, el sonido reapareció de manera intermitente, y era imposible definirlo o localizarlo. Llegó la Navidad, y estábamos solos. Mi marido había recibido una bonificación de su amigo y gastamos parte de ella en unas entradas para la ópera, en asientos de gallinero. Era *La flauta mágica*, de Mozart.

—Sigo oyéndolo —dije a mi marido en el metro de camino a casa—. Ese sonido detrás de las paredes.

—Ya —contestó él—. Yo también.

El día de Año Nuevo nos despertaron unos aullidos. Nos levantamos de la cama de un salto. Era el mismo sonido que llevábamos oyendo desde hacía tres semanas, pero ya no era discreto. Procedía muy claramente del techo del armario empotrado. Mi marido cogió de inmediato un martillo y empezó a golpear el yeso con el extremo sacaclavos, desprendiéndolo en grandes trozos que cayeron sobre nuestra ropa. Al cabo de diez minutos, había destrozado casi todo el techo del armario. Habríamos sido capaces de hacer trizas la casa entera. Nuestra obsesión era llegar al origen de ese sonido, que había cesado durante el martilleo. Cuando en el armario ya no quedaba techo que destrozar, guardamos silencio y contemplamos el misterioso interior negro del edificio.

Al principio pareció que no había nada —la espantosa causa del sonido había desaparecido, o tal vez en realidad lo habíamos imaginado—, pero, poco después, dos gatitos escuálidos se acercaron al borde irregular del agujero y nos miraron. Nunca había visto nada tan extraño. Se los veía tan esqueléticos que era asombroso que estuvieran vivos. Temblaban de miedo, cubiertos de hollín y telarañas y pegotes de grasa negra, y tenían unos ojos enormes y resplandecientes.

—Miau —dijo uno de ellos.

—Miau —gimió el otro.

Mi marido y yo alzamos los brazos, y los gatitos se posaron en las palmas de nuestras manos de inmediato. Pesaban tan poco que era como sostener una burbuja con el objeto más pequeño imaginable dentro. Era como si tuviéramos en nuestras manos dos gorriones.

He intentado escribir sobre esta experiencia varias veces a lo largo de los años. Fue una cosa extraña que me sucedió durante una época triste e incierta de mi vida, y yo esperaba que el episodio explicara a los lectores algo profundo sobre la relación entre mi exmarido y yo. Sobre lo muy enamorados que nos sentíamos, pero, a la vez, lo muy perdidos que estábamos. Sobre cómo nos parecíamos a esos dos gatitos que se habían pasado semanas atrapados y famélicos. O quizá no tenía nada que ver con los gatitos. Tal vez el significado estaba en el hecho de que oímos el sonido y no hicimos nada hasta que fue tan estridente que no nos quedó más remedio que actuar.

Nunca había encontrado la manera de escribir sobre esto hasta que he escrito esta carta para ti, Soberano, al darme cuenta de que era algo que necesitabas oír. No porque los gatitos sufrieran durante esas semanas que rondaron por el interior del edificio oscuro sin encontrar la salida —aunque sin duda eso también tiene su significado—, sino porque se salvaron. Porque, a pesar de lo asustados que estaban, persistieron. Porque cuando dos desconocidos les tendieron las manos, ellos se posaron en sus palmas.

Un saludo,

SUGAR

SEGUNDA PARTE

Sea cual sea la misteriosa estrella
que te ha guiado hasta aquí

¿*D*e verdad las cartas que publicas las envía gente anónima? Casi todas están tan bien escritas que da la impresión de que son obra tuya o de los escritores de *The Rumpus*.

Las cartas publicadas en mi consultorio y en este libro me las envió gente que buscaba mis consejos. En la mayoría de los casos no me es posible ver el nombre y/o dirección de correo electrónico del autor de la carta. Ni yo ni nadie de *The Rumpus* escribe las cartas. Como tengo miles donde elegir, probablemente las que están mejor redactadas cuentan con mayores probabilidades de que las extraigamos de entre la enorme pila, por el mero hecho de que son más concisas y complejas. Coincido contigo en que las cartas son magníficas. Y en mi bandeja de entrada tengo aún muchas más así.

¿Vuelves a saber algo de tus corresponsales después de leer tus respuestas? Me interesaría saber qué cuentan.

He vuelto a saber algo de la mitad de ellos, más o menos. Todos han contestado afectuosamente, incluso cuando mis consejos suscitaban emociones complicadas. Imagino que es una experiencia intensa, eso de que publiquen tu carta y te contesten. Me honra que confíen en mí para que reflexione sobre sus vidas.

Se te nota muy sana emocionalmente, pero por tu consultorio se ve que has tenido tus propias dificultades en el pasado. ¿Aún las tienes?

Claro que sí.

¿Eres psicoterapeuta o te has sometido a una profunda psicoterapia?

No soy psicoterapeuta, y he acudido a la consulta de un psicoterapeuta solo unas cuantas veces en la vida. Lo que significa que, en rigor, no estoy en absoluto cualificada para este trabajo.

El pajarito

*Q*uerida Sugar:

¿Qué coño, qué coño, qué coño? Planteo esta pregunta tal como uno se la hace a diario ante tantas situaciones. Cordialmente,

QUÉ COÑO

*Q*uerido Qué Coño:

El padre de mi padre me obligaba a meneársela cuando yo tenía tres, cuatro y cinco años. No se me daba nada bien. Tenía las manos demasiado pequeñas, no conseguía el ritmo adecuado y no entendía lo que hacía. Solo sabía que no quería hacerlo. Sabía que me sentía desdichada y angustiada de una manera tan nauseabundamente peculiar que, en este preciso momento, siento que me sube a la garganta esa misma náusea tan peculiar. Detestaba frotarle la polla a mi abuelo, pero no podía hacer nada para evitarlo. «Tenía» que hacerlo. Mi abuelo nos hacía de canguro a mi hermana y a mí un par de veces por semana en esa etapa de mi vida, y la mayoría de los días que yo quedaba atrapada en su casa con él, se sacaba el pene ya medio tieso del pantalón y decía «ven aquí», y no había más que hablar.

Me mudé a otra casa, lejos de él, cuando tenía casi seis años, y poco después de eso mis padres se separaron, y mi padre salió de mi vida y nunca volví a ver a mi abuelo. Murió de silicosis a los sesenta y seis años, cuando yo tenía quince. Cuando me enteré de su muerte, no sentí pena. Tampoco alegría. No era nadie para mí, y, sin embargo, siempre estaba presente, fluyendo su fuerza dentro de mí como un río oscuro, la fuerza de lo que me había obligado a hacer. Durante años no hablé de esto con nadie. Esperaba que el silencio lo hiciera desaparecer y lo redujera a una simple invención desagradable de mi cabeza retorcida. Pero no fue así. Allí seguía, ese hecho que me llevaba a preguntarme: «¿Y eso qué coño significaba?».

No significaba nada; nunca significará nada. Moriré, y nunca le veré el sentido al hecho de que mi abuelo obligara a mis manos a hacer las cosas que mis manos hacían con su polla. Pero tardé años en llegar a esa conclusión. En asimilar la verdad de que ciertas cosas son tan tristes y están tan mal, y es tan imposible encontrar respuesta que la pregunta sencillamente se queda aislada como una lanza en el barro.

Así que despotriqué contra eso, en busca de la respuesta a qué coño le pasaba a mi abuelo para que me hiciera eso. «¿Qué coño? ¿Qué coño? ¿Qué coño?»

Sin embargo, nunca pude quitármelo de encima. Ese qué coño en particular ya no me lo quitaría de encima. Preguntarme qué coño solo me servía para sacarlo otra vez a flor de piel. Volvía una y otra vez, la polla de mi abuelo en mis manos, el recuerdo de eso tan gráfico, tan «palpable», tan parte de mí. Me asaltaba mientras mantenía relaciones sexuales y mientras no las mantenía. Me asaltaba en imágenes repentinas y me asaltaba en sueños. Un día me asaltó cuando encontré un pajarito caído de un árbol.

Siempre había oído decir que, en principio, uno no debe coger las crías de ave, que una vez se las toca la madre ya no vuelve a por ellas, pero aquí da igual si eso es verdad o no: ese pájaro estaba ya condenado en todo caso. Tenía el cuello roto y la cabeza le colgaba traicioneramente a un lado. Lo acuné en las palmas de mis manos con toda la delicadeza posible, arrullándolo para tranquilizarlo, pero cada vez que lo arrullaba, él forcejeaba lastimeramente para alejarse, aterrorizado por mi voz.

Presenciar el sufrimiento del pájaro me habría sido insoportable en cualquier momento, pero me fue especialmente insoportable en esa etapa de la vida porque mi madre acababa de morir. Y, como ella había muerto, yo también estaba medio muerta. Muerta pero viva. Y tenía un pajarito entre las manos también muerto, pero vivo. Sabía que solo había una cosa humana que hacer, si bien tardé casi una hora en reunir el valor necesario: metí al pajarito en una bolsa de papel y lo asfixié con mis manos.

Nada de lo que ha muerto en mi vida ha muerto con facilidad, y ese pájaro no fue la excepción. Ese pájaro no se marchó sin luchar. Lo sentí a través de la bolsa de papel, palpitando contra mi mano y sacudiéndose, flácido y feroz a la vez, bajo la pátina traslúcida de piel, tal como era la polla de mi abuelo.

«¡Ahí estaba!» ¡Ahí estaba otra vez! Justo ahí, dentro de la bolsa de papel. El fantasma de la polla de aquel viejo siempre estaría entre mis manos. Pero esta vez sí entendía lo que hacía. Entendía que debía apretar más de lo que podía soportar. El pájaro tenía que morir. Apretar más era un asesinato. Era misericordia.

Ahí estaba la respuesta a qué coño. La respuesta estaba en mí.

Y la respuesta está también en tus manos, Qué Coño. Esa pregunta no es «tal como uno se la hace a diario tantas veces». Si lo es, estás malgastando tu vida. Si lo es, eres un cobarde y un holgazán, y tú no eres un cobarde y un holgazán.

Plantéate mejor las preguntas, encanto. ¿Qué coño es tu vida? Contesta a eso.

Un saludo,

Sugar

¡Vete! ¡vete! ¡vete!

*Q*uerida Sugar:

Toco instrumentos musicales (guitarra y bajo) desde los once años. Estoy en el mismo grupo desde los veinte. Ahora tengo veintiséis, y sigo viviendo en la misma ciudad, sigo tocando en los mismos sitios. Me encanta mi grupo. Forma parte de quien soy. Hemos publicado un disco del que estoy orgulloso (producido por nosotros mismos, pero a los chicos de aquí les encanta). Aun así, me pregunto qué pasaría si me fuera. Quiero ver otras partes del país. Moverme un poco. Explorar antes de tener una familia que atender. Pero, por otro lado, mi grupo es mi familia, y tengo la sensación de que no debo abandonarlos. Nunca vamos a tener un gran éxito, y eso no me importa. Pero si decido marcharme, ¿será un gesto egoísta por mi parte?

Gracias, Sugar,

UNO QUE SE PLANTEA SEGUIR EN SOLITARIO

*Q*uerido Uno Que Se Plantea Seguir en Solitario:

¡Vete! ¡Vete! ¡Vete! ¿Necesitas oírlo una vez más, querido? VETE.

De verdad. Sinceramente. Lo antes posible. De eso no me

cabe la menor duda: no llegues a la etapa de criar hijos y tener trabajos de verdad cargado con un estuche de guitarra lleno de aplastante pesar por todo aquello que deseabas hacer en tu juventud. Conozco a mucha gente a la que le ha pasado eso. Todos han acabado siendo versiones mezquinas, confusas y retráctiles de las personas que pretendían ser.

Cuesta marcharse. Da miedo y produce una sensación de soledad, y a tus compañeros de grupo les dará un ataque, y la mitad del tiempo te preguntarás qué demonios haces en Cincinnati, Austin, Dakota del Norte o Mongolia, o donde quiera que acabe ese trasero tuyo de guitarrista. Habrá días en que perderás el tiempo y te sentirás desconcertado. Noches de miedo y reventones de neumáticos metafóricos.

Pero será de una belleza sobrecogedora, Solitario. Abrirá las puertas de tu vida.

Un saludo,

SUGAR

101

Su concavidad negra

$\mathcal{Q}$uerida Sugar:

Soy un hombre de treinta y ocho años y me he comprometido en matrimonio. Mi novia tiene treinta y cinco. No necesito consejos de carácter sentimental. Te escribo para hablarte de la madre de mi novia, que falleció de cáncer unos años antes de conocernos, cuando mi novia tenía veintitrés años.

Mi novia y su madre estaban muy unidas. En su día, su muerte fue un golpe atroz para ella, y todavía siente un profundo dolor. No es que no pueda levantarse de la cama ni que luche con la depresión. Tiene una vida fantástica. Una de sus amigas la llama «la alegría andante», y es una descripción muy precisa, pero sé que la historia no acaba ahí. La muerte de su madre siempre ronda al acecho. Es algo que asoma con regularidad. Cuando llora o habla de lo mucho que echa de menos a su madre, le doy mi apoyo, pero, por lo general, me siento insuficiente. No sé qué decir, aparte de cosas poco convincentes, como «lo siento» y «me imagino cómo te sientes» (aunque no me lo imagino porque mi madre todavía vive). Mi novia nunca ha tenido una gran relación con su padre, que desapareció del mapa hace mucho tiempo, y ella y su hermana no están muy unidas, así que no puedo contar con el respaldo de nadie de su familia. A veces intento animarla o inducirla a olvidar la «parte dura», pero normalmente me sale el tiro por la culata y ella acaba sintiéndose peor.

No sé cómo manejar esta situación, Sugar. Me siento inútil frente a su dolor. Sé que tú también perdiste a tu madre. ¿Qué puedes decirme? Quiero ser una pareja mejor en lo que se refiere a manejar el dolor.

Firmado,

DESCONCERTADO

*Q*uerido Desconcertado:

Unos meses después de morir mi madre, encontré, en los confines del armario de su dormitorio, un tarro de cristal lleno de piedras. Estaba sacando sus cosas de la casa que yo consideraba la mía, pero que ya no lo era. Fue un proceso desolador —más brutal en su cruda claridad que cualquier otra experiencia que haya tenido o espere tener en la vida—, pero, cuando tuve ese tarro de piedras entre las manos, sentí una especie de júbilo que no puedo describir más que diciendo que en el frío tintineo de su peso tuve la sensación, aunque muy fugaz, de estar abrazando a mi madre.

Ese tarro de piedras no era un tarro de piedras cualquiera. Eran piedras que mis hermanos y yo le habíamos regalado a nuestra madre. Piedras que habíamos encontrado de niños en playas y caminos, entre el césped junto a algún aparcamiento, y se las habíamos puesto en las manos; las palmas de sus manos eran el receptáculo de todo aquello que considerábamos digno de guardarse.

Me senté en el suelo de la habitación, las saqué y las acaricié como si fueran el objeto más sagrado de este mundo. En su mayoría eran lisas y negras, más pequeñas que una patata frita. «Piedras antiestrés», las llamaba mi madre, de esas cuyo contacto en la palma de la mano resulta tan agradable que, según afirmaba ella, poseían la facultad de apaciguar el espíritu si uno las frotaba como era debido.

¿Qué hace uno con las piedras que en su día le dio a su madre ahora muerta? ¿Cuál es su lugar adecuado? ¿A quién pertenecen? ¿Ante qué tiene uno una obligación mayor? ¿Ante el recuerdo? ¿Ante el sentido práctico? ¿Ante la razón, la fe? ¿Vuelve uno a guardarlas en el tarro y las acarrea a través del dolor desesperado y desatendido de sus veinte años o se limita a tirarlas al jardín?

Yo no tenía manera de saberlo. Tal conocimiento aún quedaba muy lejos. Solo podía tocar las piedras, esperando encontrar en ellas a mi madre.

No mucho antes de morir mi madre, una amiga me contó una anécdota sobre una conocida suya, una paciente de la residencia para personas con lesiones cerebrales donde ella trabajaba. Varios años antes, la mujer había sido agredida cuando, caminando, volvía a casa de una fiesta. En el incidente se dio tal golpe en la cabeza contra la acera que nunca volvió a ser la misma. Era incapaz de vivir sola, incapaz de casi todo, y, aun así, recordaba lo suficiente de su anterior vida como pintora y profesora para sentirse desdichada en la residencia y anhelar desesperadamente volver a su casa. Cuando le explicaba por qué eso no era posible, no se atenía a razones. Había llegado a creer fervientemente que para salir de allí solo tenía que recitar la combinación correcta de números ante sus captores, sus cuidadores.

«93480219072», decía mientras le daban de comer, la bañaban y la ayudaban a prepararse para irse a la cama. «6552091783. 4106847508. 05298562347.» Y así sucesivamente, en una implacable espiral. Pero dijera lo que dijera, nunca encontraba el código. No había código. Solo ese nuevo hecho en su vida, alterada para siempre.

En los meses que siguieron a la muerte de mi madre, pensé muchísimo en esa mujer, y no solo porque me angustiara su sufrimiento. Pensaba en ella porque comprendía su enorme deseo y su fe infundada: también yo creía que podía encontrar un código. Que mi propia vida alterada para siempre podía redimirse solo con hallar la combinación adecuada de las cosas. Que esos objetos me devolverían a mi madre, de un modo indefinible y figurado, algo que me permitiría vivir el resto de mi vida sin ella.

Y, por tanto, busqué.

No la encontré en el recipiente medio vacío de caramelos de menta que había en la guantera del coche de mi madre el día que murió, ni en los mocasines con flecos del número treinta y ocho que, incluso pasado un año, aún olían a los pies de mi madre. No la encontré en sus gafas de lectura desfasadamente grandes ni en el caballo gris de porcelana que tenía en un estante cerca de su cama. No la encontré en su bolígrafo del banco con el billete de cien dólares auténtico metido dentro, ni en la mantequillera con la bola de mármol blanca en la tapa, ni en ninguna de las blusas que ella había confeccionado para sí misma o para mí.

Tampoco la encontré en esas piedras, pese a mis esperanzas de aquel día triste. No estaba en ninguna parte, en nada, y nunca lo estaría.

«Nunca nos parecerá bien —dijo hace un par de años una amiga que perdió a su madre en la adolescencia—. Nunca nos parecerá bien que nuestra madre haya muerto.»

Cuando me dijo esto, en realidad, aún no era amiga mía. Habíamos charlado de pasada en fiestas, pero esa era la primera vez que nos quedábamos solas las dos. Ella tenía cincuenta y tantos años; yo, cuarenta. Nuestras madres habían muerto hacía una eternidad. Las dos éramos escritoras con nuestros propios hijos. Teníamos buenas relaciones de pareja y carreras satisfactorias. Y, sin embargo, la verdad sin adornos de esa frase —«nunca lo aceptaremos»— me descolocó por completo.

Nunca nos parecerá bien, y, sin embargo, allí estábamos, las dos francamente bien, las dos más felices y afortunadas de lo que cualquiera tiene derecho a ser. Podría describirse a cualquiera de nosotras como la «alegría andante», pese a que todo lo bueno que nos ha ocurrido a las dos lo hemos experimentado a través de la lente de nuestro dolor. No hablo de llorar y gemir a diario (aunque a veces lo hemos hecho). Hablo de lo que llevamos por dentro, las palabras no expresadas, el estremecimiento en lo más hondo de nuestro cuerpo. Nuestras madres no estuvieron presentes en nuestra graduación. Nuestras madres no estuvieron presentes en nuestra boda. Nuestras madres no estuvieron presentes cuando vendimos nuestro primer libro. Nuestras madres no estuvieron presentes cuando nacie-

105

ron nuestros hijos. Nuestras madres no estuvieron presentes, jamás, en ninguno de los acontecimientos de nuestra vida adulta, y nunca lo estarán.

Lo mismo puede decirse en cuanto a tu prometida, Desconcertado. Ella es la alegría andante que a ti te ha correspondido, una alegría andante cuyas experiencias han cobrado forma y se han visto alteradas por el hecho de que perdiera a la persona más esencial, elemental, primordial y central de su vida demasiado pronto. Lo sé sin conocerla. Nunca le parecerá bien haber perdido a su madre. Lo más amable, lo más afectuoso que puedes hacer por tu novia, es ser testigo de eso, reunir la fuerza, el valor y la humildad que se requieren para aceptar la enorme realidad de que eso es algo que no está bien y, a la vez, que hay que asumirlo, tal como debe hacer ella. Siéntete cómodo siendo el hombre que dice una y otra vez: «Cariño, no sabes cuánto siento tu pérdida».

Eso es lo que ha hecho por mí la gente que más me ha consolado en mi dolor. Han pronunciado esas palabras o algo parecido cada vez que necesitaba oírlas; sencillamente, han reconocido lo que es invisible para ellos, pero muy real para mí. Sé que usar esos tópicos tan corrientes y manidos produce una sensación de bochorno e incapacidad. Yo me siento igual cuando digo cosas así a otros que han perdido a un ser querido. Nos pasa a todos. Nos sentimos incapaces porque nos gusta pensar que podemos resolver las cosas. Nos sentimos insuficientes porque, en realidad, no hay nada que podamos hacer para cambiar esa terrible verdad.

Sin embargo, la compasión no tiene nada que ver con las soluciones. Tiene que ver con dar todo el amor que tenemos.

Así que dalo. Está claro que tú ya lo has hecho. Tu bondadosa carta es la prueba. Pero te animo a salir de tu desconcierto. Ten las agallas de sentirte incapaz. Di que sientes la pérdida que ha sufrido tu amada unas tres mil veces en los próximos años. De vez en cuando, pregúntale por su madre sin necesidad de que ella te dé pie. Consuélala antes de que pida consuelo. Honra a su madre el día de vuestra boda y cada vez que surja la ocasión. Tu suegra está muerta, pero vive como una madre fantasma en la mujer a quien amas. Haz un sitio también para ella en tu vida.

Eso es lo que ha hecho por mí el señor Sugar. Eso es lo que han hecho por mí mis amigos e incluso mis allegados. No por eso la pérdida me parece bien, pero siento alivio.

Mi madre murió hace más de veinte años. Ha pasado ya tanto tiempo que entrecierro los ojos cada vez que lo pienso. Tanto tiempo que al final me he convencido de que no existe un código que encontrar. La búsqueda ha terminado. Las piedras que en su día le di a mi madre están ya desperdigadas, las han sustituido las piedras que mis hijos me dan a mí. Me guardo las mejores en los bolsillos. A veces hay una tan perfecta que la llevo encima durante semanas, y la descubro en mi mano una y otra vez, apaciguadora con su concavidad negra.

Un saludo,

SUGAR

107

El infierno son los novios de las demás

Querida Sugar:

Estoy en el primer curso de instituto, y todo el mundo sabe cómo es el instituto: un melodrama tras otro. Y en el centro de eso está mi mejor amiga (digamos que se llama Jill).

Verás, Jill sale con un chico (llamémoslo Jack) que tiene una novia que estudia en otro instituto. Como soy la mejor amiga de Jill, Jack ya no me cae bien. No quiere romper con la novia por Jill (su novia y él llevan juntos un año), pero, en mi opinión, esta situación es inaceptable. Jack parece buena persona, pero tiene escondido ese lado cabrón que yo sencillamente no puedo pasar por alto. Es evidente que a Jack le gusta Jill, de verdad, pero no está dispuesto a dejar a la novia... ni a Jill.

No sé cómo quiero que acabe esto. Por una parte, quiero que Jill sea feliz, y, por tanto, quiero que Jack rompa con la novia. Por otra parte, quiero darle un puñetazo a Jack en la cara y, además, creo que es capaz de hacer a Jill lo mismo que está haciendo a su novia. He estado planteándome mantener una «charla» con Jack, pero no sé si eso mejoraría la situación. Sugar, ¿cómo consigo que al menos uno de los dos vea la luz y tome conciencia de que lo que hacen está mal?

AMIGA PREOCUPADA

*Q*uerida Amiga Preocupada:

¡Un melodrama tras otro, ciertamente! Bah, pero este caso es fácil, encanto. Y difícil. Pero lo mejor es que lo descubras ahora, ya que, como estudiante de primero de instituto, estás en los mismísimos inicios de esta clase de líos. Según una famosa frase de Jean-Paul Sartre, «el infierno son los otros», cosa que es bastante cierta, pero más cierto aún es que «el infierno son los novios de las demás» (o las novias de los demás, según el caso).

He visto a personas a quienes aprecio engañar y ser engañadas, mentir y padecer mentiras ajenas, maltratar emocionalmente a sus amantes y ser maltratadas emocionalmente por ellos. He ofrecido consuelo y consejos. He escuchado historias largas y tediosas de aflicción romántica más que calamitosa cuyo fracaso yo ya había pronosticado desde el principio, porque ese mismo amigo se equivocaba «una puta vez más» en su elección de pareja. Pero lo triste es que así es la vida, querida, y no hay absolutamente nada que hacer al respecto.

¿Has leído ya *Romeo y Julieta*, de Shakespeare? Ahí la gente «muere» por querer a quien quiere. Los personajes incurren en los comportamientos más disparatados, estúpidos, adorables, tiernos, asombrosos y autodestructivos. No vas a conseguir que nadie «vea la luz y tome conciencia de que lo que hace está mal». Sencillamente, no vas a conseguirlo.

Ni siquiera debes intentarlo. Lo que pase entre Jack y Jill es asunto suyo. Jill sabe que hay otra persona en la vida de Jack. Aun así, opta por mantener una relación romántica con él. Jack opta por engañar a una joven a quien supuestamente aprecia y por liarse con otra. Esas no son cosas muy bonitas, pero son reales.

No me malinterpretes: te entiendo. Sé que mi actitud te parecerá muy tranquila y compuesta, pero la verdad es que con cierta regularidad, al menos internamente, tengo que distanciarme de algún payaso o sinvergüenza al que alguna de mis amigas íntimas se ha empeñado en «amar» (recuerda: «el infierno son los novios de las demás»). Resulta horrible ver a una amiga tomar decisiones que temes que vayan a causarle dolor. Pero ahí es donde intervienen los límites, mi querida Amiga Preocupada.

¿Sabes lo que son los límites?

La gente mejor y más cuerda del planeta lo sabe, y, como no dudo que tú también te convertirás en una de esas personas, puede que sea mejor que los descubras cuanto antes. El pequeño lío entre Jack, Jill y la joven del otro instituto te ha proporcionado esa oportunidad. Para mí, está claro que las emociones que han surgido de tu preocupación por Jill y tu posterior antipatía por Jack han mermado tu capacidad de comprender los límites adecuados. El impulso de intervenir y meter en vereda a esos tortolitos me indica que sobrevaloras tu autoridad y tu influencia, y además no respetas el derecho de Jill a la autodeterminación romántica, que, sin lugar a dudas, posee, por irritantes que puedan parecerte sus decisiones.

Eso no significa que debas quedarte callada. Otra cosa que hacen las personas mejores y más cuerdas del planeta es tener el valor de decir la verdad. Deberías decir a Jill lo que me has dicho a mí: que quieres que sea feliz, pero como Jack es un mujeriego infiel temes que algún día la trate como está tratando a su otra novia «de verdad». Escúchala con el corazón abierto y mente crítica. Quiérela incluso si no hace lo que esperas que haga en cuanto le señales el hecho de que su amado es un cabrón. Deséale lo mejor sin involucrarte emocionalmente en una situación que no tiene nada que ver contigo. (¿Te acuerdas de los límites? Su vida no es la tuya. La tuya no es la suya. Etcétera.)

Y luego, Amiga Preocupada, limítate a dejar que pase lo que tenga que pasar entre Jack y Jill. Ríete si al final se demuestra que estás equivocada. Mantente al lado de Jill si estás en lo cierto y, entre tanto, cultiva el conocimiento de otras cosas que también saben las personas mejores y más cuerdas del planeta: que la vida es larga, que la gente cambia y a la vez sigue siendo igual, que todos necesitamos cagarla y que nos perdonen, que todos nos dedicamos a andar y andar e intentar encontrar el camino, que los distintos senderos finalmente siempre conducen a lo alto de la montaña.

Un saludo,

SUGAR

Zas, zas, zas

*Q*uerida Sugar:

Hace dos días mi jefe me dejó salir antes del trabajo. Intenté llamar a mi novio por teléfono, pero no contestó. Cuando llegué a casa y abrí la puerta del apartamento donde vivimos, lo encontré de pie delante del espejo de cuerpo entero con mis bragas puestas. Cerró de un portazo y echó el pestillo antes de que yo asimilara lo que había visto.

Me sorprendí, claro, pero más aún me sorprendió que cuando volvió a abrir la puerta, totalmente vestido (con su propia ropa), actuó como si nada hubiera pasado. Siempre hemos tenido una relación abierta y divertida, tanto en el plano sexual como en el emocional, así que me desconcertó su secretismo. Yo siempre me he mostrado dispuesta e interesada en experimentar. No entiendo por qué me ha ocultado esto. ¿Debo decirle algo o, mejor aún, hacer algo para indicarle que no siento rechazo? ¿O sigo su ejemplo y me callo?

Un saludo,

LA QUE COMPARTE BRAGAS,
PERO NO FANTASÍAS

*Q*uerida LQCBPNF:

La primera vez que el señor Sugar me azotó, hacía una semana que éramos amantes. Para entonces habíamos follado tan intensamente, tan frecuentemente, tan arrebatadoramente, tan excelentemente y tan agotadoramente que el calor de lo que vivía entre nosotros casi chamuscaba la pintura de las paredes. Yo estaba apretada contra el lavabo en el cuarto de baño y él estaba apretado contra mí, los dos de cara al espejo. Vi que un momento antes de ese primer zas adoptaba de pronto una expresión seria, estudiada y un poco severa.

«¿Eso te ha gustado, nena?», susurró en mi pelo, y yo dejé escapar un leve gemido de asentimiento.

Zas, zas, zas.

En realidad, no es que me gustara mucho. Pero tampoco me opuse. Era un hombre tan estelar, un amante tan asombrosamente hábil, tan distinto de todos los hombres que había conocido y tan tan parecido a las partes mejores y más secretas de mí misma que estaba dispuesta a sobrellevar cierto escozor en el trasero si era eso lo que lo ponía. La idea de que se excitara azotándome me bastó para seguirle el juego aquella primera vez, mientras descendíamos tórridamente por el pedestal de porcelana blanca del lavabo hacia el inframundo húmedo de debajo, donde al final nos quedamos quietos sobre el suelo de vinilo de color crema entre las mugrientas tuberías plateadas, preguntándonos cómo habíamos llegado hasta allí, tan exquisitamente extenuados que nos daba igual.

—¿Sabías que tu lavabo se fabricó en Argentina? —pregunté cuando recuperé el habla.

—¿En Argentina? —dijo.

A modo de respuesta, alargué el brazo y recorrí con el dedo el pequeño adhesivo pegado bajo el lavabo, donde se leía «Hecho en Argentina».

—Ha estado bien, ¿verdad? —dijo él.

—Pues sí —contesté—. Ha estado francamente bien.

Zas, zas, zas, con eso seguimos durante todo un mes. («Eso te ha gustado, nena, ¿verdad?» «Sí.») *Zas.*

Al cabo de un tiempo, a pesar de todo, aquello empezó a

molestarme un poco. Él elegía siempre un momento en que interrumpía mi pequeño viaje de placer. De vez en cuando, el manotazo caía dolorosamente en mi rabadilla en lugar de dar en la parte carnosa del pompis. «¿Te importaría pegarme un poco más abajo?», solté una vez en plena acción con un tono tan cortante que eché a perder el clima y tuvimos que dejarlo.

—¿Por qué te excita azotarme? —le pregunté por fin.

—Es erótico —respondió él con despreocupación.

—Pero ¿qué tiene de erótico para ti? —insistí.

—El hecho de que te excite tanto.

—¿Que me excite tanto a mí? —contesté.

—Sí —dijo él, y me miró a los ojos.

Bastó con eso. Por la mirada que cruzamos, entendimos al instante que habíamos estado interpretando nuestra propia versión pornográfica del relato «El regalo de los Reyes Magos», realizando cada uno de nosotros un sacrificio que anulaba el regalo del otro. Yo deseaba ser azotada tanto como follar con un canguro. Y viceversa. Lo hacíamos porque pensábamos que era lo que el otro quería.

Cuando paramos de reír, rastreamos el origen de lo sucedido: cómo habíamos llegado a ese malentendido. Resulta que yo, allá por el tercer día de nuestra relación, había hecho un comentario respecto al sexo, el control, la sumisión y la dominación, la ternura y la rendición, la construcción social del género y el deseo, y el incesto y la transgresión, y la masculinidad y el poder, y una fantasía que yo había tenido en la adolescencia en la que aparecían la Super Bowl y un grupo de hombres trajeados, y él lo interpretó en el sentido de que yo deseaba que me castigaran como a una niña traviesa en un colegio de monjas. Por eso me azotó hasta decir basta durante un mes.

¿No es eso lo más tierno que has oído en la vida?

—La verdad —aclaré—, a mí eso de los azotes no me pone en absoluto.

—¿Y qué te pone? —quiso saber él.

Y ese fue nuestro punto de partida hace casi quince años. Con esa pregunta, seguida de mi respuesta. Fue así como procedimos desde entonces. No movidos por un calor tan poderoso que casi chamuscaba la pintura de las paredes, sino con algo mucho más robusto: la actitud valerosa, en plan «esto da

113

miedo, pero hagámoslo igualmente», que se requería para decir lo que era verdad no solo de nosotros mismos, sino de nuestro «yo sexual».

Cosa que a veces curiosamente, a veces emocionantemente, a veces divertidamente, a veces oscuramente, a veces deprimentemente, resulta no ser demasiado distinta del yo sexual que elegiríamos si tuviéramos que escogerlo.

No cabe duda de que tu amante se avergüenza de que le guste ponerse bragas de mujer. ¿Quién no se avergonzaría? ¿Qué hombre pediría algo así? Eso no significa que no pueda conciliarse con la idea, y espero sinceramente, por su propio bien, que así sea. Pero está claro que aún no ha llegado a ese punto. Esa inclinación lo abochorna. Muy probablemente la «desprecia», y, sin embargo, ahí está y no puede negar su existencia, y el día que se queda solo en casa, sucumbe y se desnuda y se disfraza, y tú apareces sin previo aviso —¡tú, su amante abierta en el plano tanto emocional como experimental!— y te da con la puerta en las narices y hace como si nada hubiera pasado.

114

¿Sabes por qué? Porque por experimental que sea él, su vida no es un experimento. Su vida es como tu vida y mi vida, como todas las vidas de todas las personas que leen estas palabras en este momento. Es un revoltijo de miedo y necesidad, deseo, amor y anhelo de ser amado. Sobre todo esto último.

Lo sorprendiste en medio de lo que él percibe como su faceta menos digna de amarse. El pervertido en bragas. Viste su yo secreto antes de que él te contara su secreto, y eso le causa una humillación indecible.

No hay vuelta atrás. Lo sorprendiste, y eso no hay quien lo cambie. Tienes que afrontar lo que viste, pero dudo que sea buena idea que «hagas algo» para demostrar que no sientes rechazo. Tienes que hablar con él, corazón mío. Va a darte miedo y a violentarte, pero puedes hacerlo. Cuando yo tengo algo que decir especialmente difícil de plantear, primero suelo escribirlo. Si lo que te pasó a ti me pasara a mí, escribiría: «Quiero hablar contigo sobre aquel día que llegué del trabajo antes de hora. Esta conversación me pone nerviosa, pero te aprecio y nuestra relación es tan importante para mí que estoy dispuesta a correr el riesgo de sentirme incómoda. En primer lugar, y por encima de todo, quiero que sepas que no te juzgo por lo que vi; en realidad, me intriga. Cuando abrí la puerta y te vi allí de pie con mi ropa interior, me sorprendí, porque pensaba que habías sido franco conmigo en cuanto a tu sexualidad y tus deseos, pero me sorprendió mucho más que cerraras la puerta y después no hablaras conmigo de ello. Eso ha estado inquietándome, porque quiero que confíes en que puedes ser sincero conmigo y también porque quiero estar íntimamente unida a ti, y dudo que podamos conseguirlo con este silencio sobre lo que pasó ese día entre nosotros. ¿Me hablarás de ello?».

Si contesta que no, tu relación ha muerto, aunque quizá podáis seguir fingiendo durante un tiempo.

Si contesta que sí, ese es el punto desde el que seguir adelante.

Es un lugar real, un lugar en el inframundo, un lugar donde estamos todos extenuados y encogidos entre las tuberías, recorriendo con el dedo el origen extranjero y encubierto de nuestros deseos más primarios. Cuando estés ahí abajo con tu hombre, te sugiero que le des a conocer algún que otro detalle sobre ti misma. Ofrecerle un asomo de aquello te induciría a ti a cerrar de un portazo si él te sorprendiera delante del espejo.

Ese adhesivo con el rótulo «Hecho en Argentina» no está ya debajo del lavabo. Ni siquiera vivimos en esa casa. Antes de mudarnos —años después de convertirnos en amantes—, el señor Sugar desprendió meticulosamente el adhesivo y con él me hizo una tarjeta.

«Hecho en Argentina», se lee. En el interior escribió: «Pero uno se siente como en casa».

Un saludo,

SUGAR

La mujer que espera al otro lado de la línea

Querida Sugar:

Necesito que me ayudes a perdonar. Arrastro una ira feroz dentro de mí, a diario, y no encuentro la manera de librarme de ella. El año pasado descubrí que mi marido y una mujer joven que trabajaba para mí tenían una relación.

Esa mujer a quien yo había invitado a entrar en mi vida, a quien había ayudado profesionalmente, a quien había invitado a entrar en mi familia, me respondió reuniéndose en secreto con mi marido y escribiéndole histriónicas cartas de amor en las que lo presionaba para que me abandonara.

Todo mi mundo se ha oscurecido. Las personas son capaces de los actos más pasmosos y egoístas. Antes me centraba en buscar la alegría y el placer verdaderos, y también en compartir esa alegría. Pero ahora tengo la sensación de que esa luz se ha apagado para siempre. Esa mujer nos ha causado un daño que no me podía ni imaginar. Sé que es malo para mí decirlo, pero la odio con toda mi alma.

Hace poco descubrí que le «sigue» escribiendo cartas a mi marido, unos seis meses después de que él rompiera con ella. Siento en el pecho una bola blanca de rabia, un monstruo. Imagino que ella sufre algún destino horrible, y eso me consume a diario. ¿Cómo encuentro el camino de vuelta a la compasión y la vida feliz de la que antes disfrutaba? ¿Podré encontrar al menos un poco de paz?

AFLIGIDA Y RABIOSA

Querida Afligida y Rabiosa:

Qué dolor. Lamento que te haya ocurrido eso. Hay pocas cosas más devastadoras que una traición como la que describes. No me extraña que tengas una bola monstruosa blanca megacaliente rugiendo dentro de ti. Es una reacción lógica a una situación dolorosa. Y, sin embargo, como tú bien sabes, no harás más que destruirte a ti misma si sigues permitiendo que la rabia te consuma. Hablemos, pues, de cómo encontrar cierta paz.

Según se desprende de tu carta, tu marido y tú habéis seguido juntos después de esa conmoción. No has pedido consejos para tu vida conyugal, así que me abstendré de dártelos; pero sería una negligencia por mi parte no decir que, en mi opinión, gran parte de tu cólera contra la otra mujer se diluirá en cuanto tu marido y tú reparéis el daño que causó su aventura. Lo que más me llama la atención en tu carta es lo poco que hablas de él. Tu rabia parece dirigida exclusivamente a la mujer con quien tuvo el idilio. Escribes que ella «nos ha causado un daño que no me podía ni imaginar», pero, lógicamente, ella no podría haber causado ningún daño si tu marido no se lo hubiera permitido. Los dos traicionaron tu confianza, pero fue tu marido quien cometió la ofensa más grave. Él aceptó un juramento. Ella solo aceptó un trabajo.

No lo digo para quitarle importancia a la transgresión de esa mujer, sino más bien para dirigir tu atención hacia una dinámica que merece la pena examinar. Mantener una aventura amorosa encubierta con un miembro de la pareja que te da trabajo es ciertamente un comportamiento execrable, pero ¿por qué concentras tu ira en ella y no en él? ¿Cabe la posibilidad de que inconscientemente hayas redirigido tu rabia al objetivo más seguro porque odiarla a ella no te obliga a desmantelar tu vida, cosa que sí ocurriría odiándolo a él? ¿Cómo expresaste

117

tu ira hacia tu marido cuando descubriste la aventura? ¿Cómo lo perdonaste? Después de perdonar a tu marido, ¿aumentó o disminuyó tu rabia contra la otra mujer? ¿Por qué? ¿Qué significa para ti «perdonar» en este contexto?

Te animo a dedicar un tiempo a reflexionar sobre estas preguntas. Contestarlas puede devolverte al menos cierto sentido del equilibrio por lo que se refiere a tu rabia, y también te obligará a plantearte cuestiones básicas que debes resolver para poder encontrar otra vez esa «vida feliz». Cuando ocurren cosas desagradables, a menudo la única manera de recuperar la plenitud es desmontarlo todo. Tienes la fuerza para hacerlo, por mucho que eso enturbie el matrimonio y sacuda el alma. Te ha ocurrido algo espantoso, pero no debes permitir que eso defina tu vida. Las parejas sobreviven a toda clase de mierdas, incluida una mierda como esta. Y los individuos sobreviven también incluso si su matrimonio se va a pique. Siempre hay un camino hacia delante.

Me has pedido que te ayude a perdonar, pero no creo que sea eso lo que necesitas de momento. ¿Sabes que los alcohólicos que van a Alcohólicos Anónimos usan siempre la expresión «un paso cada día»? Dicen eso porque decir «Nunca volveré a beber» es simplemente excesivo. Es desproporcionado y difícil, y está condenado al fracaso. Esa sensación tienes tú respecto al perdón en este momento, sin duda. Es la razón por la que no consigues perdonar. Te recomiendo que, por ahora, te olvides del perdón y te esfuerces en aceptar los hechos.

Aceptar que el hombre al que quieres te fue infiel. Aceptar que una mujer de quien en su día tuviste un buen concepto te faltara al respeto. Aceptar que sus actos te hirieron profundamente. Aceptar que esa experiencia te enseñó algo que no querías saber. Aceptar que la aflicción y el conflicto forman parte incluso de una vida jubilosa. Aceptar que tendrá que pasar mucho tiempo hasta que consigas expulsar a ese monstruo del pecho. Aceptar que algún día lo que ahora te duele seguramente te dolerá menos.

Solo con escribir esto ya me siento mejor, querida Afligida y Rabiosa. ¿Notas el cambio? La aceptación tiene mucho que ver con la simplicidad, con situarse uno en el espacio normal y corriente, con ser testigo de los hechos sencillos de nuestra vida, con no solo partir de lo esencial, sino acabar también ahí. Tu vida se ha visto profundamente trastornada por esas recientes revelaciones. No es tarea tuya perdonar de inmediato a los causantes de ese trastorno. Tu deseo expreso de perdonar a la mujer que te traicionó se contradice con lo que sientes. El perdón obliga a una confrontación interna imposible entre tú y la mujer a quien odias.

La aceptación solo te exige admitir la verdad.

Por raro que suene, creo que eso aún no lo has hecho. Lo percibo en el tono de tu carta. Estás tan indignada y sorprendida de que te ocurriera algo tan lamentable que hay una parte de ti que todavía no se ha convencido de que sucediera de verdad. Buscas la explicación, la escapatoria, el giro luminoso en el cuento tétrico que invierte su rumbo. Es lo que haría cualquiera. Es la razón que a mí me ha llevado a narrar mis propias historias de injusticia unas siete mil veces, como si airear coléricamente el episodio una vez más fuera a cambiarlo, y al final ya no fuera yo la mujer que espera al otro lado de la línea.

Sin embargo, no cambiará, ni para mí ni para ti ni para aquellos que alguna vez hayan sido agraviados, es decir, todo el mundo. En algún punto —y normalmente en muchos puntos en el transcurso de una vida—, todos somos la mujer que espera al otro lado de la línea. Deja que la aceptación de esto sea una experiencia transformadora. Lo conseguirás simplemente afrontándolo y luego siguiendo adelante. No tienes que ir deprisa ni llegar muy lejos. Basta con que avances un centímetro. Puedes marcar tu evolución aliento a aliento.

Literalmente. Y es por ahí por donde te recomiendo que empieces. Cada vez que pienses «Odio a esa zorra de mierda», quiero que neutralices ese pensamiento tomando aire. Serena tu espíritu. Toma aire profundamente con toda la intención, luego expúlsalo. No pienses «Odio a esa zorra de mierda» mientras lo haces. Expulsa a esa zorra de tu pecho. Luego dedícate a otra cosa.

Yo, a fuerza de respirar, me he quitado de encima a mucha gente por la que me sentí agraviada; me he librado de muchas situaciones que no podía cambiar. A veces, al hacerlo, he inhalado aceptación y he exhalado amor. A veces, he inhalado gratitud y he exhalado perdón. A veces, no he sido capaz de conseguir nada más allá de las propias inhalaciones y exhalaciones, sin otra cosa en la mente que el deseo de liberarme del dolor y la rabia.

Da resultado. Y la razón por la que da resultado es que el bálsamo se aplica directamente en la herida. No es coincidencia que digas que tienes el dolor alojado en el pecho. Cuando respiras con serena intención, derrotas al monstruo blanco de la rabia exactamente en el lugar donde habita. Estás cortándole el tubo de alimentación y obligando a entrar en tu cabeza un nuevo pensamiento, uno que, en lugar de torturarte, te nutre. Se trata básicamente de autodisciplina mental. No sugiero que uno deba negar las emociones negativas, sino más bien que hay que aceptarlas y dejarlas atrás acogiéndose a nuestro poder para no recrearnos en emociones que no nos hacen ningún bien.

Es una tarea difícil. Es una tarea importante. Creo que algo como el perdón está al otro lado de eso. Llegarás a ello, buena mujer. Tú inténtalo.

Un saludo,

SUGAR

El semen no tiene ningún misterio

*Q*uerida Sugar:

Soy una mujer que ya tiene cerca de cuarenta años y que todavía está soltera. Nunca imaginé que me vería así a esta edad. He tenido varias relaciones en las que creía haber encontrado al hombre de mi vida, pero, al final, siempre me he llevado un chasco.

La más devastadora terminó hace cinco años, a la edad en que la mayoría de mis amigas se casaban o tenían hijos. Mi novio desde hacía tres años, con quien vivía, era divorciado y padre de una hija. De repente, justo cuando nos proponíamos comprar una casa, decidió volver con su exmujer. Y eso a pesar de que, al principio de nuestra relación, hizo una larga psicoterapia en la que llegó a la conclusión de que deseaba forjar una vida conmigo y que tuviéramos hijos juntos. ¡Qué tonta fui! Cuando me dejó, me aseguró que lo hacía solo por su hija, ya que esta tenía dificultades. Añadió que yo seguía siendo su verdadero amor, y que cuando la niña fuera a la universidad, él volvería conmigo y viviríamos juntos felizmente para siempre. La niña tenía ocho años. Por lo visto, yo debía esperar diez años, envejeciendo mientras él concluía su otra vida.

Pasé un par de años destrozada y hastiada por esa relación. Me recompuse como pude y salí informalmente con unas cuantas personas. El año pasado conocí a un hombre con quien sintonicé. Por desgracia, él estaba aún más hastiado que yo y no quiso realizar un acto de fe por mí. Rompimos hace un par de meses.

Así que ahora veo ya el inminente final de mi fertilidad. Siempre he deseado experimentar el embarazo y el parto. Ahora me planteo ser madre soltera. Ni siquiera estoy muy segura de cómo se hace, pero soy consciente de que el tiempo se me acaba, y aunque preferiría criar a un hijo en pareja, ya apenas confío en que eso vaya a ocurrir. Incluso si conociera a alguna persona ahora mismo, debería ser alguien que deseara tener un hijo de inmediato, y eso es poco probable. Sin embargo, me cuesta renunciar a la idea de encontrar el amor y tener un hijo en pareja. Estoy paralizada. Es difícil desistir de ese sueño. Si diera ese paso, eso implicaría asumir definitivamente que ya no me casaré ni tendré hijos, a diferencia de lo que han hecho la mayoría de mis amigas. (¿He mencionado la abrasadora envidia que me asalta cada vez que veo en Facebook sus fotos de familia, todos muy felices, o esas fotos en el hospital donde aparece la mamá sonriente con su bebé en el pecho, y cuando les escribo felicitaciones, sintiendo lo mismo que si acabaran de darme un puñetazo?)

¿Cómo puedo seguir adelante si desisto de ese sueño? ¿Debo empezar a llamar a los bancos de semen? Sencillamente, me cuesta creer que sea así como termina mi historia.

Firmado,

M

Querida M:

Creo que hay ciertas cosas sobre las que nadie debería aconsejar a otra persona: casarse con alguien en particular, no casarse con alguien en particular, hacerse un *piercing* en el clítoris o en la polla, untarse el cuerpo de aceite y correr de un lado a otro desnudo en una fiesta con una máscara casera de Alice B. Toklas, o tener un hijo.

Y, sin embargo, mal que me pese, debo decirte que, en mi opinión, deberías plantearte en serio tener un hijo. No porque yo quiera que lo tengas, sino porque lo quieres tú.

Ay, ese sueño, ese maldito sueño del «hombre + hijo». Decretado por el Alto Comisionado sobre Amor Heterosexual y Reproducción Sexual y practicado por parejas de todo el mundo, ese sueño es una mala jugada si eres una mujer heterosexual con inclinaciones maternales y a los treinta y siete años aún no lo has hecho realidad: una situación con un regusto espermicidamente tóxico. Es natural que quieras sacar el revólver cada vez que ves en Facebook a otra mamá abotargada con un criajo de cara arrugada en los brazos. ¡También tú quieres realizar ese sueño!

Sin embargo, M, no lo has conseguido. Todavía no. Quizá nunca lo logres. Pero eso no significa que esté todo perdido. No es «el final de tu historia». Es, sencillamente, el punto donde la historia da un giro que no preveías.

No pretendo quitarle importancia a tu dolor. Tu desilusión es más que justificada; tu parálisis, comprensible; tu dilema, real. Pero recuerda, por favor, que tu sueño de encontrar una pareja sentimental para toda la vida y tener un hijo no es un solo sueño: son dos. El sueño de la pareja y del bebé están tan estrechamente unidos que se te puede perdonar que te confundas y creas que son uno solo. Cuando se mezclan en uno solo, es magnífico. Es más que magnífico. Es conveniente. Es convencional. Es una ventaja desde el punto de vista económico. Cuando es bueno, es muy bueno.

Pero no es lo que tú tienes. Así que veamos qué tienes.

Tienes el firme deseo de ser madre por medios biológicos, unido al profundo pesar por no disfrutar en el presente de una relación con un hombre con quien reproducirte. Lo único que necesitas para crear un bebé biológico tuyo es esperma y suerte. Conseguir esperma no implica que asumas «definitivamente» que «no te casarás ni tendrás hijos». La vida es muy larga, querida. ¿Quién sabe qué pasará? Es posible que conozcas al amor de tu vida mañana. Es posible que lo conozcas dentro de diez años. Podrías tener un hijo sola ahora, y otro con él

123

a los cuarenta y dos años. No lo sabes. La respuesta a la pregunta de a quién querrás y cuándo lo querrás no está en tus manos. Es un misterio que no puedes resolver.

Ahora bien, el semen no tiene ningún misterio. En los bancos de esperma hay ampollas a la venta. Posiblemente, haya amigos o conocidos dispuestos a donarte el suyo gratis. El momento para contestar a tu pregunta sobre la posibilidad de concebir un hijo sola es asunto tuyo. Tu ventana de la viabilidad reproductora pronto se cerrará. Coincido contigo en que has llegado al punto en que es razonable dar por supuesto que debes elegir entre tener un hijo sin pareja o renunciar a tener un hijo biológico. ¿Qué perspectiva te entristece más? ¿De cuál te alegrarás a los cincuenta años si es esa la que eliges? Es el momento de llevar a cabo el trabajo emocional y práctico que necesitas para tomar una decisión. La página web de la organización Single Mothers by Choice [«Madres solteras por voluntad propia»] es un excelente punto de partida.

Yo no puedo recomendarte lo que debes hacer. Ni yo ni nadie. Pero, como madre de dos hijos, sí puedo decirte lo mismo que la mayoría de las madres: la maternidad es una experiencia absurdamente ardua y profundamente tierna. Es lo mejor que una hace en la vida. Si piensas que quieres tener un hijo, es probable que debas tenerlo. Digo esto a pesar de que los hijos son máquinas gigantescas e inagotables de absorber. Les trae sin cuidado si necesitas comer o dormir, o ir al baño o trabajar, o untarte el cuerpo de aceite e ir a una fiesta desnuda con una máscara casera de Alice B. Toklas. Se apropian de todo. Te llevan al límite de tu personalidad y te doblegan hasta un punto requetejodido.

También te lo devuelven todo. No solo todo aquello de lo que se apropian, sino, además, muchas de las cosas que habías perdido antes de que ellos llegaran.

Cada madre lo vive de una manera distinta, por más que tendamos a agruparlas. Nos gusta pensar que las madres emparejadas lo tienen bien y que las madres solteras lo tienen difícil, pero la verdad es que somos un grupo muy diverso. Algunas madres solteras disponen de mucho tiempo sin niños porque sus hijos están regularmente bajo la custodia del padre. Algunas rara vez disfrutan de un respiro. Algunas madres emparejadas se reparten las obligaciones del cuidado de los niños con sus cónyuges de manera igualitaria; en otros casos, lo mismo sería que estuvieran solas. Algunas madres de uno y otro tipo cuentan con la ayuda de sus propios padres, hermanos y amigos, que desempeñan un papel activo en la vida de sus hijos y aligeran sensiblemente la carga. Otras se ven obligadas a pagar por cada hora que alguien cuida de sus hijos. Algunas madres, solas o emparejadas, no pueden permitirse pagar a nadie por nada. Algunas sí pueden y lo hacen. Otras pueden y no lo hacen. Algunas reciben ayuda económica de sus padres, o de sus fondos fiduciarios o herencias; otras están totalmente solas. La realidad es que, sean cuales sean las circunstancias, la mayoría de las madres se sienten, ora afortunadas por el amor hacia sus hijos, ora totalmente abrumadas por el espectacular sacrificio que exigen.

Lo que debes plantearte cuando reflexiones sobre esta cuestión es cómo pintará el futuro para ti si tienes un hijo tú sola, corazón mío. No cómo pintará para las «madres solteras por voluntad propia», sino cómo incidirá en tu propia vida. Cómo necesitarás reorganizar tu vida si eres madre. ¿De qué recursos dispones? ¿Qué recursos necesitarás y cómo los conseguirás?

Sabiendo lo que sé de tener hijos, tres de las cuatro grandes preguntas que me haría si estuviera pensando en ser madre de un hijo sin una pareja son, sorprendentemente, las mismas que me formulé cuando —con mi pareja— me planteé tener un hijo. Fueron las siguientes:

1) ¿Cómo demonios voy a pagarlo?
2) ¿Quién demonios va a cuidar del niño para que yo pueda trabajar?
3) ¿Volveré a tener relaciones sexuales algún día?

Partamos, pues, de estas preguntas.

En tu carta no citas siquiera el aspecto económico, pero supongo que tienes que ganarte la vida. Los hijos cuestan una fortuna, sobre todo si tienes que pagar a alguien que los cuide para que tú trabajes. Mis hijos tienen ahora cuatro y seis años. En estos últimos tiempos, los gastos de la enseñanza preescolar casi nos han llevado a la quiebra al señor Sugar y a mí. Literalmente. Cuando nuestros hijos eran bebés, contratamos a una niñera a tiempo parcial, y el resto del día hacíamos malabarismos para repartirnos sus cuidados: ambos nos ganábamos la vida con actividades artísticas, así que ninguno de los dos tiene lo que se considera un «trabajo de verdad». La niñera nos costaba quince dólares la hora. Venía veinte horas por semana. Cuando ella llegaba, mi marido y yo nos metíamos en nuestro despacho compartido del sótano y cada uno se dedicaba a lo suyo sin hacer el menor caso al otro (momento en el cual, indefectiblemente, nuestros hijos decidían echarse una larga siesta, haciendo gala de una curiosa capacidad para adivinar cuándo los cuidaba alguien a quien pagábamos). Cada hora que pasaba, me decía: «¿He ganado quince dólares? ¿He ganado siquiera siete con cincuenta?».

La mayoría de las veces, la respuesta era no. Eso viene a decir que las preguntas 1 y 2 están inextricablemente ligadas. Más que el sueño del «hombre + hijo» decretado por el Alto Comisionado sobre Amor Heterosexual y Reproducción Sexual. Sobre todo en tu caso, ya que serás la única que ingrese dinero.

En muchos casos, tu pareja es perfectamente capaz de cuidar del bebé mientras trabajas o te duchas o haces llamadas telefónicas que van mejor si no hay una bestezuela chillando de fondo. Tú eso no lo tendrás; es decir, una pareja. Solo tendrás a la pequeña bestezuela chillona. ¿Qué harás? ¿Dispones de alguna clase de ayuda en lo que se refiere al cuidado gratuito del niño? No vayas a creer a todos los amigos encantadores que dicen: «¡Venga, M, ten un hijo! ¡Yo te ayudaré incondicionalmente con el niño! ¡Seré, no sé, la tía del niño!». Esas personas tienen buenas intenciones, pero, en su mayoría, son comodones que no se quedarán con tu bebé. O puede que se queden con tu bebé una vez, un día de primavera, porque les apetece ir al zoo a ver a los elefantes. Tú necesitas a alguien que se quede con tu hijo cada lunes y miércoles y viernes de nueve a tres. Algo que aprendí al ser madre es que, en general, los adultos no están dispuestos a pasar mucho tiempo con los hijos de otras personas, a menos que eso represente un beneficio directo para ellos; a saber, dinero o la promesa de que algún día tú les devolverás el favor y te quedarás con sus hijos.

Por supuesto, existen excepciones. Algunos abuelos están deseando tener un papel importante en las vidas de sus nietos. ¿Tienes un padre, una madre, o las dos cosas? ¿Están, en esencia, cuerdos?, ¿en una mínima buena forma física? ¿No beben durante el día y les gustan los niños? ¿Viven cerca? ¿O tienes un hermano o amigo dispuesto a comprometerse sinceramente a echarte una mano? Si no cuentas con esa clase de apoyo, ¿cómo podrás ocuparte todo el tiempo del niño?, ¿Cómo pagarás la ayuda que necesites?

A continuación, llegamos a la pregunta de si tu vida posterior al nacimiento del niño será un infierno monótono y sin sexo. Durante un tiempo, probablemente no habrá mucha acción. Pero no te preocupes: eso tiene poco que ver con el hecho de estar sin pareja. El señor Sugar y yo comentábamos en broma que la única razón por la que decidimos tener un segundo hijo fue que así haríamos el amor al menos una vez más antes de morir. Estarás agotada, hormonalmente alterada, y quizá vaginal o abdominalmente mermada por el nacimiento del bebé. Así pues, no pensarás en el sexo durante un tiempo, pero al final dejarás eso atrás y volverás a interesarte en salir con alguien. Algunos hombres no querrán salir contigo porque tendrás un bebé. Otros no pondrán pegas al bebé, y saldrás con ellos, y quizás uno se convierta en el amor de tu vida.

Pase lo que pase con los hombres, tendrás un bebé. Una cosita increíble que te alucinará, te llenará el corazón y te llevará a concebir pensamientos que nunca se te habían pasado por la cabeza, a revivir recuerdos que creías haber olvidado, a sanar heridas que considerabas incurables, a perdonar a personas a quienes guardabas rencor desde hacía demasiado tiempo y a comprender cosas que no comprendías antes de enamorarte perdidamente de un pequeño tirano a quien le importa un comino si necesitas ir al baño. Volverás a cantar si dejaste de cantar. Volverás a bailar si dejaste de bailar. Andarás a gatas por el suelo y jugarás al corre que te pillo y al escondite. Construirás tambaleantes torres con piezas de arquitectura y harás serpientes y conejos de arcilla.

En definitiva, es una pasada.

Y, por otro lado, te sentirás sola cuando hagas todo eso sin un compañero. ¿Hasta qué punto te sentirás sola? Eso no lo sé.

A veces, cogerás a tu bebé en brazos y llorarás de frustración, de rabia, de desesperación, de una pena inexplicable. Observarás a tu bebé con alegría y reirás ante un prodigio tan puro y una belleza tan manifiesta que te causará dolor. Esos son los momentos en que es realmente agradable tener un compañero, M. ¿Qué harás? ¿Cómo llenarás el espacio que habría ocupado el hombre en el que tenías puestas tus esperanzas?

A mi modo de ver, esa es la pregunta difícil para ti, la que yo no tuve que hacerme cuando decidí quedarme embarazada y ser madre, aunque, por supuesto, fue una ingenuidad por mi parte pensar que no tenía que planteármela. Nadie sabe qué le deparará el futuro. Lo inesperado sobreviene incluso cuando lo tenemos todo planificado. Mi amiga A perdió a su marido en un accidente de tráfico cuatro días antes de nacer su hija. El marido de mi amiga B murió de cáncer cuando su hijo no tenía aún los dos años. A mi amiga C la abandonó su marido por otra mujer cuando su bebé tenía seis semanas. El compañero de mi amiga D, unos meses después de nacer su hija, decidió que lo suyo no era ser padre, se mudó a la otra punta del país, y ahora la ve una vez al año. Podría seguir con la lista. Podría acabar con las letras del abecedario. Aunque hagas realidad ese sueño, no sabes si lo conservarás.

También puede suceder lo contrario. Cabe la posibilidad de que no ocurra lo que temes. Podrías decidir tener un hijo y encontrar a tu verdadero amor en medio del proceso. Podrías hacer un acto de introspección y comprender que, en realidad, no quieres tener un hijo, no si eso significa hacerlo sin un hombre.

Lo importante es que te lances. Salta alto y con toda tu fuerza, completamente convencida. No hagas caso de ese comisionado. Eres tú quien debe construir tu vida. Aprovecha lo que tienes y reúnelo como una vacilante torre de piezas de arquitectura. Construye tu sueño en torno a eso.

Un saludo,

SUGAR

Confesiones sexuales delirantes

*Q*uerida Sugar:

Mi anciano padre vendrá a vivir conmigo dentro de unos meses. Mi madre falleció hace tres años. Él también vivirá con el resto de mis hermanos: irá de casa en casa, cambiando cada cuatro o cinco meses. Como le gusta viajar, hemos pensado que yendo de aquí para allá se sentirá más activo e independiente. Soy el preferido de mi padre, y lo digo con ciertas reservas, porque no me gusta especialmente la idea; nunca ha sido un padre efusivo o implicado, pero es un hecho que depende de mí un poco más de lo que depende de mis otros hermanos y hermanas. Hace poco esa dependencia ha pasado a ser también emocional.

Sugar, mi padre ha empezado a confesarse conmigo. Al principio, esas extrañas confesiones eran nimias e insignificantes, y yo las atribuía a que presentía su propia mortalidad, y por eso hacía balance de su vida. Pero más recientemente sus confesiones se han convertido en un festival de delitos y faltas que a mí no me hacen ninguna gracia. Ha estado hablándome de las muchas mujeres con quienes engañó a mi madre, de que no está del todo seguro de no ser padre de otros hijos, y contándome detalles sexuales escabrosos que generan imágenes que no deseo. Me dijo que, cuando mi madre se quedó embarazada de mí, no quería un quinto hijo y decidió abortar, pero temió que alguien se enterara y canceló la visita.

Sin embargo, lo privó del sexo, y eso lo empujó a su primera aventura.

Esta es información que yo no necesitaba conocer.

Soy una persona muy propensa a perdonar, Sugar, pero he aquí el problema: él no se arrepiente. O sea, yo podría asumir toda esta nueva información horrenda —como, por ejemplo, el hecho de que en los años ochenta se tirara a la mujer de la limpieza— si él mostrara un mínimo arrepentimiento, pero no es así. Sostiene que me lo cuenta a mí, y no a mis hermanos, porque sabe que yo «no lo juzgaré». ¿De dónde demonios ha sacado esa idea?

Por retorcida que sea la interpretación, lo veo como un intento por su parte de reforzar la relación conmigo. Dicho esto, me gustaría que callara. Ahora ya no sé si me convence la idea de que viva conmigo y me suelte todo ese rollo a diario. No sé qué hacer. Creo que mi responsabilidad es cuidar de él, pero ¿tengo derecho a establecer límites a estas alturas del partido?

CONFIDENTE

*Q*uerido Confidente:

Sí, tienes derecho a establecer límites a estas alturas del partido. De hecho, sería una buena idea incluso si tu padre no se hubiese convertido en una desafortunada fuente de narraciones desagradables. Un padre anciano que se instala con un hijo adulto es una importante transición en la vida para ambas partes (y, en algunos casos, también para el cónyuge y los hijos de ese adulto). Incluso en el mejor de los casos, es sensato establecer un plan familiar en el que se fijen las normas y expectativas básicas, se discutan las preocupaciones y se acuerde un método para la resolución de conflictos. Cuando dos hogares se funden, deben reajustarse los papeles de autoridad y responsabilidad —a veces sutilmente, a veces drásticamente—, y deben reajustarse de un modo que a menudo invierte el orden padre-hijo establecido hace mucho tiempo. Esto plantea, sin duda, una situación complicada.

El hecho de que tu padre haya decidido complicarlo más aún con sus delirantes confesiones sexuales no tiene nada de gracioso. Te animo a simplificarlo inmediatamente diciéndole que no quieres oír ni una palabra más de su vida sexual. Sé claro, sé directo, sé rotundo. Si él no respeta tus deseos, corta por lo sano. Si empieza a hablar de esas cosas, dile que se calle. Si no se calla, sal de la habitación o para en el arcén de la carretera, o haz lo que tengas que hacer para librarte de su compañía. Si eres firme y consecuente, acabará captando el mensaje.

Una vez que hayas fijado ese límite, te animo a explorar las razones de fondo que pueden estar impulsando a tu padre a hablarte de manera tan inapropiada. Cabe la posibilidad de que sus confesiones guarden relación con un trastorno clínico. Algunas enfermedades cerebrales producen cambios en la personalidad. Si crees que puede existir alguna posibilidad, por pequeña que sea, de que esté sucediendo algo así, y sobre todo si observas otros cambios en tu padre, te sugiero que consultes con su médico.

Por otro lado, es probable que estés en lo cierto, y que estas confesiones sean la retorcida manera que ha elegido tu padre para reforzar los lazos contigo. Quizá la mejor forma de conseguir que deje de contarte lo que no quieres oír es preguntarle por aquello que estás dispuesto a escuchar. Tal vez él solo necesita ser franco, por fin, respecto a su vida con alguien a quien quiere. ¿Por qué no intentas conducirlo a un nivel más profundo? Pídele que comparta contigo otras historias de su vida, las que nunca ha tenido el valor de contar. Seguro que hay unas cuantas que no tienen nada que ver con tirarse a la mujer de la limpieza mientras tu madre iba a hacer la compra.

Espero que así sea, por el bien de ambos.

Un saludo,

SUGAR

El futuro tiene un corazón antiguo

Querida Sugar:

Soy profesora de escritura creativa en la Universidad de Alabama, donde la mayoría de mis alumnos están a punto de acabar su primer ciclo de estudios. Casi todos ellos tienen las asignaturas de lengua y literatura inglesa y de escritura creativa como materias de su especialidad, o como asignaturas optativas, y viven con mucho temor y ansiedad la perspectiva de verse expulsados del mundo académico y entrar en el «mundo real». Muchos de sus amigos de otras disciplinas ya tienen en vista empleos postuniversitarios, y muchos de mis alumnos están hartos de oír que «especializarse en lengua y literatura inglesa te prepara para la Facultad de Derecho», como les dicen por igual amigos y familiares, que los presionan para que se dediquen a la abogacía, pese a que les interesa poco o nada. He leído los textos de tu consultorio a mis alumnos en un intento de animarlos y darles a entender que todo saldrá bien.

Nuestra universidad ha decidido prescindir de ponente en la ceremonia de graduación durante los últimos cinco años, y cuando venían ponentes, a menudo eran empresarios o deportistas retirados, y, por consiguiente, su mensaje caía en saco roto entre la mayoría de los chicos y chicas de veintiuno y veintidós años. Así pues, Sugar, te pido que pronuncies un discurso de graduación para nuestro pequeño grupo de escritores. Si bien es posible que nos resulte difícil conseguirte un doctorado honorario, créeme si te digo que entre nosotros hay escritores, panaderos, músicos, editores, diseñadores y jugadores de videojuegos de gran talento que gustosamente te escribirán un texto lírico, te prepararán una tarta, te compondrán una canción y llevarán a cabo otros incontables actos de gentileza a cambio de tus consejos.

Con cariño,

EQUIPO DE SEGUNDA Y SU ENTRENADORA

Queridos Equipo de Segunda y su Entrenadora:

Hay una frase del escritor italiano Carlo Levi que creo que aquí viene al caso: «El futuro tiene un corazón antiguo». Me encanta porque expresa con gran elegancia y parquedad algo que, sin duda, es cierto: que aquello en lo que nos convertimos nace de aquello que somos de manera más primitiva; que sabemos y, al mismo tiempo, no podemos saber qué es lo que todavía conseguiremos poner de manifiesto en nuestra vida. Creo que para vosotros, queridos, es útil reflexionar sobre esta idea ahora que el futuro probablemente os parece todo lo contrario de antiguo, ahora que más bien lo veis como un Lamborghini aparcado junto a la acera, mientras alrededor todas las voces os exigen que os subáis y lo conduzcáis.

Yo estoy aquí para deciros que no está mal viajar a pie. De hecho, os lo recomiendo. Son muchas las cosas que tenéis por delante dignas de verse, y muchas las que dejáis atrás y no podéis identificar si vais a toda velocidad. Vuestra profesora tiene razón: las cosas os irán bien. Y os irán bien no porque os especialicéis en lengua y literatura inglesa o no, no porque ingreséis en la Facultad de Derecho o no, sino porque, al final, sea donde sea que acabemos, casi siempre está bien, incluso si la pifiamos por completo en el camino.

Eso me consta. La he pifiado más de una vez. También yo me especialicé en lengua y literatura inglesa. De hecho, durante seis años mentí acerca de mi título de lengua y literatura

133

inglesa, pese a que mentir no era exactamente mi intención. Había estudiado en la universidad y había participado en una ceremonia de graduación. Había subido al escenario y había recogido un bastón de papel. En ese papel decía que el título sería mío en cuanto terminara una última asignatura. Parecía algo muy fácil, pero no lo era. Y, por lo tanto, no lo hice, y los años fueron pasando, y cada año parecía más improbable que me titulara. Había realizado la carrera completa, excepto esa materia. Había sacado buenas notas. Sostener que tenía un título en lengua y literatura inglesa era más cierto que falso, me decía. Pero no por eso era verdad.

Uno debe hacer lo que debe hacer. La Facultad de Derecho no tiene nada de malo, pero no vayáis a menos que queráis ser abogados. No podéis elegir unos estudios si pensáis que escogerlos será mortal para vosotros. Fingir nunca da resultado. Si no me creéis, leed a Richard Wright. Leed a Charlotte Brontë. Leed a Joy Harjo. Leed a Toni Morrison. Leed a William Trevor. Leed a todo el canon occidental.

O, simplemente, cerrad los ojos y recordad todo lo que ya sabéis. Dejad que la estrella misteriosa que os ha guiado hasta aquí, sea cual sea, os siga llevando hacia la delirante belleza que os espera, sea cual sea. Confiad en que valía la pena aprender todo lo que habéis aprendido en la universidad, al margen de cuál sea la respuesta que encontréis o no encontréis sobre su utilidad. Sabed que todos esos relatos, poemas, obras de teatro y novelas forman ahora parte de vosotros, que son más importantes que vosotros y que siempre lo serán.

Yo trabajé de camarera durante casi todos los años que pasé sin el título de lengua y literatura inglesa. Mi madre había sido camarera durante gran parte de los años que dedicó a criarnos a mis hermanos y a mí. Le encantaba leer. Siempre quiso ir a la universidad. En una época, cuando yo era muy pequeña, se matriculó en un curso nocturno, y mi padre se enfadó tanto con ella que le hizo trizas un libro de texto con unas tijeras. Dejó el curso. Creo que era de biología.

No tenéis por qué buscar un empleo que los demás consideren de cierto éxito. No tenéis que explicar qué os proponéis hacer con vuestra vida. No tenéis que justificar vuestra educación demostrando sus recompensas económicas. No tenéis que mantener una calificación crediticia impecable. Cualquiera que espere esas cosas de vosotros no tiene el menor sentido de la historia ni de la economía ni de la ciencia ni del arte.

Tenéis que pagar vuestra factura de la luz. Tenéis que ser amables. Tenéis que darlo todo. Tenéis que encontrar personas que os quieran de verdad y devolverles un amor igual de verdadero. Pero eso es todo.

Yo me casé cuando estudiaba en la universidad. Me divorcié en la época en que mentía sobre mi título de lengua y literatura inglesa. Cuando conocí al hombre con quien ahora estoy casada, me dijo: «¿Sabes una cosa? Creo que deberías sacarte el título, no porque yo lo quiera, sino porque veo que lo quieres tú». A mí me pareció que aquello eran gilipolleces. No volvimos a sacar el tema hasta pasado un año.

Entiendo vuestros temores. Entiendo los temores de vuestros padres. Hay preocupaciones prácticas. Para vivir se necesita dinero. Y, por otro lado, está el profundo anhelo de sentirse legitimado en el mundo, de sentir que otros tienen un buen concepto de nosotros. Durante mi etapa de camarera, me sentí avergonzada a rachas. En mi familia se suponía que yo era la que «había tenido éxito». En ocasiones, parecía más bien que había malgastado mi educación y deshonrado a mi difunta madre acabando de camarera como ella. A veces, lo pensaba mientras iba de mesa en mesa con la bandeja, y tenía que pensar en otra cosa para no echarme a llorar.

Años después de dejar de trabajar en el último restaurante en el que serví mesas, publiqué mi primera novela. El hombre que estaba al frente del restaurante se enteró por el periódico y vino a la presentación. A menudo me había tratado con grosería y brusquedad, y yo le había demostrado desprecio alguna que otra vez, pero me conmovió verlo en la librería esa noche. «¿Quién habría adivinado hace unos años que estaríamos aquí celebrando la publicación de tu novela?», preguntó cuando nos abrazamos.

«Yo lo habría adivinado», contesté.

Y era verdad. Siempre lo habría adivinado, incluso durante el tiempo que temí que el momento nunca llegara. Estar allí daba sentido a mi vida. Mi objetivo había sido llegar a ese punto. Cuando afirmo que no tenéis que explicar qué vais a ha-

135

cer con vuestra vida, no quiero decir que os quedéis apoltrona-
dos quejándoos de lo difícil que es todo. Quiero decir que
orientéis vuestro empeño en direcciones para las que no tenemos medidas exactas. Hablo de trabajo. Y de amor.

Es muy condescendiente por mi parte deciros que sois muy
jóvenes. Es incluso inexacto. Algunos de quienes os estáis gra-
duando en la universidad no sois jóvenes. Algunos sois mayores que yo. Pero aquellos nuevos graduados que sois realmente
jóvenes —y los nuevos graduados ya maduros estarán de
acuerdo conmigo— sois condenadamente jóvenes. Y eso significa que, con el tiempo, ocho de cada diez cosas que hayáis decidido sobre vosotros resultarán ser falsas.

Las otras dos serán tan verdaderas que dentro de veinte
años volveréis la vista atrás y aullaréis.

Mi madre también era joven, pero no como aquellos de
vosotros que sois tan condenadamente jóvenes. Tenía cuarenta
años cuando por fin fue a la universidad. Pasó los últimos años
de su vida estudiando en la facultad, aunque no sabía que eran
sus últimos años. Creía que estaba al comienzo de la siguiente
etapa de su vida. Murió un par de meses antes de la fecha en
que estaba prevista que ambas nos graduáramos, en universidades distintas. En su funeral, la profesora preferida de mi madre se puso en pie y le concedió un doctorado honorario.

A lo largo de una vida, ocurren las cosas más horribles,
pero también las más hermosas e interesantes. Para algunos
de vosotros esas cosas ya han sucedido. Aquello que os pase,
sea lo que sea, os pertenece. Apropiároslo. Alimentaos de ello,
aunque os parezca imposible de tragar. Dejad que os nutra,
porque os nutrirá.

Yo eso lo he aprendido una y otra vez.

Llegó un día en que decidí dejar de mentir. Llamé a la universidad de la que yo no tenía el título y pregunté a la mujer
que atendió el teléfono qué necesitaba para conseguirlo. Me
dijo que me bastaba con aprobar una asignatura. Podía ser
cualquier asignatura. Elegí latín. Nunca había estudiado latín,
pero quería saber, por fin, de dónde procedían muchas de nuestras palabras. Albergaba una idea romántica de lo que sería estudiar latín —al fin y al cabo, las lenguas romances derivan del
latín—, pero no tenía nada de romántico. Implicaba mucha

confusión y memorización, e intentar descifrar relatos extraños sobre soldados que marchaban de un lado al otro en países antiguos. Pese a mis esfuerzos, solo saqué un aprobado.

Una cosa que nunca he olvidado de mi clase de latín es que una lengua que se deriva de otra se llama «lengua hija».

Era el principio de una nueva etapa en mi vida, igual que este lo es en la vuestra.

Años después de dejar de vivir en el estado en el que mi madre y yo fuimos a la universidad, regresé para presentar mi primera novela. Al igual que mi antiguo jefe en una ciudad distinta pocas semanas antes, la profesora que había concedido el doctorado a mi madre en el funeral se enteró por el periódico de la presentación del libro y vino a la librería.

—¿Quién habría adivinado hace años que estaríamos aquí celebrando la publicación de tu novela? —preguntó cuando nos abrazamos.

—Yo no —contesté—. Yo no.

Y era verdad. Lo dije tan sinceramente como cuando había dicho a mi exjefe que siempre lo habría adivinado. Que lo uno y lo otro pudiera ser verdad al mismo tiempo —mi incredulidad y mi certidumbre— era la unificación de mi parte antigua y mi parte futura. Era lo que me había propuesto, y, sin embargo, me sorprendía haberlo conseguido.

Espero que vosotros os sorprendáis y lo sepáis al mismo tiempo. Espero que tengáis siempre amor. Espero que tengáis días de tranquilidad y sentido del humor. Espero que me preparéis realmente una tarta (de crema de plátano, por favor). Cuando os pregunten qué vais a hacer con vuestro título de lengua y literatura inglesa y/o escritura creativa, espero que digáis: «Continuar con mi análisis libresco de las contradicciones y complejidades de las motivaciones y los deseo humanos»; o quizá simplemente: «Llevarlo conmigo, como hago con todo lo que importa».

Y que luego despleguéis una sonrisa muy serena hasta que digan: «Ah».

Un saludo,

SUGAR

Juego de pies de una falsa amistad bajo la mesa

Querida Sugar:

Puede que esté enamorada de mi amigo. Puede que él esté enamorado de mí. Como mínimo, estamos muy a gusto en mutua compañía. Nos vemos a diario, hablamos por teléfono al menos dos veces al día, y nos duele tener que despedirnos. Existe en nuestra amistad un alto grado de tensión sexual que se manifestó ya muy al principio, e intentamos controlarlo hablando abiertamente sobre el asunto y analizando la razón por la que no puede materializarse: él mantiene una relación seria y monógama con una mujer buena, hermosa y afectuosa a la que también considero amiga mía.

En un primer momento, intentamos restar importancia a esa atracción mutua, viéndola como algo natural: ambos nos consideramos el uno al otro físicamente atractivos. Sea natural o no, había noches en las que se nos hacía insoportable no tocarnos, así que decidimos distanciarnos por un tiempo. Pero el intento de alejarnos no hizo más que aumentar nuestra sensación de dependencia mutua. Al comienzo del día, pasadas apenas unas horas, uno de los dos telefoneaba al otro. Luego intentamos vernos solo cuando su novia estaba también incluida. Para horror nuestro, su presencia no disipó la tensión; sencillamente, me hizo sentir más culpable. Nunca nos hemos besado. Nunca hemos cruzado los límites físicos. Pero está pasando algo.

Él no va a abandonarla, al menos de momento, ni yo se lo pediría. Pese a lo intensos que son mis sentimientos por él, reconozco que ellos se aman sinceramente. No vamos a tener una aventura, porque las cosas acabarían mal para todos. Probablemente no vamos a dejar de vernos. Lo hemos intentado en los últimos dos meses y, por lo visto, es imposible. Hacemos un gran esfuerzo para mantener la relación platónica, pero no debería ser así de difícil.

Si nos hubiésemos conocido en otro momento, posiblemente seríamos amantes. Mi amigo es brillante (pero nunca condescendiente), amable, generoso, talentoso, apasionado, interesante, encantador, divertido y cariñoso. Nos pasamos horas hablando. Nunca nos aburrimos. No podemos dejar de sonreír cuando estamos juntos. Nos gustamos de verdad. Nuestra amistad lo es todo para mí (y para él), pero no sobrevivirá si no encontramos la manera de atajar ese deseo que parece ir en aumento.

¿Qué hago, Sugar? Lo amo. Respeto y admiro a su novia, y quiero actuar bien en beneficio de todos. Más que nada, quiero que sigamos siendo amigos. ¿Por qué, pues, parece que eso no funciona?

«La Amiga»

*Q*uerida «La Amiga»:

No parece funcionar porque, en realidad, no eres amiga de ese hombre. Mantienes con él una relación romántica un tanto engañosa y sexualmente reprimida. Tenéis un idilio a la antigua, y esta clase de idilios a la antigua es un asco, y seguirá siéndolo hasta que:

a) tu amigo rompa con su novia, lo que os permitirá explorar vuestros sentimientos mutuos sin ser unos traidores embusteros, o

b)   los dos aceptéis el hecho de que, a veces, sois unos traidores embusteros y tengáis una aventura que incluya el sexo, y no solo la aventura emocional tan obvia, y así veréis si esa «tensión» entre vosotros tiene vida más allá de la política «no tocar / no decir» que tan dolorosamente habéis adoptado, o

c)   rompas la relación con tu amigo porque estás enamorándote de él y él no está disponible.

La posibilidad A queda descartada porque la ruptura entre tu amigo y su novia escapa a tu control.

La posibilidad B queda descartada porque ya has decidido (sensatamente) que no quieres ser una traidora embustera (por divertido que eso pueda ser durante un tiempo).

Pero la posibilidad C está del todo en tus manos, amiga mía. Y desde el almibarado punto de vista de Sugar, está diáfanamente claro que eso es lo que te conviene hacer.

La posibilidad C no es divertida. A primera vista, separarte de tu chico prodigio —tan molón, tan tórridamente *sexy*, pero tan comprometido en una relación— parece la peor opción de todas. Pero créeme cuando te digo que es la única vía para conseguir lo que crees que quieres: a él. Pero todo él. No solo él a hurtadillas. No él como un «amigo» con el que te quieres acostar, pero no puedes (y no lo harás ni ahora ni nunca).

Para conseguir lo que quieres en una relación sentimental debes decir lo que quieres. ¿Lo decimos juntas? «Quieres que tu amigo esté libre para enamorarse de ti de verdad si tú vas a enamorarte de verdad.» Este juego atormentado, estúpido y recalentado vuestro, este juego de pies de una falsa amistad bajo la mesa, sencillamente, no funciona.

Quizá tu amigo, si decides dejarlo ir, vea claro que quiere explorar cuáles son las posibilidades contigo y haga lo que necesita hacer en su propia vida para ello. Quizá vea claro que perder a una mujer que ama para explorar abiertamente cuáles son las posibilidades contigo es un precio demasiado caro que pagar. En cualquier caso, querida Amiga, tú ganas.

Un saludo,

Sugar

La escala humana

*Q*uerida Sugar:

Te escribo desde mi pequeño sofá cama de la Unidad de Cuidados Intensivos del Hospital Pediátrico Egleston, en Atlanta. Mi marido y yo acabamos de enterarnos de que nuestra hija de seis meses, Emma, tiene un tumor. Mañana van a practicarle una intervención quirúrgica en el cerebro. Me da miedo perderla. Me da miedo que pueda quedar paralítica o que la operación altere su desarrollo y tenga una vida difícil. Me da miedo que se descubra que el tumor es canceroso y necesite quimioterapia. Es solo un bebé.

En este momento, la gente nos tiene muy presentes en sus pensamientos y oraciones, pero, para serte sincera, Dios está ahora muy lejos de mi cabeza. Nunca he sido muy religiosa, pero ahora no puedo evitar dudar de su existencia, más que en toda mi vida. Si hubiera un dios, ¿por qué habría de permitir que mi niña se sometiera a una operación que puede poner en peligro su vida, Sugar? Jamás habría imaginado que mi marido y yo pudiéramos vernos en esta situación.

Quiero pediros a ti y a todos tus lectores que recéis a un dios en el que ya no estoy siquiera muy segura de creer. Rezad para que mi hija se ponga bien. Y para que podamos salir de esto e incluso olvidar que ha ocurrido. Te he escrito antes por distintas razones, que ahora me parecen absurdas y estúpidas. Solo quiero superar esto con mi marido y mi hija, y luego volver la vista atrás y dar gracias a Dios por que todo haya acabado bien. Quiero creer en Él y quiero creer que todas las oraciones que se han pronunciado por nosotros dan resultado.

ABBIE

_Q_uerida Abbie:

He pensado en ti, en Emma y en tu marido en todo momento desde que leí tu *e-mail*. Debes saber que te tengo presente en mis pensamientos más profundos y deseo lo mejor para Emma.

Me gustaría publicar tu mensaje y mi respuesta, pero quiero asegurarme de que me la enviaste con esa intención. Si no es así, si era un *e-mail* personal, no pasa nada: no lo publicaré. Si quieres que lo publique, confírmame que no tienes inconveniente en que incluya los detalles identificadores: el nombre de Emma, el del hospital y demás. Si no es así, házmelo saber, y tú o yo podemos modificar esos detalles.

Te mando amor, luz, bendiciones, fuerza.

Con todo mi amor,

SUGAR

_Q_uerida Sugar:

Muchas gracias por tu respuesta. Me encantaría que publicaras mi carta. Si quieres, puedes añadir esta parte para que todo el mundo sepa que la intervención fue bien. Los médicos creen que el tumor es benigno. Tuvieron que dejar una parte pequeñísima porque estaba adherida a un vaso sanguíneo y un movimiento en falso podría haberla dejado paralítica para siempre. Emma se ha recuperado tan bien que incluso los médicos parecen un poco sorprendidos. Probablemente, mañana volveremos a casa.

En este punto, espero que haya un dios y que el poder de la oración sea la razón por la que mi pequeña Emma está sana y salva. Había gente en todo el país rezando por nosotros. Espero que todos sigan rezando para que el tumor no vuelva y podamos alejarnos de todo esto. Durante mi vida he nadado entre dos aguas en cuanto a la existencia de Dios. La esperanza de que Dios exista y escuche nuestras plegarias es algo que, creo, todos llevamos dentro. Descubrir que mi hija de seis meses tenía un tumor (canceroso o no) me situó en la parte de mí que me dice que si Dios existiera no ocurrirían desgracias.

Quiero interpretar el éxito de la operación y las buenas noticias que hemos recibido hasta el momento como señal de que Dios existe, pero, por otra parte, no quiero dar por sentado algo tan trascendental por lo que podría ser una simple coincidencia. Exista o no, sean en realidad eficaces o no las oraciones, seguiré rezando por su pronta recuperación, y espero que todos tus lectores recen con nosotros por Emma y todos los niños internados aquí en Egleston y en cualquier otro centro y que han de sobrellevar experiencias tan tristes en una etapa tan temprana de la vida.

Puedes publicar nuestros nombres y emplazamientos con entera libertad. No me molesta en absoluto. Espero que contestes a mi carta. Me encantaría leer lo que tengas que decir sobre la existencia de Dios. Como ahora Emma está bien, no acabo de decidir si debo realizar un acto de fe y atribuir su recuperación a Dios.

Gracias por pensar en nosotros,

ABBIE

*Q*uerida Abbie:

Sé que cuantos leen estas palabras comparten mi alivio al saber que Emma ha superado tan bien la operación. Siento que hayas tenido que sufrir por una experiencia tan aterradora. Confío en que haya pasado ya lo peor y que podáis «alejaros de todo eso», como tú dices, y que sigáis alejándoos —mucho y muy deprisa— hacia un futuro que no contenga las palabras «tumor», «operación» y «cáncer».

Me costó mucho decidirme a publicar tu carta. No porque no merezca una respuesta; tu situación es tan seria como la que más y tus dudas sobre la fe en Dios son profundas y las comparten muchas personas. Pero no podía por menos que preguntarme quién soy yo para atreverme a contestar a eso. Me lo pregunto a menudo cuando escribo en este consultorio, pero me lo pregunté aún más con tu carta. No soy párroco. No sé nada de nada sobre Dios. Ni siquiera creo en Dios. Y menos aún creo en la conveniencia de hablar de Dios en un foro público donde muy probablemente me vapulearán por mis creencias.

144

Sin embargo, estoy aquí porque estuve antes ahí, incapaz de quitarme tu carta de la cabeza.

Hace casi dos años llevé a mis hijos a la representación navideña de la Gran Iglesia Unitaria de nuestra ciudad. La representación tenía que ser una serie de cuadros vivos sobre el nacimiento de Jesús. Llevé a mis hijos con la idea de empezar a educarlos sobre la historia de estas festividades ajena a Papá Noel. No como adoctrinamiento religioso, sino como lección de historia.

«¿Quién es Jesús?», preguntaron desde el asiento de atrás del coche de camino a la representación, después de explicarles yo qué íbamos a ver. Por entonces tenían cuatro y seis años. Habían oído hablar de Jesús, pero ahora querían saberlo todo. Yo no era muy ducha sobre el tema de Jesús —mi madre era una excatólica que rechazó la religión organizada en su vida adulta, así que de niña no recibí formación religiosa—, pero sí sabía lo suficiente para informar de lo básico: el nacimiento en el pesebre; la juventud como predicador de la compasión, el perdón y el amor; la crucifixión y demás; por último, la religión fundada en la creencia de que Jesús, después de sufrir por nuestros pecados, resucitó de entre los muertos y subió a los Cielos.

Después de contarles todo eso, fue como si alguien hubiera servido a mis hijos dos cafés largos. «¡Háblame de Jesús!» se convirtió en una petición que oía diez veces al día. No les interesaba su nacimiento en el establo ni su filosofía sobre la vida, o ni siquiera qué se traía entre manos allá, en el Cielo. Solo querían que les hablara de su muerte. Con todo lujo de detalles. Una y otra vez. Hasta que asimilaron todos y cada uno de los desagradables hechos. Durante meses, me vi obligada a describir muchas veces, con toda precisión, cómo lo flagelaron, humillaron, coronaron de espinas y clavaron de pies y manos a una cruz de madera para que muriera lentamente. A veces se lo explicaba mientras recorría agobiada los pasillos del pretencioso supermercado de comida ecológica donde comprábamos y la gente se volvía a mirarme.

A mis hijos los horrorizaba y fascinaba la crucifixión de Jesús. Era lo más espeluznante que habían oído jamás. No entendían la historia en su contexto religioso. Solo percibían su brutal realidad. No se planteaban la divinidad de Jesús, sino más bien su humanidad. Les interesaba poco eso de la resurrección de entre los muertos. Para ellos no era un mesías, era solo un hombre. Un hombre que había sido clavado a una cruz vivo y lo había soportado un buen rato.

«¿Se sintió dolido porque fueron tan malos con él?», preguntaba mi hijo una y otra vez. «¿Dónde estaba su mamá?», quería saber mi hija.

Después de hablarles de la muerte de Jesús, me pregunté si hice bien. Hasta entonces, el señor Sugar y yo habíamos conseguido resguardarlos de toda la crueldad del mundo. Siendo así, ¿cómo se me ocurría exponerlos a eso, por el amor de Dios (ejem)? Sin embargo, también era consciente de que tenían que saberlo: su fascinación por el martirio de Jesús era buena prueba de ello. Yo había tocado una fibra sensible. Había revelado una verdad que estaban preparados para conocer. No sobre el cristianismo, sino acerca de la condición humana: que el sufrimiento forma parte de la vida.

145

Yo lo sé. Tú lo sabes. No sé por qué lo olvidamos cuando nos ocurre algo realmente espantoso, pero así es. Nos preguntamos: «¿Por qué yo?» y «¿Cómo es posible?» y «¿Qué Dios atroz haría una cosa así?» y «¡El hecho mismo de que yo haya sido víctima de esto es prueba de que Dios no existe!». Actuamos como si no supiéramos que todos los días, cada segundo, les ocurren grandes calamidades a la gente más diversa, y lo único que ha cambiado ahora en el mundo, o en cuanto a la existencia o inexistencia de Dios o el color del cielo, es que la gran calamidad nos ha ocurrido a nosotros.

No es de extrañar que, en este momento de crisis, tengas tantas dudas, encanto. Es natural que te sientas colérica, asustada y traicionada por un Dios que querrías creer que se compadecerá de ti protegiendo a quien más quieres. Cuando me enteré de que mi madre iba a morirse de cáncer a los cuarenta y cinco años, sentí lo mismo. Ni siquiera creía en Dios, y, aun así, tenía la sensación de que Dios me debía algo. Tuve la desfachatez de pensar: «¿Cómo se atreve?». No pude evitarlo. Soy una bestia egoísta. Yo quería lo que quería, y esperaba que me lo concediese un dios en el que no tenía fe. Como, poco más o menos, siempre me había sido otorgada la misericordia, daba por supuesto que siempre sería así.

Pero no fue así.

Tampoco le llegó a una amiga mía cuya hija de dieciocho años murió atropellada cuando el coche de un conductor borracho la arrolló. Ni a otra amiga mía que se enteró de que su bebé va a morir de un trastorno genético en un futuro no lejano. Ni a un antiguo alumno mío cuyo padre asesinó a su madre antes de suicidarse. No se le concedió a todas aquellas personas que muy inoportunamente se toparon con ese virus o esa operación militar, o esa hambruna, o esa mutación cancerígena o genética, o esa catástrofe natural, o ese psicópata.

Incontables personas han quedado desoladas por razones que no pueden explicarse ni justificarse desde un punto de vista espiritual. Hacer lo que tú haces al plantearte «Si hubiera un dios, ¿por qué habría de permitir que mi niña se sometiera a una operación que puede poner en peligro su vida?» (por comprensible que sea la pregunta) crea una falsa jerarquía de los benditos y los malditos. Utilizar nuestra buena o mala suerte individual, a modo de prueba del tornasol para determinar si Dios existe o no, crea una dicotomía ilógica que reduce nuestra capacidad para la verdadera compasión. Implica un sistema de retribuciones religioso que no se atiene a la historia, la realidad, la ética y la razón. No reconoce que la otra mitad de la ascensión —la mitad por la que es necesaria la ascensión— es pasar primero por la etapa de ser clavado en la cruz.

Ese es el punto en el que estabas la otra noche cuando me escribiste, buena mujer. Inmovilizada por el sufrimiento. Me desperté a las tres de la madrugada porque te sentía tan intensamente allí, inmovilizada, que yo —una desconocida— también me sentí inmovilizada. Así que me levanté y te escribí. Mi *e-mail* fue un triste mensaje, probablemente no muy distinto de los tropecientos tristes mensajes que recibiste de otras personas, pero sé, sin conocerte, que esos mensajes de personas que no tenían nada que darte más que palabras amables, junto con todas las oraciones que la gente pronunciaba por ti, crearon, unidos, una pequeña balsa que apenas sostenía tu peso mientras te mantenías a flote durante esas horas espantosas en que aguardabas noticias sobre el destino de tu hija.

Si yo creyera en Dios, vería en eso la prueba de su existencia. En tu hora más oscura, te mantuvo a flote el amor humano que recibiste cuando más lo necesitabas. Eso habría sido así al margen del resultado de la operación de Emma. Habría sido el don que te habría ayudado a seguir adelante, aun si las cosas no hubieran salido tan bien como salieron, por odioso que sea plantearse esa posibilidad.

La pregunta que me haces es sobre Dios, pero, reducida a lo esencial, no es tan distinta de las preguntas que hace la mayoría de la gente. Dice: «Esto me salió mal» y «Quiero que la próxima vez me vaya mejor». Mi respuesta tampoco será muy distinta: «Para que te vaya mejor, tendrás que esforzarte». Quizá lo bueno que puede desprenderse de esa experiencia aterradora es una comprensión más compleja de lo que Dios significa para ti; así, la próxima vez que necesites consuelo espiritual, tendrás algo más sólido en que apoyarte que ese precario «nadar entre dos aguas» acerca de la existencia de Dios, una postura que, en último extremo, significa: «creeré que Dios existe solo si me da lo que quiero». Lo que aprendiste sentada junto a la cama de Emma en la unidad de cuidados intensivos es que tu idea de Dios como hombre-espíritu posiblemente inexistente, que quizás escuche tus plegarias o quizá no, y, cuando las cosas se compliquen, quizá acuda de pronto a salvarte el pellejo, o quizá no, es una perspectiva sin futuro.

Así que en tus manos está crear una perspectiva mejor. Más amplia. Que es, en realidad, casi siempre, algo más pequeño.

¿Y si permitieras a tu dios existir en las sencillas palabras de compasión que te ofrecen los demás? ¿Y si la fe fuera la sensación que produce tocar con la mano el cuerpo sagrado de tu hija? ¿Y si la mayor belleza del día fuera el rayo de sol que entra por la ventana? ¿Y si te ocurriera lo peor y te levantaras de todos modos? ¿Y si confiaras en la escala humana? ¿Y si escucharas la historia del hombre en la cruz que encontró una manera de sobrellevar el sufrimiento más que esa otra sobre la magia imposible del Mesías? ¿Verías el milagro en eso?

Un saludo,

SUGAR

TERCERA PARTE

Carga tú misma con el agua

Si tuvieras que dar un consejo a veinteañeros, ¿cuál sería?
Id a una librería, comprad diez libros de poesía y leed cada uno diez veces.

¿Por qué?
Porque la verdad está en ellos.

¿Alguna otra cosa?

Sed diez veces más magnánimos de lo que os creéis capaces de ser. Así vuestra vida será cien veces mejor. Este es un buen consejo para todas las edades, pero, especialmente, para los veinteañeros, porque a los veinte años estáis convirtiéndoos en quiénes seréis y lo mejor es que no seáis unos gilipollas. Además, porque a los veinte años, creo, es más difícil ser magnánimo, y por eso me gustaría recordároslo. Generalmente, en esa década sois menos humildes que en etapas posteriores de la vida, y esa falta de humildad se combina extrañamente con la inseguridad y la incertidumbre y el miedo. Aprenderéis mucho sobre vosotros mismos si hacéis un esfuerzo en dirección a la bondad, la grandeza, la amabilidad, el perdón, la valentía emocional. Sed guerreros al servicio del amor.

¿Sabes quién eres?
Sí.

¿Cuánto tardaste en descubrir quién eres verdaderamente?
Treinta y pico años, pero aún estoy acostumbrándome a mí misma.

La bella y la bestia

Querida Sugar:

Soy un hombre corriente de veintiséis años, excepcional solo por mi extraordinaria fealdad. No me odio a mí mismo, y no padezco un trastorno dismórfico corporal. Nací con una rara enfermedad de la sangre que se ha manifestado en mi cuerpo desde una edad temprana. Es la causa de ciertas deformidades físicas y de algunas anomalías en las articulaciones. Tengo atrofiada una parte del cuerpo, que me ha quedado raquítica.

No habría sido una belleza ni siquiera sin esta enfermedad, pero es imposible remediar la situación con ejercicio normal y fisioterapia. Además, soy obeso, cosa que, admito, debería ser capaz de resolver. No como de manera malsana, pero, al igual que todo el mundo, podría consumir menos. No soy feo de una manera misteriosa o interesante, como unos cuantos actores de éxito. Ofrezco el aspecto de lo que soy: un hombre quebrantado.

Mi problema —y mi problema con la mayoría de los consultorios— es que no hay muchos recursos para las personas como yo. En las películas, los personajes feos se ven redimidos y su belleza se manifiesta en el momento oportuno de captar la atención de su objeto de deseo amoroso, o bien su fealdad no es más que una broma (y, en realidad, no son feos). En el día a día, nos dicen que la personalidad cuenta más que el aspecto físico, y hay muchas personas atractivas (o al menos de apariencia normal) que a la vez son seres humanos decentes.

Pero ¿qué pasa con las personas como yo, personas que nunca serán ni remotamente atractivas y por dentro son solo corrientes?

Soy una persona feliz, tengo una vida muy satisfactoria y buenos amigos. Tengo un empleo flexible que me deja tiempo suficiente para dedicarme a mis pasatiempos, con jefes comprensivos cuando debo ausentarme por razones de salud. Pero, en lo que atañe a relaciones amorosas, no tengo la menor opción. No quiero pasarme toda la vida sin conocer esa clase de amor.

¿Es mejor que renuncie a esa parte de mí y dedique mi tiempo y mi energía a los aspectos de mi vida que van bien? ¿O debo probar algún enfoque nuevo en cuanto a búsqueda de pareja? Con mi aspecto, las webs de citas por Internet quedan totalmente descartadas. En persona, la gente reacciona bien a mi personalidad extrovertida, pero no me consideraría para una relación amorosa. Te pido ideas nuevas o, si consideras que es una causa perdida, permiso para tirar la toalla. Gracias por tu ayuda.

Firmado,

LA BESTIA COJA

*Q*uerido Bestia:

Hace mucho tiempo, un amigo mío sufrió graves quemaduras en casi todo el cuerpo. Seis semanas después de cumplir veintiséis años, un día entró en la cocina de su apartamento y, sin darse cuenta de que había una fuga de gas en la encimera, encendió una cerilla. Voló toda la cocina. Él sobrevivió de milagro. Cuando salió del hospital, al cabo de cuatro meses, tenía la nariz, los dedos y las orejas reducidos a muñones quemados, y su piel era más cuero que carne, como la de un lagarto rosado con horrendas listas blancas y relucientes en el lomo. Lo llamaré Ian.

«¡Soy un monstruo que escupe fuego!», rugió a mis hijos el Día de Acción de Gracias de hace dos años, agazapado junto al borde de su cama. Los niños gritaron de júbilo y fingido miedo, exclamando «¡Monstruo! ¡Monstruo!». Ian me miró y luego miró al señor Sugar, y nos reímos todos a carcajadas.

¿Sabes por qué? Porque, en efecto, era un monstruo que escupía fuego. Mis hijos nunca lo habían conocido de otra manera; su padre y yo tampoco. Puede decirse, creo, que ni siquiera Ian sabía quién había sido antes de las quemaduras. Era un hombre forjado por el fuego.

Y, gracias al fuego, era también un hombre rico: había recibido una indemnización de la compañía del gas. Se había criado en la clase media baja, pero, para cuando lo conocí —yo tenía veintisiete años, y él, treinta y uno—, llevaba una existencia un tanto esnob. Compraba comida exquisita y bebidas escandalosamente caras. Coleccionaba arte y lo colgaba en sucesivos lofts modernos y refinados. Lucía ropa impecable y se paseaba en coches de lujo. Le encantaba tener dinero. A menudo decía que quemarse era lo mejor que le había pasado en la vida. Que si pudiera volver atrás en el tiempo, encendería otra vez esa cerilla. No encender esa cerilla equivaldría a perder el dinero que le había proporcionado tanta felicidad. Tenía una vida extraordinaria, decía, y daba gracias por ello.

Pero había un detalle. Un pequeño detalle. Lamentaba tener que privarse del amor. Amor romántico. Amor sexual. Amor amor. «Amor.»

«¡Pero no tiene por qué ser así!», insistía yo. Sin embargo, es verdad que cuando lo conocí me daba grima mirarlo a la cara, porque ofrecía, ciertamente, una imagen horrenda, aquel cuerpo suyo convertido en una manifestación de lo insufriblemente doloroso, en una distorsión, un paisaje áspero y a la vez en carne viva. Lo conocí cuando era camarera en un pretencioso bar francés que él frecuentaba. Se sentaba cerca del lugar reservado a los camareros en la barra; mientras trabajaba, fui interiorizándolo poco a poco, lanzándole solo miradas de reojo. Charlábamos de libros, de arte y de zapatos a la vez que él bebía tequila a veinte dólares la copa y comía platos de paté meticulosamente construidos, y yo corría de la barra a las mesas y de nuevo a la barra, sirviendo pedidos.

Al cabo de un tiempo, pasó a ser algo más que un cliente con el que debía ser amable. Se convirtió en un amigo. Para entonces me había olvidado de que tenía un aspecto monstruoso. Fue algo muy extraño, pero real: mi visión de Ian cuando lo conocí mejor cambió radicalmente; su rostro quemado se transformó en sus expresivos ojos azules; sus manos con cicatrices y muñones, en el sonido de su voz. No era que ya no viese su monstruosidad. Seguía allí en todo su grotesco esplendor. Pero, simultáneamente, había otra cosa, algo más furibundo: su belleza.

Yo no era la única que la veía. Eran muchas las personas que querían a Ian. Y todos insistíamos una y otra vez en que nuestro amor era prueba de que algún día alguien lo querría. No como lo queríamos nosotros —no como amigo—, sino de «esa otra manera».

Ian no quería ni oír hablar de ello. Solo contemplar la posibilidad de tener un novio era insufrible para él. Había tomado la decisión de renunciar al amor romántico hacía mucho tiempo, cuando aún estaba en el hospital. Nadie amaría a un hombre tan feo como él, pensaba. Cuando yo intentaba convencerlo, él contestaba que no me imaginaba lo importante que era el aspecto físico en la cultura gay. Cuando le decía que seguramente había unos cuantos hombres en el planeta dispuestos a amar a un hombre quemado, respondía que se las arreglaba con los servicios esporádicos de un prostituto. Cuando le decía que su negativa a abrirse al amor romántico se basaba en el miedo y que vencer ese miedo era lo último que le faltaba para curarse del trauma del accidente, él daba por concluida la conversación.

Y no se hablaba más.

Una noche, cuando salí de trabajar, Ian y yo fuimos a otro bar a tomar una copa. Cuando nos sentamos, me dijo que era el aniversario de su accidente y le pedí que me contara la historia completa de aquella mañana. Me dijo que acababa de despertar, y mientras miraba distraídamente un paquete de galletas saladas en la encimera, de pronto la cocina empezó a despedir llamas azules. Se quedó atónito al ver desintegrarse y desaparecer en un instante las galletas y el envoltorio. Se le antojó un suceso hermoso y casi mágico. Entonces, al cabo de un momento, tomó conciencia de que también él estaba envuelto en llamas azules y se desintegraba. Me contó que cayó al suelo y gimió; su compañero de piso se despertó, pero no se atrevió a acercarse a él; en lugar de eso, dirigió a Ian palabras de consuelo a gritos desde otra habitación. Las primeras en telefonear al 911 fueron las personas que pasaban por la acera, muchos pisos más abajo, que vieron volar las ventanas del apartamento. Me contó que los auxiliares médicos le hablaron amablemente mientras lo llevaban escalera abajo en una camilla y que uno de ellos le dijo que podía morir, y que él profirió un grito ante esa posibilidad; el sonido de su propio grito era lo último que recordaba antes de perder el conocimiento durante semanas.

Nunca tendría un amante.

Estaría alegre. Estaría triste. Sería mezquino y bondadoso. Sería manipulador y generoso. Sería áspero y tierno. Se trasladaría de un loft moderno a otro y cambiaría las combinaciones de colores. Bebería y dejaría de beber, y empezaría a beber otra vez. Compraría obras de arte originales y un perro de una raza muy en concreto. Ganaría una pasta en el sector inmobiliario y perdería otro tanto en algún negocio. Se reconciliaría con personas a quienes quería y se distanciaría de otras. No me devolvería las llamadas y leería mi primer libro y me mandaría la nota más encantadora. Le regalaría a mi primer hijo un elegante pantalón de bebé ridículamente caro, y suspiraría y diría que detestaba a los niños cuando le anunciara que estaba embarazada de mi segundo hijo. Rugiría el Día de Acción de Gracias. Se agazaparía junto a la cama y diría que era un monstruo que escupía fuego y se reiría con todos los adultos que captaran el chiste.

Y, apenas transcurrido un mes —una semana antes de la Navidad, cuando tenía cuarenta y cuatro años—, se quitaría la vida. Sin dejar siquiera una nota.

Muchas veces me he preguntado por qué Ian se suicidó, y he vuelto a pensar en ello al leer tu carta, Bestia. Sería muy fácil atribuir el origen de la muerte de Ian a esa cerilla, que, según él, habría vuelto a encender en caso de volver al pasado. La cerilla que lo convirtió en un monstruo y, por lo tanto, lo privó del amor romántico, a la vez que lo enriqueció y, por lo tanto, le dio la felicidad. Esa cerilla es tan tentadoramente simbólica —como un objeto duro y dorado en un cuento de hadas— que parece exigir pagar un precio equivalente a su poder.

Sin embargo, no creo que su muerte pueda atribuirse a eso. Creo que se remonta a su decisión de renunciar al amor romántico, de negarse a aceptar siquiera la posibilidad de algo tan esencial a causa de algo tan superficial como el aspecto físico. Y la pregunta que me planteas —su núcleo— gira en torno a eso mismo. No es «¿Encontraré algún día a alguien que me quiera en sentido romántico?» (aunque, de hecho, esa pregunta está ahí, y ya llegaré a ella)—, sino más bien «¿Soy capaz de permitir que alguien me quiera de esa manera?».

Esta es la clave.

Nunca obtendrás mi permiso para renunciar al amor y tirar la toalla. Jamás. Debes hacer todo lo posible para conseguir lo que quieres y necesitas, para encontrar «esa clase de amor». Está a tu alcance. Sé que suena arrogante dicho por mí, porque ¿qué demonios sé yo de tener aspecto de monstruo o bestia? Nada de nada. Pero sí sé que estamos aquí, todos nosotros —bestias y monstruos, y bellas y feas por igual— para hacer las cosas de la mejor manera posible. Y todos podemos hacer algo más que tirar la toalla.

Sobre todo tú. Cualquiera que haya vivido veintiséis años con tu aspecto —el de «un hombre quebrantado»— no es «corriente por dentro». Por eso, el viaje que emprendas para encontrar el amor tampoco será corriente. Tendrás que ser valeroso. Tendrás que adentrarte en el bosque más oscuro sin bastón. No eres atractivo desde un punto de vista convencional, o ni siquiera tienes, como tú dices, una «apariencia normal», y ya sabes que mucha gente te descartará automáticamente como pareja romántica por esa razón. No pasa nada. No necesitas a esa gente. Apartándose de ti, te hacen un favor. Porque, cuando se marchen los necios, quedarán la buena gente y las personas sinceras. Esos son los tipos alucinantes, superguays y ultrasónicos que nos interesan. Esas son las personas dignas de tu amor.

Y tú, querido mío, eres digno de ellas. Para ofrecer pruebas de tu derrota antes siquiera de empezar, mencionas películas en las que «personajes feos se ven redimidos cuando su belleza se manifiesta en el momento oportuno de captar la atención de su objeto de deseo amoroso», pero yo esa historia no me la trago, cielo. Somos mucho más viejos que eso. Tenemos historias mucho mejores y más verídicas. ¿Conoces el cuento titulado *La Bella y la Bestia*? Jeanne-Marie Le Prince de Beaumont abrevió en 1756 el relato original de *La Belle et la Bête*, de Gabrielle-Suzanne Barbot de Villeneuve; es la versión que casi todos conocemos hoy día. Aquí omitiré muchos detalles, pero el argumento es más o menos como sigue.

Una hermosa joven llamada Belle vive con una bestia en un castillo. Belle se siente conmovida por la gentileza y la generosidad de la bestia, y atraída por su inteligencia sensible, pero, cada noche, cuando la bestia pide a Belle que se case con él, ella lo rechaza porque le repugna su apariencia. Un día, abandona a la bestia para ir a visitar a su familia. Ambos acuerdan que ella regresará al cabo de una semana, pero, al ver que no vuelve, la bestia queda desolada. En su aflicción, entra en la rosaleda y se desploma. Así es como lo encuentra Belle cuando regresa, medio muerto de pena. Al verlo en ese estado, comprende que lo ama de verdad. No solo como amigo, sino «de esa otra manera», y, por lo tanto, le declara su amor y llora. Cuando sus lágrimas caen sobre la bestia, esta se transforma en un apuesto príncipe.

Lo que quiero que veas es que Belle amaba a la bestia cuando todavía era una bestia, no un apuesto príncipe. Solo por el amor de ella, él se transformó. Tú también te transformarás, del mismo modo que el amor nos transforma a todos. Pero debes tener el valor necesario para dejar que te transforme.

Dudo que hoy por hoy tengas ese valor. Dices que inspiras simpatía a la gente, pero que no te consideran «candidato para una relación amorosa». ¿Y tú eso cómo lo sabes? ¿Has hecho proposiciones y te han rechazado? ¿O estás proyectando tus propios temores e inseguridades en los demás? ¿Estás cerrándote a la posibilidad de la relación amorosa antes de que alguien tenga la oportunidad de experimentar sentimientos románticos hacia ti? ¿Quién te interesa? ¿Has invitado alguna vez a alguien a salir o has pedido un beso o le has cogido las manos y te las has metido bajo el pantalón?

159

Deduzco por tu carta (bien escrita, sincera, triste, fuerte) que eres un tipo interesante. Basándome solo en tu carta, estoy prácticamente segura de que no pocas personas se plantearían la posibilidad de meter la mano bajo tu pantalón. ¿Se lo permitirías a alguna de ellas? Si la respuesta es que sí, ¿cómo reaccionarías en cuanto él o ella lo hiciera? No pretendo ir de listilla obscena (aunque, de hecho, soy una listilla obscena). Pretendo saber —sin quitar importancia a la contundente realidad de que muchas personas te descartarán como posibilidad romántica solo por tu aspecto— si te has planteado la posibilidad de que la mayor barrera que te separa del amor romántico y tórrido, que hay entre tú y las personas que se interesarán en ti —¡sí, sin duda!— sea, más que tu exterior feo, tu interior hermosamente vulnerable. ¿Qué necesitas para convencerte de que alguien podría verte como amante y no solo como amigo? ¿Cómo podrías poner fin al impulso a cerrarte?

Estas preguntas son la clave para que seas capaz de encontrar el amor, encanto. Me has pedido soluciones prácticas para buscar pareja, pero creo que, en cuanto te permitas estar psicológicamente preparado para dar y recibir amor, tu mejor opción será hacer lo que hace todo el mundo que busca amor: sacar a la luz lo mejor de ti mismo con la mayor transparencia, sinceridad y humor posibles. Tanto en Internet como en persona. Con desconocidos y entre tu círculo de amigos. Habita la belleza que reside en tu cuerpo de bestia y esfuérzate en ver la belleza en todas las demás bestias. Adéntrate sin bastón en el bosque más oscuro. Créete el cuento de hadas.

Un saludo,

SUGAR

Me quedé con Van Gogh

Querida Sugar:

A los diecisiete años, fui víctima de una agresión sexual. Era ingenua y no lo comprendí. La angustia pasó a ser una parte profunda de mi vida, y casi sucumbí a ella. Lo máximo que conseguí fue avanzar a duras penas. Estoy en paz con aquello.

Salgo con un hombre magnífico desde hace más o menos un año y medio. ¿Cómo le hablo de esa agresión sexual? ¿Es necesario que lo haga? No afecta a mi relación ni a mi vida cotidiana, pero fue una experiencia formativa e intensa, y, por consiguiente, desempeñó un papel importante en el proceso de convertirme en quien ahora soy. Hemos pasado por algunos acontecimientos emocionalmente intensos, así que sé que él es capaz de escucharlo. Me gustaría recibir tu consejo.

Firmado,

YA SUPERADO

Querida Ya Superado:

Tengo una amiga veinte años mayor que yo que ha sido violada en tres ocasiones distintas a lo largo de su vida. Es una pintora de talento y cierto renombre. Cuando me enteré de lo que le había pasado, le pregunté cómo se había recuperado de ellas, cómo había seguido manteniendo relaciones sexuales saludables con hombres. Me dijo que, en cierto punto, debemos decidir a quién permitimos que ejerza influencia en nosotros. Añadió: «Podía dejarme influir por los tres hombres que me follaron contra mi voluntad, o podía dejarme influir por Van Gogh. Me quedé con Van Gogh».

Nunca lo he olvidado. Recuerdo la frase «Me quedé con Van Gogh» siempre que me cuesta levantar cabeza. Y me he acordado de ella al leer tu carta, Ya Superado. Tú también te has quedado con Van Gogh. Te ocurrió algo desagradable y no permitiste que eso te convirtiera en una persona desagradable. Celebro tu valentía y dignidad. Creo que deberías contarle a tu novio esa agresión sexual, y hacerlo claramente. Lo que pasó. Cómo sufriste. Cómo asimilaste la experiencia. Y cómo te sientes ahora al respecto.

Afirmas que esa vivencia atroz no incide ya en tu vida «cotidiana», pero también dices que desempeñó una función importante en el proceso de convertirte en quién ahora eres. Amar sinceramente, en serio y con toda tu alma consiste en permitir a aquellos que nos quieren que vean cómo hemos llegado a ser lo que somos. Ocultarle ese trauma a tu novio agranda el hecho más de lo necesario. Crea un secreto que tú, hermosa como eres, no debes guardar. Hablar de las cosas es una manera de hacerlas más pequeñas. Permitirá a tu amante acercarse más a ti. Permíteselo.

Un saludo,

SUGAR

El otro lado de la piscina

Querida Sugar:

Mis dos hijos adultos, de treinta y cinco y veintitrés años, han vuelto al nido, mi casa. No me lo preguntaron. Sencillamente, se presentaron aquí.

Mi hijo menor va a la universidad, pero la detesta. Solo quiere el dinero de la ayuda financiera. Bebe, fuma hierba, se pasa el día viendo la tele y jugando a los videojuegos. Su novia de dieciocho años y el bebé de ambos pronto se instalarán también aquí, para acabar de llenar la habitación de invitados, que ya está a rebosar. (Como el bebé es mi nuevo nieto, la idea me hace cierta ilusión.)

Mi hijo mayor también está matriculado en la universidad y se la toma en serio y saca buenas notas, pero bebe, es de un humor muy variable y se muestra muy sarcástico conmigo. Me he gastado todos mis ahorros en pagar las letras de su coche y sus demás facturas.

Soy una alcohólica en rehabilitación y tengo mis propios cambios de ánimo. Mantengo a la familia con los dólares que saco como escritora, es decir, no mucho. Pero soy una persona con recursos; utilizo vales y compro en tiendas de artículos de segunda mano.

Mi pregunta es: ¿qué puedo hacer para que estos hombres despeguen en la vida y se vayan de mi casa? Quiero escribir en privado, pasearme por la habitación en ropa interior mientras pienso en un diálogo, investigar, cantar, menear el culo, hacer yoga, leer, encontrar mis cosas donde las dejé la noche anterior, disfrutar de un cuarto de baño de invitados que no huela mal y donde la tapa del váter esté bajada, beber té verde, comer tofu y naranjas, no patatas fritas y submarinos. No quiero encontrar mayonesa sobre la puerta del armario de la cocina. Quiero llorar viendo películas románticas y oír los grandes éxitos de Mozart, pagar mis facturas, comprar pulseras de aro.

Estoy atascada, Sugar. Quiero a estos chicos. Su padre, mi exmarido, murió el año pasado, y entiendo el sentimiento de pérdida, así como el estado de confusión en que están sumidos. Sé que la situación económica está mal. Reconozco que construir una vida, encontrar a alguien a quien amar, disfrutar de los muchos placeres de la vida es una labor ardua. Pero temo que mis hijos estén fracasando en el esfuerzo de conseguirlo. Temo no ser capaz de cubrir todos los gastos. Temo que lo que quiero mientras me preparo para entrar en la vejez no esté a mi alcance. Temo que mis hijos nunca despeguen. Estoy desbordada por el miedo.

¿Qué crees que debería hacer?

DESBORDADA

*Q*uerida Desbordada:

Uno de mis primeros recuerdos es también uno de los más vívidos. Tenía tres años y estaba inscrita en el curso de natación del YMCA de mi barrio. El primer día, yo, como todos los demás niños de tres años, recibí lo que llamaban una «burbuja»: un artilugio flotador que se ponía alrededor de los hombros y la cintura, e incluía un objeto más o menos del tamaño de un balón de fútbol que me comprimía la espalda. Eso debía mantenerme a flote. «¡No te preocupes! —me aseguraba mi madre una y otra vez—. ¡Con la burbuja no te hundirás!»

Repitió lo mismo en varios tonos, con distintos grados de

paciencia y exasperación, semana tras semana, mientras yo me agarraba a un lado de la piscina, pero sus palabras no significaban nada para mí. Sin dejarme convencer, me negué a unirme a los otros niños en el agua. Estaba aterrorizada. Tenía la convicción de que, si me soltaba de la pared, me ahogaría inmediatamente, con burbuja o sin ella. Así que cada semana me quedaba allí obcecadamente y veía a mis compañeros de curso recorrer la piscina moviendo los pies. «¡Lo ves!», exclamaba mi madre señalándolos entusiasmada cuando pasaban.

Sin embargo, yo me mantenía en mis trece.

El último día del curso estaba previsto que los padres nadaran con sus hijos. Mi madre se puso el bañador y se sentó a mi lado en el borde de la piscina. Juntas, con los pies en el agua, contemplamos a los otros niños ejecutar las habilidades aprendidas. Cuando era casi la hora de marcharnos, mi madre me dijo: «¿Y si nos metemos juntas en el agua? Yo te aguantaré».

Eso me pareció bien. Era así como me había metido siempre en el agua, agarrada a mi madre, que podía salpicarme con delicadeza o mecerme hasta que yo me reía. Así que nos metimos en el agua. Cuando llegamos al centro de la piscina, me convenció para que la dejara sujetarme solo por las manos y arrastrarme por el agua; a pesar de que mientras lo hacía yo suplicaba repetidamente «No me sueltes, no me sueltes», y ella prometía repetidamente «No te soltaré, no te soltaré», con un arranque de fuerza, de pronto me hizo girar y me lanzó lejos de ella.

Mi recuerdo de lo que sentí al deslizarme por el agua sin mi madre sigue muy vivo, pese a que han pasado cuarenta años. Fue algo físico e intelectual. Lo extraño y magnífico que resultó no estar atada a nada, libre, de una manera muy especial, por primera vez en la vida. Lo pronto que pasé de la conmoción por que mi madre me había traicionado al terror de mi nueva realidad y al puro placer de la sensación de nadar. Mi madre tenía razón: la burbuja me mantenía a flote.

Naturalmente, entonces ya no quise salir de la piscina. Di vueltas y más vueltas alrededor de mi madre, mientras las dos reíamos de alegría y sorpresa, deseando ambas haber sabido antes que lo único que se necesitaba para que yo hiciera eso era soltarme. Nadé tanto rato que cuando mi madre salió, yo me

165

quedé en el agua, yendo de un lado al otro de la piscina, desde el lugar donde ella se sentó en el borde hasta el extremo opuesto, que entonces se veía lejísimos. Cuando llegaba allí, miraba hacia atrás y decía a gritos: «¡Estoy al otro lado de la piscina!». Ella sonreía y decía que sí, que allí estaba, ¡en la otra punta de la piscina! Entonces regresaba a nado hasta ella y volvía a empezar otra vez.

Creo que tú necesitas hacer algo parecido a lo que hizo mi madre después de sus semanas de paciencia, Desbordada. Necesitas lanzar a tus hijos lejos de ti para que aprendan a nadar. Debes decirles que se marchen. No están enfermos. No pasan por una crisis. No son niños. Son dos adultos capaces de mantenerse. Sus burbujas los mantendrán a flote. Debes exigirles que confíen en eso.

Cuando les digas a tus hijos que ya no les dejas vivir en tu casa, probablemente se llevarán una sorpresa. Es una conmoción verse arrojado y alejado de la persona a quien uno se ha agarrado durante tanto tiempo. Pero estoy segura de que será un cambio saludable para todos vosotros. Por mucho que tus hijos, sin duda, te quieran, para mí está claro que, en realidad, no te ven como una persona aparte de ellos. Tus necesidades les importan poco porque prácticamente ni se les pasa por la cabeza que las tengas. Se instalaron en tu casa sin preguntar, porque, en el fondo, no consideran que esa casa es tuya, creen que también es suya, que tienen derecho a ella porque te pertenece a ti, su madre. Que es «suya».

No se han separado de ti a un nivel fundamental. Quieren que los dejes en paz y que te abstengas de decirles cómo deben vivir, pero todavía no han percibido que tú también tienes una vida propia, una vida que, en este momento, se ve mermada por su presencia. Todavía no te ven como una persona adulta con derecho a la intimidad y a tener su propia vida.

Y no es porque sean malas personas. Es porque necesitan dejar atrás la última etapa de desarrollo: esa en la que el hijo se separa verdaderamente del progenitor; parece que también necesitan un empujón que solo tú puedes darles. ¿Recuerdas aquellos tiempos en que empezaban a dar sus primeros pasos y todo era «¡Lo hago yo! ¡Lo hago yo!»? No conozco a tus hijos, pero supongo que, como la mayoría de los niños, en cierto momento para ellos fue importante realizar las tareas que antes habías hecho tú por ellos: abrir puertas, abrocharse los cinturones de seguridad, subirse la cremallera de la cazadora. Los niños piden esas cosas porque deben hacerlo, porque su misma supervivencia depende de su aptitud para aprender a ser autosuficientes.

Por una serie de razones que solo puedo suponer —inmadurez emocional, tensión económica, tu propia tendencia a posibilitar las cosas, la pérdida de su padre, el ensimismamiento juvenil—, tus hijos se han resistido a las etapas finales del impulso «¡Lo hago yo!», que empieza a partir del momento en que el niño da sus primeros pasos. Se han dado cuenta de que es más fácil dejar que se lo hagas tú todo. Pidiéndoles que se marchen de tu casa, estás diciéndoles que sabes que también eso son capaces de hacerlo. Pidiéndoles que se vayan les haces un favor. Demuestras tu fe en el curso natural de las cosas: en que ahora pueden seguir adelante sin ti.

Expulsar a tus hijos de tu casa no significa que los expulses de tu vida. Como madre, lo que les debes es un amor sin condiciones, apoyo emocional y respeto. Pedirles que se marchen de tu casa no significa que no vayas a ayudarlos de muy diversas maneras a lo largo de los años. El hijo que ha sido padre hace poco, por ejemplo, puede necesitar tu apoyo para cuidar de tu nieto.

La cuestión es que ahora puedes elegir qué quieres dar y qué no en lo referente a dinero y recursos. Criaste a esos niños hasta que se hicieron hombres. Cumpliste con tu obligación. Ya es hora de que tus hijos cumplan con la suya. Solo cuando los arrojes lejos de ti podrán hacerlo, solo entonces conocerán la sensación de flotar, la sensación de que los miras a cierta distancia, desde el otro lado de la piscina.

Un saludo,

SUGAR

La verdad que vive allí

Querida Sugar:

Soy una mujer de veintiséis años que lleva casada nueve meses. Mi marido tiene cuarenta. Su propuesta de matrimonio fue muy romántica, como algo salido de una película de Audrey Hepburn. Es amable y divertido. Lo amo de verdad. Y sin embargo...

Es solo la segunda persona con la que he mantenido una relación seria. Durante el proceso de planificación de la boda, tuve dudas ante la idea de establecerme siendo aún tan joven, pero no quise cancelar la boda para no herirlo ni abochornarlo. Hay muchas experiencias que temo perderme si sigo casada con un hombre mayor. Quiero solicitar una plaza en el Cuerpo de Paz, vivir en distintos lugares del país, dar clases de inglés en Japón, y sí, salir con otros hombres. Son todas las cosas a las que renuncié cuando dije: «Sí, quiero». Pero es ahora cuando caigo en la cuenta.

Me siento atascada. Quiero marcharme, pero también me horroriza la idea de hacer daño a mi marido, que ha sido muy bueno conmigo, y a quien considero mi mejor amigo. Siempre he andado sobre seguro: en la universidad elegí la especialidad más segura, acepté el empleo más seguro, seguí adelante con la boda. Si dejo a mi marido, me aterroriza la posibilidad de quedarme ya sin pretextos para no vivir la vida audaz y rica en experiencias con la que siempre he soñado.

Sugar, ayúdame, por favor.

LA QUE ANDA SOBRE SEGURO

Querida Sugar:

Soy una mujer confundida. Llevo las cicatrices de mucho maltrato emocional, cierto maltrato físico y una agresión sexual. Tengo una personalidad adictiva, coqueteo con la anorexia, tengo un trastorno obsesivo compulsivo y no sé lo que es vivir sin la subida de adrenalina del estrés crónico en el cuerpo. Soy vanidosa, ensimismada, depresiva, colérica, autodespectiva y solitaria.

Me criaron para que pensara que era una persona despreciable y que Dios solo me querría si me portaba bien. Me portaba bien casi siempre. Un día conocí a un hombre que me dijo que Dios me querría de cualquier manera. Me convertí al cristianismo fundamentalista y me casé con ese hombre. Tenía dieciocho años, y de eso hace siete.

Él es, en casi todos los sentidos, un buen hombre. Tiene buenas intenciones y me quiere, pero tiene esos defectos de la mayoría de los hombres jóvenes de nuestra religión: el síndrome del cabeza de familia. Se espera que yo sea de cierta manera, y, por lo tanto, lo soy. No se da cuenta de que actúa así si yo no se lo digo, y después de tantos años ya no me molesto en decírselo. Pero, en realidad, yo no soy esa persona, y cuanto más tiempo llevamos casados, más atrapada y rota me siento por enterrar mi verdadera identidad, la persona confusa que ya he descrito. Él conoce todas mis cicatrices, pero como cristiano no comprende en absoluto las enfermedades mentales. Me ruega que confíe más en Dios. Dice que, si me esfuerzo más, sin duda mejoraré. Dice que tengo esa posibilidad.

169

No lo culpo de mi descontento (no del todo). Nos dijeron que éramos demasiado jóvenes para casarnos, pero yo, a pesar de mis propios recelos, me casé para demostrar a todos que se equivocaban. Ambos somos extraordinariamente testarudos. Pensé que si podía ser la persona que debía ser, me pondría bien. Mejoraría. Era una mentira que me dije a mí misma.

Yo lo quiero. No pretendo hacerle daño. Pero no sé cómo poner fin a esta farsa, cómo sanarme, cómo conseguir que él lo entienda. Hace unos años pasé una semana en un centro psiquiátrico por depresión, porque necesitaba echar el freno y sabía que la única manera de transmitirle el mensaje era hacer algo drástico: o me suicidaba, o recibía ayuda. Recibí ayuda. Sin embargo, volví a ponerme la máscara en cuanto me dieron el alta, y la terapia fue una broma. Nada cambió, y ahora me siento otra vez al borde del abismo. Ya no siento el impulso de suicidarme, e identifico mis propias señales de aviso, pero sí necesito un respiro. Fingir cansa. Mi salud se ha resentido en los últimos meses. Por fin compramos nuestra primera casa, y la mayoría de los días me los paso aquí sentada, llorando.

He pensado en marcharme muchas veces, pero no quiero hacerle daño. Se ha esforzado mucho para que yo pueda quedarme en casa sin trabajar (a pesar de que no tenemos hijos). Si me fuera, él se convertiría en un paria en nuestra comunidad religiosa, donde actualmente somos líderes. No quiero hacerle eso. Él no cree en el divorcio, a no ser que yo lo engañara. Ya no sé qué creer. He intentado otras veces hablar de cómo me siento, pero vivimos en dos planetas distintos. Si le planteara cómo me siento ahora, pensaría que lo he traicionado, y yo me sentiría fatal. Él siempre se ha negado a asistir a una terapia de pareja, diciendo que mi/nuestra vida es magnífica y no la necesitamos, aunque yo sí la necesite. Mi temor es que, como de costumbre, si hablo del tema, durante un tiempo parecerá que estamos mejor, y el ciclo continuará. Estoy cansada de ese ciclo.

¿Dónde está el límite, Sugar? Cuando quieres que

tu vida vaya bien pero no va bien, y no sabes hasta qué punto puede ir bien, y cuando, por otro lado, quieres una vida totalmente distinta, ¿qué camino has de tomar? ¿Debo quedarme y anularme hasta que quizá llegue a ser la persona que siempre se ha esperado que fuera? ¿Es esto lo que significa ser adulto? Nunca tuve un buen ejemplo de matrimonio hasta que me casé, y lo encontré en mis suegros, a quienes no nos parecemos en nada. Pero ¿podríamos llegar a parecernos con el paso de los años? ¿Cuánto tiempo hay que intentarlo?

Firmado,

QUIETA PARADA

Querida Sugar:

Soy una mujer ya próxima a los treinta años. He salido con el mismo hombre durante casi tres años y vivo con él desde hace cerca de un año. Todas mis amigas parecen estar casándose, y yo tengo la sensación de que también debería plantearme el matrimonio. Sin embargo, la idea de casarme con mi novio me provoca pánico y claustrofobia. Él antes mencionaba alguna vez la posibilidad de nuestro enlace, y creo que percibió que a mí me incomodaba hablar del tema y no volvió a decir nada.

No he tenido muchos novios: una relación estable en el instituto, unas cuantas relaciones breves después de la universidad y ahora esta. Mi novio es la persona más encantadora que encontraré jamás, y tenemos algunas cosas en común, pero fantaseo con la posibilidad de salir con otros. Noto que mi respeto por él se debilita. No sé si esto es un sentimiento pasajero, o si la relación no está destinada a durar a largo plazo. Me aburro con él, y temo aburrirme más con el paso del tiempo. También me da miedo que no haya por ahí nadie mejor para mí, que, en realidad, deba dar gracias por lo que tengo, y que es poco probable que cualquiera en quien me interese seriamente se interese a su vez en mí de la misma manera (ese parece ser el caso, a juzgar por la experiencia). Detesto la sensación de que estoy haciéndole a mi novio un flaco favor al no quererlo tanto como él me quiere a mí.

¿Qué hago, Sugar?

Firmado,

CLAUSTROFÓBICA

Queridas Mujeres:

He decidido contestar a vuestras cartas a la vez porque juntas, creo, presentan una historia completa y se contestan por sí solas. Al leerlas, se me ocurrió que dejaros leer aquello con lo que otras luchan en una situación parecida sería una especie de tratamiento para el mal que os aqueja, aunque, claro, yo también tengo algo que decir al respecto. Yo misma he luchado denodadamente con estas mismas preguntas, cuando estuve casada con un buen hombre a quien amaba y al que, a la vez, deseaba abandonar.

Mi exmarido no tenía nada de malo. No era perfecto, pero casi. Lo conocí un mes después de cumplir los diecinueve y me casé con él movida por un impulso precipitado y romántico un mes antes de cumplir veinte. Era apasionado, inteligente, sensible y guapo, y estaba totalmente loco por mí. Yo también estaba loca por él, pero no totalmente. Era mi mejor amigo, mi tierno amante; el compinche que tañía la guitarra, se dedicaba a la agitación política y me acompañaba en los viajes por carretera; el copropietario de nuestra enorme y ecléctica colección de música y literatura, y el papá de nuestros dos queridos gatos.

Sin embargo, llevé en mi interior algo espantoso, casi desde el principio: una vocecilla clara que, hiciera lo que hiciera, no dejaba de decir «márchate».

Márchate, aunque lo quieras.

Márchate, aunque sea amable, fiel y entrañable.

Márchate, aunque sea tu mejor amigo, y tú seas su mejor amiga.

Márchate, aunque no imagines la vida sin él.

Márchate, aunque te adore y tu marcha lo deje desolado.

Márchate, aunque tus amigos se lleven una decepción o se sorprendan o se enfaden o las tres cosas.

Márchate, aunque un día dijiste que te quedarías.

Márchate, aunque tengas miedo de estar sola.

Márchate, aunque tengas la seguridad de que nadie te querrá nunca como él te quiere.

Márchate, aunque no tengas adónde ir.

Márchate, aunque no sepas exactamente por qué no puedes quedarte.

Márchate, porque quieres.

Porque el deseo de marcharse basta. Coged un bolígrafo. Escribíos esta última frase en la palma de la mano, las tres. Luego leedla una y otra vez hasta que vuestras lágrimas la hayan borrado.

Hacer lo que uno quiere hacer porque uno quiere hacerlo es difícil para mucha gente, pero creo que es difícil sobre todo para las mujeres. Al fin y al cabo, somos el género al que se ha prendido eternamente una insignia gigante con el rótulo «Aquí para servir». Se espera de nosotras que seamos maternales y demos, exclusivamente por nuestra condición femenina, que prioricemos los sentimientos y las necesidades de otras personas ante los nuestros. No me opongo a estos rasgos. La gente a la que más admiro es, de hecho, maternal, generosa y considerada. Sin duda, una vida ética y evolucionada conlleva, en gran medida, hacer cosas que uno no siente especiales deseos de hacer y no hacer cosas que siente muchos deseos de hacer, independientemente del género.

Sin embargo, una vida ética y evolucionada también conlleva decir la verdad sobre uno mismo y ser consecuente con ella.

Dejar una relación porque uno quiere no lo exime de la

obligación de actuar como un ser humano decente. Podéis iros y seguir siendo amigas compasivas de vuestra pareja. Marcharos porque queréis no significa hacer las maletas en cuanto hay un conflicto o una pelea o incertidumbre. Significa que, si deseáis veros libres de una relación concreta y sentís ese anhelo alojado en vuestro interior con mayor firmeza que cualquier otro deseo rival y contrario, vuestro anhelo de marcharos no solo es válido, sino que probablemente sea acertado. Aun si alguien que queréis sufre por ello.

Yo tardé una eternidad en entenderlo. Todavía no acabo de explicarme por qué necesité abandonar a mi ex. La cuestión me atormentó durante años, porque me sentía una gilipollas por romperle el corazón y estaba destrozada por habérmelo roto yo. Era demasiado joven para comprometerme con una persona. No éramos tan compatibles como me pareció al principio. Yo vivía entregada a escribir, y él envidiaba mi éxito en igual medida que lo celebraba. Yo no estaba preparada para la monogamia a largo plazo. Él se crio en una familia de clase media alta, y yo en la pobreza, y no podía dejar de estar resentida con él por tal motivo. Mi madre murió y mi padrastro dejó de ser un padre para mí, y a los veintidós años me quedé huérfana y sumida en el dolor.

Todas estas cosas son bastante ciertas, pero todas se reducen a lo mismo: tenía que marcharme. Porque quería. Igual que vosotras, incluso si aún no estáis preparadas para hacerlo. Sé por las cartas que me habéis mandado que tenéis vuestras propias listas, pero todas las palabras de todas esas listas se reducen a una: márchate. Imagino que lo entenderéis en algún momento. Cuando llegue esa hora, debéis confiar en vuestra verdad más auténtica, por más que haya otras verdades simultáneamente, tales como vuestro amor por la pareja a quien queréis dejar.

No estoy diciendo que debáis coger y abandonar a vuestra pareja tan pronto como se os ocurra la idea. Hablo de pensar en ello y tomar una decisión consecuente. Yo deseaba desesperadamente no querer dejar a mi exmarido. Me atormenté igual que vosotras y compartí buena parte de esa lucha con mi ex. Intenté ser buena. Intenté ser mala. Me entristecí y tuve miedo, y me harté y me sacrifiqué, y, en último extremo, me autodestruí. Al final, engañé a mi anterior marido porque no tenía agallas para decirle que deseaba irme. Lo quería demasiado para romper limpiamente, así que la pifié y jugué sucio. Pasé poco más o menos un año separándome de él después de confesarle mis escarceos sexuales, y ese tiempo fue de un dolor descomunal. No era yo contra él. Éramos los dos luchando juntos, hundidos hasta el cuello en el barrizal más viscoso. Divorciarme de él fue la decisión más espantosa que jamás he tomado.

Sin embargo, también fue la más sensata. Y no soy la única cuya vida ha mejorado gracias a eso. Él merecía el amor de una mujer que no oyera la palabra «márchate» como el susurro al oído de un fantasma desquiciado. Dejarlo fue, en cierto modo, un acto de bondad, por más que, en su momento, no lo pareciera.

Solo cuando ya llevaba unos años casada con el señor Sugar comprendí realmente mi primer matrimonio. Queriéndolo a él, he visto más claramente cómo y por qué quería a mi primer marido. Mis dos matrimonios no son muy distintos, si bien en el segundo hay una especie de pegamento mágico que no estaba presente en el primero. El señor Sugar y mi ex no se conocen, pero estoy segura de que si llegaran a conocerse se llevarían de maravilla. Los dos son buenos hombres con corazones benévolos y almas delicadas. Los dos comparten mi pasión por los libros, la vida al aire libre y una ideología izquierdista; los dos son artistas en activo en distintos campos. Discuto con el señor Sugar más o menos tanto como discutía con mi anterior marido, a una velocidad comparable, sobre temas parecidos. En los dos matrimonios ha habido pugnas y aflicciones que pocas personas conocen, y menos aún han sido capaces de advertir o comprender, tanto entonces como ahora. El señor Sugar y yo también hemos estado hundidos hasta el cuello en el barrizal más viscoso. La única diferencia es que cada vez que he estado ahí con él, yo no luchaba por mi libertad, ni él por la suya. En nuestros casi dieciséis años juntos, ni una sola vez se me ha pasado por la cabeza la palabra «márchate». Solo he luchado más ferozmente para salir, sucia pero más fuerte, con él.

Con mi exmarido no quería quedarme, en el fondo no, pese

175

a que una gran parte de mí sí que quería. Y si algo pienso con total convicción es que es imposible fingir lo que una siente en el fondo. Al final, la verdad que vive ahí dentro sale a la luz. Es un dios al que debemos obedecer, una fuerza que nos obliga a postrarnos inevitablemente. Así pues, no puedo más que haceros a las tres la misma pregunta: ¿lo haréis más adelante o lo haréis ahora?

Un saludo,

SUGAR

Demasiada pintura

*Q*uerida Sugar:

Hasta hace unos meses, mi vida sentimental fue siempre un poco en blanco y negro. O bien tenía una relación seria y monógama, o bien líos de una sola noche o revolcones sin ataduras con amigos platónicos. Recientemente, he entrado en el extraño y mágico mundo de las relaciones informales no monógamas. He conocido a unos cuantos hombres con quienes me encuentro a gusto intelectual y sexualmente. Estoy aprendiendo mucho sobre mi propia sexualidad interactuando con compañeros claramente distintos, y tengo la sensación de que por fin estoy descubriendo esa parte de mí, lo cual es increíble.

Quizá se deba a que soy nueva en este ambiente no monógamo y simplemente no me sale de manera natural (¿todavía?), pero, a veces, no puedo evitar sentirme totalmente abrumada por la perspectiva de andar haciendo malabarismos con unos y otros. Una semana salí con «Bill» el lunes, vi a «Jack» el martes, y el miércoles tuve un encuentro sin ataduras con un ex convertido en amigo. Fue una maravilla follar tres noches consecutivas, pero follar con tres tíos distintos fue mareante.

No quiero tener relaciones sexuales anónimas y/o completamente intrascendentes, pero ahora mismo tampoco deseo centrarme en un solo tío y mantener una relación seria. ¿Cómo puedo surcar estas nuevas aguas sin acabar con una crisis nerviosa? ¿Estoy obligada a decir a esos tíos que no son los únicos con los que me acuesto?

MALABARISTA DE HOMBRES

Querida Malabarista de Hombres:

Primero contestaré a la pregunta fácil: sí, estás obligada a decir a los hombres con los que te acuestas regularmente que no te acuestas solo con ellos. No hay excepciones a esta regla. Jamás. Para nadie. Bajo ninguna circunstancia. La gente tiene derecho a saber si las personas con quienes folla están follando también con otras. Solo así la gente que folla con personas que follan con otras personas puede tomar decisiones emocionalmente saludables sobre sus vidas. Es juego limpio. Es lo correcto. Es lo honrado. Y es un principio básico del Código Ético de Amor al Prójimo y Amor por Uno Mismo de Sugar, al que ha llegado con grandes esfuerzos y a base de equivocarse siempre la primera vez.

Además, parece que, en tu caso, dar esa noticia va a ser muy fácil, Malabarista de Hombres. Por lo que veo, los hombres de tu actual plantilla de amantes ya saben que no te acuestas exclusivamente con ellos. (Y, sin embargo, si todos lo supieran, ¿por qué habrías de hacerme esa pregunta?) Más vale que no tardes demasiado en dejarlo caer. No tienes que entrar en detalles ni ponerte trascendente o hacer caídas de ojos, en plan «Esto…, tenemos que hablar». Basta con que digas: «Eh ____ , (Bill / ex convertido en amigo / nuevo compañero de revolcones que he encontrado desde que escribí mi pregunta a Sugar), esto ha sido tope divertido y quiero que sepas que estoy saliendo con otros».

Luego sonríe. Solo un poco. Y quizá desliza tu mano muy delicadamente por ese masculino brazo peludo y musculoso de ensueño.

Vale. Veamos. En cuanto a tu pregunta sobre cómo surcar las aguas del «extraño y mágico mundo de las relaciones informales no monógamas», creo que es magnífico que te lo pases bien acostándote con personas que te gustan, que son para ti estimulantes desde un punto de vista sexual e intelectual, pero con quienes no mantienes una relación afectiva. Y no menos magnífico es que esta nueva (y probablemente pasajera) época de tu vida sexual te ayude a descubrir un lado de ti hasta ahora inexplorado. Así que todo eso es una pasada, ¿vale? Lo que ya no está tan bien es que te sientas «abrumada por la perspectiva de andar haciendo malabarismos con unos y otros».

El encanto de tu situación, Malabarista de Hombres, es que no tienes por qué hacer malabarismos. El hecho de que puedas follar con un hombre distinto cada semana no significa que debas hacerlo. Uno de los principios básicos de toda forma artística tiene que ver no con lo que está ahí —la música, las palabras, el movimiento, el diálogo, la pintura—, sino con lo que no está. En las artes visuales se denomina a eso «espacio negativo»: los huecos en blanco en torno a los objetos y entre ellos, que son, naturalmente, tan esenciales como los propios objetos. El espacio negativo nos permite ver el espacio no negativo en todo su esplendor y oscuridad, con su color, su misterio y su luz. Lo que no está da significado a lo que está. Imagínalo.

¿Relaciones sexuales con tres hombres distintos en tres noches consecutivas? Eso es demasiada pintura. No vuelvas a hacerlo. No porque yo lo diga, sino porque «me lo has dicho tú» al utilizar las expresiones «mareante» y «crisis de nervios» en alusión a esa sucesión de tres días. Escúchate a ti misma. Y pásatelo bien.

Un saludo,

SUGAR

179

Minúsculas revoluciones

Querida Sugar:

Soy una mujer cincuentona. Suelo leer tu columna y creo que mi pregunta es prosaica, pero, de todos modos, te pido humildemente consejo y apoyo ahora que me encuentro en medio de tanto dolor.

Después de un par de décadas de matrimonio, mi marido y yo vamos a separarnos. Lo llevo con tranquilidad, ya que pienso que mi matrimonio, en esencia, murió hace ya un tiempo. Mi marido nunca ha sido muy expresivo, ni emocional ni físicamente. Llevo muchos años sintiendo una soledad espantosa. Por más que intentaba obtener de él lo que necesitaba, no cambiaba nada. Tardé mucho en llegar a la convicción de que merecía más y en dar un paso en dirección a esa posibilidad.

El futuro me aterroriza, claro está, pero, al mismo tiempo, me resulta de lo más estimulante. Quiero crear más relaciones afectivas en mi vida, tanto en forma de amistad como de amor. Quiero y necesito contactos afectuosos, palabras afectuosas. Y, al mismo tiempo, me aterroriza la posibilidad de no sentir nunca el contacto tierno de un hombre. Ayer, mientras un amigo me hablaba de un momento de maravillosa intimidad con su pareja, temí no disfrutar de eso nunca en la vida.

Me preocupa el sexo. Hace mucho tiempo que no estoy con otro hombre. En mi matrimonio, el sexo fue rutinario y poco inspirador. En un momento dado, le dije a mi marido que quería tener relaciones sexuales más a menudo, y a la noche siguiente bromeó con el tema. Y temo no ser muy «buena» en eso. Con mi marido tenía orgasmos con regularidad, así que ese no es el problema. Nos escondimos detrás de lo que nos iba bien hasta que empezó a ser aburrido. Durante años, imaginé un sexo vigoroso y aventurero; sin embargo, permitía que la rutina prosiguiera. Me da miedo conocer a un hombre con el que sintonice y que luego, cuando nos acostemos, yo no sea buena en la cama.

Necesito ayuda. ¿Cómo se hace para cambiar eso antes de que sea demasiado tarde?

Y, por otro lado, está la cuestión del cuerpo. Vestida estoy presentable. Sin ropa, mi cuerpo revela un historial de aumentos y pérdidas de peso considerables. Me gusta perder peso, pero desnuda me cuelga todo y me avergüenzo de mi cuerpo. Intento imaginar cuál será mi actitud sexual en medio de tantas inseguridades a ese respecto. La cirugía es cara y no está a mi alcance. Mi médico dice que, si no me opero, la piel no recuperará la tersura de antes. Me imagino poniendo en práctica estrategias para que no se me vea, pero sé que probablemente no serviría de nada, y también temo la reacción de mi posible amante. No quiero esconderme detrás de mis miedos. Y, sin embargo, me aterra mostrarme. Sé que no puedes hacer milagros, Sugar. Pero me siento muy sola en mi miedo.

¿Hay hombres de mi edad que salgan con mujeres de mi edad y acepten un cuerpo así? Sé que, en realidad, no tienes la respuesta, pero te lo pregunto de todos modos. Desde un punto de vista emocional, soy muy valiente. Sexualmente, y sintiéndome vulnerable por mi cuerpo, no lo soy tanto, pero quiero serlo. Y, por supuesto, me aterroriza en igual medida no tener nunca la oportunidad de expresarme y afrontar ese desafío. Te pido ayuda.

Firmado,

CARENTE

*Q*uerida Carente:

Cuando mi hija tenía cinco años, me oyó quejarme al señor Sugar de que era una bestia gorda y fea a la que todo le quedaba mal. Sorprendida, preguntó: «¿Eres una bestia gorda y fea a la que todo le queda mal?».

«¡No! ¡Era una broma!», exclamé con falsa alegría. Acto seguido, en atención a la futura autoestima de mi hija, pasé a fingir que no me consideraba una bestia gorda y fea a la que todo le quedaba mal.

Mi impulso es hacer lo mismo contigo, Carente. Para protegerte de una realidad más complicada, quiero fingir que las mujeres de carnes colgantes y de cierta edad despiertan el deseo de legiones de hombres por su belleza original y madura. «¡La apariencia no importa!», quiero exclamar en un tono alocado y enardecedor. No sería mentira. La apariencia, en realidad, no importa. Tú lo sabes. Yo lo sé. Todos los encantadores lectores del mundo de Sugar se pondrían en pie y corroborarían esta afirmación.

Pero…, así y todo…, sabemos que no es del todo verdad.

La apariencia nos importa a casi todos. Y, lamentablemente, a las mujeres les importa a niveles bastante deprimentes, sea cual sea su edad, su peso o lugar en ese continuo de la belleza que va desde lo despampanante hasta lo horrendo. Como prueba de ello, no necesito describir los *e-mails* en mi bandeja de entrada de mujeres con temores como los tuyos. Basta con hacer una breve descripción de casi todas las mujeres que he conocido: una legión inacabable de mujeres básicamente atractivas pero horrorizadas por la gordura, o el pecho plano, o el pelo rizado, o las formas raras, o las arrugas, o las estrías o alguna otra imperfección vistas a través de la mirada distorsionada del omnisciente e implacable dios de la belleza, aniquilador de mujeres, que ha gobernado y a veces ha condenado partes significativas de nuestras vidas.

Pero ya basta de eso. Basta de eso.

En mis respuestas, he escrito muchas veces que en la vida debemos realizar el esfuerzo de ir en la dirección en la que nos llevan nuestros deseos, por difícil que sea. He aconsejado a la gente que fije límites saludables y se comunique conscientemente y corra riesgos y trabaje con ahínco en lo que de verdad le importa y confronte verdades contradictorias, y confíe en la voz interior que le habla con afecto y acalle la voz interior que le habla con odio. Pero la cuestión —la cuestión que muchas de nosotras olvidamos— es que esos valores y principios no solo son aplicables a nuestra vida emocional. Tenemos que vivirlos también en nuestros cuerpos.

El tuyo. El mío. Colgantes y feos, y gordos y flacos, y ajados y espantosos como son. Debemos ser tan temerarias con respecto a nuestra barriga como lo somos con nuestro corazón.

No hay atajos para esto. La respuesta a tu problema no es encontrar una manera de convencer a tu futuro amante de que te pareces a Angelina Jolie; es aceptar el hecho de que no lo eres ni lo serás (hecho, me gustaría señalar, que la propia Angelina Jolie tendrá que aceptar algún día y contra el que probablemente ya combate).

El cambio real se produce en el gesto. Consiste en que una persona haga algo de manera distinta a como lo hacía antes. Es el hombre que opta por no invitar a su madre maltratadora a su boda; la mujer que decide pasar los sábados por la mañana en una clase de dibujo en lugar de quedarse en casa restregando váteres; el escritor que no sucumbe a la envidia; el padre que respira hondo en lugar de tirar un plato. Somos tú y yo, que nos quedamos desnudas ante nuestros amantes, aunque al hacerlo nos sintamos un tanto avergonzadas en el peor sentido posible. El trabajo es ese. Está en nuestras manos. Llevarlo a cabo nos dará fuerza y claridad. Nos acercará a quien tenemos la esperanza de ser.

No tienes por qué ser joven. No tienes por qué ser delgada. No tienes por qué ser *sexy* en el sentido que se le ha dado a esa palabra desde una mentalidad estúpidamente estrecha. No tienes por qué tener la piel tersa o el culo prieto, o un par de tetas eternamente turgentes.

Debes encontrar la manera de habitar tu cuerpo mientras haces realidad tus deseos más profundos. Tienes que atreverte a construir la intimidad que mereces. Tienes que quitarte la ropa y decir: «Aquí estoy».

183

Hay tantas minúsculas revoluciones en una vida, un millón de maneras en que debemos dar vueltas en torno a nosotros mismos para madurar, cambiar y estar bien. Y quizás el cuerpo es nuestra última frontera. Es el único sitio que no podemos abandonar. Estamos en él hasta que se va. La mayoría de las mujeres, y algunos hombres, se pasan la vida intentando alterarlo, ocultarlo, embellecerlo, convertirlo en lo que no es o disimular lo que es. Pero ¿y si no lo hiciéramos?

Esa es la pregunta a la que debes contestar, Carente. Eso es lo que hará que se cumplan tus deseos más profundos. La pregunta no es: «¿Me aceptarán mis contemporáneos varones viejos y colgantes y amarán a la vieja y colgante que soy yo?». Sino más bien: «¿Qué hay al otro lado de la minúscula y gigantesca revolución en la que paso de aborrecer mi propia piel a quererla?». ¿Qué fruto daría esa liberación en particular?

No lo sabemos, como cultura, cómo genero, como individuos, tú y yo. El hecho de que no lo sepamos es el verdadero fracaso del feminismo. Reclamamos la acción, nos concedimos la autoridad, recibimos los elogios, pero nunca dejamos de preocuparnos por cómo se nos veía el culo con vaqueros. Para esto hay muchas razones, un buen puñado de Grandes Factores Sexistas a los que Podemos Culpar con Toda la Razón. Pero, en último extremo, como con cualquier otra cosa, el cambio está en nuestras manos.

La cultura no va a darte permiso para tener un «sexo vigoroso y aventurero» con tu cuerpo colgante y avejentado, así que vas a necesitar la valentía necesaria para apoderarte de esa clase de sexo por tu cuenta. Para eso necesitarás valor, Carente, pero el valor es una parte vital de cualquier vida bien vivida. Entiendo las razones de tus temores. No pretendo restar importancia a la enormidad de lo que ha acabado recientemente y lo que está a punto de empezar, pero sí quiero decirte muy claramente que este no es el momento de encogerse entre la maleza de tus inseguridades. Te has ganado el derecho a crecer. Tendrás que cargar tú misma con el agua.

Así pues, hablemos de hombres. Muchos de ellos no te tendrán en cuenta como amante porque quieren a alguien más joven y de carne más firme, pero no todos. A algunos les encantará conocer a una mujer justo igual que tú. Las personas más sexis que conozco —sexy en un sentido no culturalmente aprobado: el viejo, el gordo, el que tiene aptitudes distintas, la posparturienta— tienen una manera maravillosa de mostrar quiénes son, a las claras, y te sugiero que adoptes ese enfoque. En vez de intentar disimular los aspectos de tu cuerpo que te incomodan, ¿qué tal si los sacas a la luz desde el primer momento, antes de entrar en el dormitorio e intentar meterte entre las sábanas inadvertidamente, en pleno ataque de pánico? ¿Qué pasaría si le dijeras al Señor con el que Estoy a Punto de Hacérmelo: «Me siento muy cohibida con mis carnes colgantes y no estoy muy segura de si sé ya cómo tener una buena relación sexual, porque me he pasado incontables años atascada en una rutina aburrida con mi ex»?

Por mi experiencia, revelaciones como esta ayudan. Aflojan el nudo de los propios miedos. Llevan la intimidad a un espacio más vulnerable. Y tienen la espectacular ventaja de sacar a la luz con toda precisión cómo es la persona con la que uno está a punto de acostarse. ¿Se ríe y dice que te considera preciosa, así que mejor que te calles? ¿O se aclara la garganta y te da los datos de contacto del cirujano plástico de su exmujer? ¿Admite sus propias inseguridades o te alecciona molestamente sobre las tuyas? ¿Es el individuo con quien de verdad quieres compartir tu cuerpo o mejor es que te marches antes de que las cosas empeoren?

Sé que, como mujeres, nos están chamuscando constantemente con el implacable soplete de la belleza porno/*hollywoodense*, pero en mi vida real he descubierto que los hombres dignos de follarse tienen una actitud mucho más benévola ante el cuerpo femenino en sus diversas formas de lo que generalmente se reconoce. «Desnuda y sonriente» es el único requisito que exige un amigo mío a una amante. Quizá sea porque los hombres son personas con cuerpo lleno de temores, inseguridades y carencias propias. Busca a uno de esos. Uno que te haga pensar, reír y correrte. Invítalo a entrar en la minúscula revolución de tu hermoso mundo nuevo.

Un saludo,

SUGAR

No lo suficiente

Querida Sugar:

El año pasado conocí a un hombre maravilloso, pese a que admito que aún tiene que madurar (tiene veinticuatro años). Nos llevamos bien, tenemos un sentido del humor parecido y el sexo es fantástico. Después de nueve meses, todavía siento un cosquilleo en las entrañas cuando lo veo. Nuestra relación empezó de manera informal, pero, con el tiempo, fuimos conociéndonos y empezamos a tratarnos con toda naturalidad. Podemos cocinar juntos y tontear, e ir de aventuras y leernos, y hacer el amor en el suelo y luego preparar un pastel y comérnoslo en la cama. Al principio, no me importaba que no fuéramos monógamos, pero, en cuanto nuestra relación se convirtió en algo más serio, quise un compromiso. Hablamos y me dijo que acostarse con una sola persona podía llegar a ser aburrido, pero que yo le gusto mucho, o de lo contrario no pasaría tanto tiempo conmigo. Añadió que temía que yo lo cambiara de alguna manera, que lo convirtiera en una persona que no es.

Entonces no lo comprendí y sigo sin comprenderlo. ¿Acaso soy obtusa? ¿Es que le gusto pero no lo suficiente como para decir que solo le gusto yo? Quizá sea así de sencillo.

Seguimos viéndonos bastante a menudo, solo que ahora sin sexo. Lo aprecio, pero no sé si es una tontería por mi parte mantener la relación para ver adónde lleva. ¿Estoy torturándome al conservarlo como parte de mi vida?

Con mis mejores deseos,

NECESITADA DE ORIENTACIÓN

*Q*uerida Necesitada de Orientación:

Recibo muchas cartas como la tuya. En su mayoría, muy extensas, se describen toda clase situaciones y comunicaciones exasperantes con detalles desconcertantes, pero en esencia todas plantean la misma pregunta: «¿Puedo convencer a la persona por la que estoy loca de que esté loca por mí?».

La respuesta corta es no.

La respuesta larga es no.

La respuesta triste pero firme y veraz es la que tú ya te has dado: tú le gustas a ese hombre, pero no como él te gusta a ti, es decir, no lo suficiente.

Ahora, pues, debes decidir qué quieres hacer al respecto. ¿Eres capaz de ser amiga, o incluso amante esporádica, de ese hombre que no está tan loco por ti como tú lo estás por él sin sentirte:

a) mal contigo misma,
b) molesta con él, o
c) como si siempre desearas más?

Si la respuesta no es «sí» en los tres casos, te sugiero que des un respiro a esa amistad, aunque sea solo durante el tiempo que te lleve superarlo. Hay muchas cosas con las que atormentarse, encanto. Muchas cosas con las que atormentarse en esta vida. No permitas que un hombre que no te quiere sea una de ellas.

Un saludo,

SUGAR

El «no» es una palabra sagrada

*Q*uerida Sugar:

Te escribo con la mitad de la respuesta ya en el corazón. Me ha parecido que debía decirlo ya de entrada, dado que, según la sabiduría popular, sea cual sea el consejo que recibe una persona confusa, esta siempre acaba actuando conforme a su propio criterio. Mi pregunta hace referencia a mi inminente boda, que mi prometido y yo planeamos celebrar en casa de su padre en Europa. Como yo soy estadounidense, mis invitados serán muchos menos y tengo que pensar más detenidamente a quién invitar.

A mis treinta años, tengo la sensación de que he llegado a un punto en la vida en que estoy haciendo todo lo necesario para seguir mi camino sin olvidar el pasado. Llevo un año en terapia, intentando asumir una infancia llena de todos los habituales escollos que llevan a los niños a convertirse en adultos amargados y emocionalmente trastornados. El alcoholismo, la drogadicción, los malos tratos físicos y emocionales, junto con una madre a quien yo, desde los cinco años, debía asegurar que mi padre no había muerto en un accidente en alguna carretera oscura: todo ello fue la causa de que viviera la mayor parte de la tercera década de mi vida en la precaria cuerda floja entre una vida responsable y una desastrosa caída libre.

Pero tuve suerte. Me alejé de mi familia y me fui a vivir a otro país. Encontré el perdón dentro de mí para restablecer la relación con mi madre. Reuní el valor para alcanzar lo que considero «normalidad». La gente subestima la importancia de la normalidad. Normalidad significa que nadie se grita, se pelea o se insulta. Normalidad significa que no me quedo llorando en mi habitación. Normalidad significa que las Navidades y otras celebraciones familiares son motivo de alegría. Normalidad significa, para algunas personas, casarse.

Y, por tanto, aquí estoy, a punto de ser la esposa de un hombre sincero y sensible con una familia muy normal que va a conocer a los miembros de mi familia disfuncional, fracturada, y todavía muy poco consciente de ello. La perspectiva me aterroriza.

Sin embargo, lo que más miedo me da es mi padre, la persona que ha sido el origen de la mayor parte de mi dolor en la infancia. Me debato entre si invitarlo o no a mi boda.

Después de muchos años sin comunicarnos, mi padre, pese a sus muchos muchos muchos defectos, hace poco ha encontrado la manera de reincorporarse a mi vida. Forma una parte importante de la vida de mi hermano menor. Y ahora mi prometido quiere incluirlo en nuestra boda. La última vez que vi a mi padre estaba totalmente colocado y borracho. Tenía que llevarnos en coche a mi hermano y a mí a la estación de tren (y no lo hizo).

Así pues, tengo un conflicto. No espero que el día de mi boda sea perfecto. Parte de mí siente que, pese a que la situación podría ser dramática, quizás esta sea la oportunidad de dar cabida a mi padre en una parte importante de mi vida, y acaso eso tuviera un efecto sanador para él, o incluso, en cierta medida, catártico. Pero, de pronto, imagino la cara de mi madre cuando mi padre haya bebido unas copas de más, y a la familia de mi prometido presenciando, horrorizada, la escena. (Mi padre no es uno de esos borrachos simpáticos y graciosos.)

Quiero pasar la proverbial página, pero tengo la

189

mano paralizada, incapaz de tomar una decisión. Lo más fácil sería no invitarlo, sin más, no correr el riesgo, para no tener que estar nerviosa en «nuestro día». Pero yo nunca he elegido la solución más fácil. ¡Ayúdame, por favor!

HIJA CON CONFLICTOS PATERNOS
(QUIZÁ) CADUCADOS

*Q*uerida Hija:

Cada vez que leo tu carta, salta en mi cabeza una atroz y chirriante alarma. Te ruego que no invites a tu padre a la boda. Ni una sola palabra en tu carta me indica que quieras o debas.

Abordemos primero lo de tu prometido, ya que es él —¡no tú!— quien querría incluir a tu padre en la lista de invitados. Supongo que lo propuso con la mejor de las intenciones, impulsado sin duda por las imágenes *hollywoodenses* de profundas revelaciones y conmovedores reencuentros suscitados por la magia de ese día tan especial. Pero ¿sabes qué te digo? Su opinión no pinta nada en este asunto. La decisión de invitar a tu padre no le corresponde a él, ni remotamente. Su propuesta me da a entender que no tiene ni una remota idea del alcance de tu historial familiar, ni la menor noción de cómo es tu padre, tan profundamente disfuncional. Te sugiero que mantengas una conversación a fondo sobre estos temas, cuanto antes. Por ejemplo, ¡ahora mismo!

Te felicito por el esfuerzo de asimilar tu infancia. Sé lo doloroso que es eso, y sé que tu vida es mucho más rica por haberlo hecho. Pero, seguramente, ya sabes que perdonar no significa permitir que el pisotón perdonado se repita. Perdonar significa que has encontrado una manera de seguir adelante, un modo en el que reconoces el daño causado y el dolor sufrido, sin permitir que tu ira o tu dolor gobiernen tu vida o definan tu relación con la persona que te agravió. A veces, las personas a quienes perdonamos cambian de comportamiento hasta el punto de que, con el tiempo, podemos estar tan unidos a ellas como lo estábamos antes (o incluso más). A veces, las personas a quienes perdonamos siguen siendo los capullos que siempre han sido, y los aceptamos a la vez que los mantenemos aproximadamente a cinco mil kilómetros de distancia de nuestros banquetes de boda.

Me da la impresión de que tu padre encaja en la segunda categoría.

Eso significa que te conviene ser cauta. Si las palabras «amor», «luz», «aceptación» y «perdón» están escritas en una cara de la moneda que te has ganado creando la hermosa vida que ahora tienes, después de una mala infancia, la otra cara de la moneda lleva escrito un «no».

El «no» es una palabra sagrada. El «no» es la clase de poder que tiene el hada buena. Es la manera en que personas equilibradas, sanas y emocionalmente maduras consiguen mantener relaciones con capullos, a la vez que limitan la cantidad de capullos en su vida.

Hablo, claro está, de límites. Hablo de contemplar con ecuanimidad al hombre «que ha sido el origen de la mayor parte del dolor» y tomar una decisión bien fundada sobre un acontecimiento importante de tu vida en el que debes situarte tú como centro, y poner tus necesidades y tus deseos en primer plano. En realidad, si te paras a pensarlo, está muy claro, ¿no crees? Tu padre te agravió de niña. Te ha agraviado siendo ya una mujer adulta. Y, muy probablemente, te agraviará el día de tu boda si es que se lo permites.

191

Eso no es porque no te quiera. Pero el afecto no convierte a un borracho malévolo en algo distinto de un borracho malévolo, ni a un narcisista en algo distinto de un narcisista, ni a un capullo en algo distinto de un capullo. En tu boda, tu padre se comportará, muy probablemente, tal como se ha comportado desde que lo conoces. Pero es que incluso si no lo hiciera, ¿qué es lo mejor que podría pasar? ¿Que estés todo el día de tu boda preocupada por la posibilidad de que tu padre haga el ridículo, te humille, enfurezca a tu madre y aleje a tu familia política, aunque al final eso no ocurra? ¿Te parece divertido? ¿Es lo que esperas? ¿Es lo que quieres?

Claro que no. Tú quieres que tu padre sea un príncipe. Y, si eso no es posible, quieres que al menos sea un ser humano decente. Quieres, nada menos, que «tu gran día» sea más grande que la miserable choza de mierda en la que él ha vivido toda su vida. Lo sé. Entiendo tu dolor. Cuando pienso en mi propio padre durante más de cinco segundos seguidos, siento aún pena por él, hasta la mismísima punta de los dedos de los pies. Pero, niña mía, tu padre no va a hacer nada que tú quieras que haga porque tú quieras que lo haga. ¡Nada de nada! Simplemente, no te ha tocado esa clase de padre. Te ha tocado uno de esos padres que solo hará lo que pueda.

El hecho de que te hayas presentado ante su choza de mierda y hayas llamado a la puerta es un acto noble. La fuerza y la fe que has reunido para reparar tu relación con tu padre iluminarán tu vida, más allá de lo que ocurra entre vosotros dos. Eso es magnífico, Hija. Ha sido creado íntegramente por tu arrojo y tu dignidad. Eso es algo que te pertenece. Que sea lo que te oriente cuando hables con tu padre acerca de la razón por la que no lo invitas a tu boda. Escribiste que no invitarlo es «lo más fácil», pero te animo a convertirlo en lo más difícil. Utiliza tu decisión como oportunidad para mantener una conversación franca con él sobre cómo incide su comportamiento en ti y en tu capacidad para permitirle entrar de nuevo en tu vida realmente.

Si tu padre es un hombre digno de tu afecto, que puede ser cada vez más profundo, respetará tu decisión, aunque hieras sus sentimientos. Comprenderá que su exclusión no es un castigo, sino más bien una consecuencia de toda una vida de ser un mal padre, de no haberse portado bien. Te dirá que él puede celebrar tu boda de otras maneras y encontrará el modo de hacerlo.

Si tu padre es un hombre digno de tu afecto, cada vez más profundo, tendrá un arrebato. Te echará en cara sus fracasos. Te dirá que eres egoísta y malvada. Posiblemente, te excluirá de su vida. O quizá no signifique nada para él que su conducta sea tan deplorable que su hija haya optado por no invitarlo a su boda. Quizá, simplemente, lo deje pasar, como tantas otras cosas.

Pero ¿sabes qué te digo? Al margen de lo que haga, algo es seguro: no te echará a perder el día de la boda. Que, en realidad, debería ser perfecto. O tan perfecto como pueda ser. Y, por difícil y triste que resulte, solo a ti te corresponde conseguirlo, como te corresponde alcanzar una vida perfecta.

Sé que así será, querida. Ni siquiera necesito una invitación para verlo.

Un saludo,

SUGAR

El amor romántico no es
un deporte de competición

Querida Sugar:

Soy una mujer de veinticinco años que empezó a salir con un hombre maravilloso hace un par de meses. Es inteligente, bondadoso, divertido y, desde luego, me va. Me hace muy feliz haberlo conocido, y más aún gustarle tanto como él me gusta a mí. Nuestra vida sexual es estupenda, pero mi hombre tiene la mala costumbre de mencionar experiencias sexuales del pasado. No entra en detalles, y no creo que sea consciente de que sus historias me molestan. Creo que confía en mí sinceramente, y solo quiere hablar sobre esas cosas.

Hace poco empezó a contarme que una vez estuvo en una orgía. Yo lo interrumpí y dije: «Lo siento, pero no quiero saber nada de eso». A él no le sentó mal, y respetó mi petición, pero ahora esa imagen flota en mi cabeza. Incesantemente. Me obsesiona. No dejo de imaginar cómo fue aquello, qué hizo él, cómo eran las mujeres, y me pone enferma: enferma de celos. Enferma de inseguridad. Enferma de miedo. Me intimida, me saca de quicio.

No me preocupa que vaya a engañarme participando en una orgía, pero sí me preocupa que quizá yo no baste para satisfacerlo. No sé qué hacer. Esta imagen sigue en mi cabeza —al igual que otras—, pero no sé si hablar con él sobre el tema (es decir, averiguar más detalles, en los que regodeará mi cabecita imaginativa de maneras potencialmente horrendas) servirá de algo o solo empeorará las cosas.

¿Es eso algo que, dejándolo correr, al final acabaré viendo como una parte natural de su pasado sexual sano o necesito explicarle cómo me siento al respecto, arriesgándome a quedar como una mujer irracional, insegura y celosa que no confía en él, y posiblemente alejándolo de mí? Y si tengo que hablar con él sobre esto, ¿cómo hago para no avivar el fuego devastador que arde ya en mi cabeza?

Con todo mi afecto,

OBSESIONADA CON EL PASADO SEXUAL DE ÉL

Querida Obsesionada con el Pasado Sexual de Él:

Mmm, veamos. Tu novio es:

1. Maravilloso.
2. Muy inteligente.
3. Bondadoso.
4. Divertido.
5. Magnífico en la cama.
6. Tan interesado en ti como tú lo estás en él.
7. Confiado.
8. Digno de confianza.
9. Respetuoso.
10. Dispuesto a hablar íntimamente contigo sobre su vida.

¿Voy a tener que quitarme los guantes de seda y abofetearte con ellos?

Tú no estás obsesionada con el pasado sexual de tu novio. Tú estás obsesionada con tus sentimientos irracionales, tus inseguridades y tus celos; si sigues comportándote así, acabarás alejando a tu amante.

No quiero ser dura contigo, querida. Te hablo a las claras porque deseo ayudarte y porque tengo claro que eres muy buena gente. Sé que sienta como un tiro oír que el problema eres tú, pero también es lo mejor que puede pasar. Al fin y al cabo, eres la única persona a quien puedes cambiar.

Desmantelemos, pues, tu manía.

Dices que conocer las experiencias sexuales de tu amante en el pasado te despierta celos e inseguridades, y el temor de que tú no «no bastes para satisfacerlo». *¿De verdad?* Una cosa sobre el amor —sobre todo, el amor libre, sin restricciones y sin compromisos como el que, según parece, disfrutáis tu hombre y tú— es que la gente hace, en gran medida, lo que quiere hacer. Si tú no bastaras para satisfacerlo, lo sabrías enseguida: él no estaría contigo. El hecho de que sí esté significa que le gustas. Y mucho. Y no quiere estar con todas las demás mujeres con las que ha follado. O al menos no tanto.

Contrariamente a lo que te harían creer las franquicias televisivas de solteros y todo ese complejo industrial de Hollywood que tan perjudicial es para el espíritu, el amor romántico no es un deporte de competición. Algunas de las mujeres que tu novio se tiraba antes tienen el culo más bonito que el tuyo. Algunas son más listas o más divertidas, o más gordas, o más generosas, o más complicadas que tú. No pasa nada. Eso no tiene nada que ver contigo. No rivalizas con esas mujeres. Corres tu propia carrera. Las personas no nos molan o dejan de molarnos según un gráfico comparativo de medidas corporales, logros intelectuales y rasgos de personalidad peculiares. Nos molan porque nos molan. En cuanto a ese tío, tu amante, vida mía, «tú le molas».

No lo eches a perder porque a él, en algún otro momento, le molaron también otras mujeres. ¡Claro que vas a sentir una punzada en tu interior cuando pienses en esas mujeres frotándose contra tu hombre! Eso lo entiendo. Sé lo que es. No hace mucho yo estaba en mi sótano y me tropecé con un sobre dirigido al señor Sugar; cuando lo cogí, cayeron unos siete mil pedacitos de papel brillante que, unidos, formaban una fotografía de la mujer que fue la última mujer con quien el señor Sugar tuvo relaciones sexuales, antes de estar conmigo. Y esa mujer no era una mujer cualquiera, sino una bailarina de danza moderna de una flexibilidad inimaginable, su cuerpo tan prieto, su piel tan tersa y su silueta tan estilizada que a su lado yo podría haber sido un muñeco de pan de jengibre. Y esos siete mil pedazos no eran el resultado de que el señor Sugar hubiese roto la fotografía porque no quería ver la imagen de la última mujer con la que tuvo relaciones sexuales que no era yo. No. Eso era un rompecabezas amoroso que ella hizo para él: lo sé porque también leí la tarjeta adjunta, que en esencia rezaba: «Ven a por mí, Tigre».

Así pues, naturalmente, me quedé allí entre las telarañas y la pelusa, y junté las siete mil piezas, hasta que ella apareció, esculpida y deslumbrante, en todo su esplendor ajeno a Sugar.

Me sentí como si me hubieran dado una puñalada en el estómago.

Sin embargo, ahí acabó la cosa. Para cuando tuve las siete mil piezas de esa mujer en las palmas de mis manos y las devolví al lugar que les correspondía en el sobre, esa sensación era solo un pequeño puñetazo. Ese mismo día fui a pasear con el señor Sugar y le conté lo que había encontrado y nos reímos un poco; a pesar de que yo ya conocía la historia de la mujer que estaba dividida en siete mil pedacitos, volví a preguntarle por ella, qué fue lo que lo atrajo, qué hicieron juntos y por qué hizo con ella lo que hizo. Cuando acabamos de hablar, yo ya no sentía nada en las tripas. Solo me sentía más cerca de él.

Me sentí así porque «estábamos» más cerca. No porque yo entendiera mejor a la mujer comparada con la cual yo soy como un muñeco de jengibre, sino porque entendí mejor el sanctasanctórum interior del señor Sugar. Esa hoguera de celos que arde dentro de ti, Obsesionada —la que interviene cuando tu hombre intenta compartir contigo historias de su pasado sexual—, te impide estar cerca de él. Las mujeres a las que tu amante conoció y amó, y con las que folló y tuvo orgías desenfrenadas antes de aparecer tú, son piezas de su vida. Él quiere hablarte de ellas porque desea profundizar en la relación contigo, compartir cosas sobre sí mismo que no comparte con muchas otras personas.

A eso se llama intimidad. A eso se llama «pues sí, joder». Cuando la gente hace eso con nosotros, es un honor. Y cuando la gente que hace eso con nosotros también es, casualmente, la

197

gente de quien nos estamos enamorando, nos da acceso a una órbita en la que solo hay cabida para dos.

¿Verdad que eso mola? Sí. Mola de verdad, guapa. Es gratitud lo que deberías sentir, en lugar de celos, inseguridad y miedo, cuando tu amante comparta historias de su vida contigo. Te animo a buscar esa gratitud. Está situada un poco más allá del «fuego devastador» que arde en tu cabeza. No me cabe duda de que, si te esfuerzas un poco, la alcanzarás.

Te ruego que leas en voz alta a tu novio la carta que me escribiste. Te dará vergüenza, pero hazlo igualmente. Explícale cómo te sientes, sin responsabilizarlo a él de tus sentimientos. Pregúntale por qué te cuenta anécdotas de su pasado sexual. Pregúntale si a él le gustaría oírte hablar a ti de tus propias experiencias sexuales. Después, por turno, contaos el uno al otro una anécdota que os haga sentiros a los dos como si os hubieran dado una puñalada en el estómago.

Déjate destripar. Déjate abrir. Empieza por ahí.

Un saludo,

SUGAR

Una vida a lo grande

Querida Sugar:

Mi pregunta no tiene que ver con el amor o el sexo, sino con la identidad y la lucha por conseguir la mejor calidad de vida posible. Yo, como muchos otros estadounidenses, paso apuros económicos. Los préstamos estudiantiles son una carga continua en mi cabeza, la causa de casi todo el estrés de mi vida.

Mis padres tuvieron la gentileza de avalar mis préstamos estudiantiles; sin embargo, ahora me obligan a consolidarlos para aliviarlos de esa obligación. Aunque me doy cuenta de que es más por necesidad que por mala voluntad, supone un gran impacto en mi situación económica, ya precaria, y también en mi sueño de hacer un posgrado. Estoy muy enfadada con mis padres por meterme en este apuro, en lugar de apoyarme para conseguir un título que me permita acceder al trabajo con el que sueño, y me siento egoísta por ello.

Mi relación con mis padres siempre se ha tambaleado, hasta el punto de que al final he entendido que nunca recibiré apoyo emocional de ellos. Agradezco que hayan podido ayudarme a obtener la licenciatura. Sin embargo, nunca he mantenido una relación estrecha con mis padres y, a menudo, desconfío de sus intenciones. Nuestras conversaciones telefónicas se centran totalmente en los préstamos estudiantiles, y no en mí como persona.

Procuro no sentirme siempre definida por los préstamos estudiantiles. Sé que mi formación, mis préstamos estudiantiles y mi ocupación me definirán, en cierta medida. Sin embargo, yo soy algo más que mi trabajo y todas esas cosas juntas. Soy una mujer de veinticinco años que se esfuerza por tener la mejor calidad de vida a su alcance y ser una persona lo mejor posible. Pero con mucha frecuencia me veo definida por mi identidad de «estudiante con préstamos». Lo tengo *in mente* cuando cojo una cerveza, compro ropa y, en general, vivo mi vida. No gasto demasiado y siempre he administrado el dinero con cuidado. Sin embargo, esta situación va más allá de administrar el dinero con cuidado.

Siempre he aspirado a mantener una actitud positiva ante la vida. Hace unos años caí en un pozo negro y profundo, y he conseguido salir de él lentamente. Cambié por pura fuerza de voluntad lo que no me gustaba de mi vida. No fue un proceso nada fácil, pero, al final, estoy en un punto donde puedo respirar. Aun así, las tensiones de los préstamos estudiantiles son una pesada carga, y me cuesta mantener mi visión positiva.

Sugar, me encantaría conocer tu punto de vista sobre esta situación. Ojalá mis padres me vieran como la mujer brillante que soy. Ojalá yo pudiera verme a mí misma como la joven brillante que me esfuerzo en ser y que me gustaría ser en el futuro.

Cordialmente,

DESGASTADA

*Q*uerida Desgastada:

Para mi formación universitaria, no recibí financiación alguna de mis padres (ni de ningún otro pariente, si a eso vamos). No es que mi madre o mi padrastro no quisieran ayudarme económicamente, es que no podían. Nunca se planteó siquiera la duda de si sería necesario que me valiera por mí misma en cuanto fuera posible. Debía hacerlo. Y lo hice.

A los catorce años, encontré un empleo y trabajé durante toda mi etapa en el instituto. El dinero que ganaba lo dedicaba a cosas como ropa, actividades extraescolares, un coche de segunda mano, gasolina, el seguro del coche, entradas de cine, rímel y demás. Mis padres eran extraordinariamente generosos. Compartían con mis hermanos y conmigo todo cuanto tenían. Me ofrecían un techo, me daban de comer y hacían todo lo posible por crear Navidades maravillosas. Pero, desde muy joven, si quería algo, normalmente debía pagármelo yo. Mis padres no tenían un céntimo. La mayoría de los inviernos pasábamos un par de meses tan apurados que mi madre se veía obligada a ir al banco de alimentos más cercano en busca de comida. Durante los años que duró esa campaña, mi familia recibía quesos y bolsas de leche en polvo del Gobierno federal. Durante toda mi infancia, mi seguro sanitario fue Medicaid: la cobertura para niños que viven en la pobreza.

Me marché de casa de mis padres un mes antes de cumplir los dieciocho. Con una combinación de ingresos personales, ayudas, becas y préstamos universitarios financié mi carrera de lengua y literatura inglesas, y mis estudios sobre la mujer, que todavía estoy pagando. Ahora mismo debo 4.876 dólares. A lo largo de los años he repetido a menudo, unas veces con asombro, otras con enfado, pero casi siempre con una sensación de júbilo resignado y distorsionado: «¡Estaré pagando mis préstamos estudiantiles hasta los cuarenta y tres años!».

Pero ¿sabes qué te digo? Te saludo ya a un paso de los cuarenta y tres, y los meses pasan volando. Parece más que probable que siga pagando mis préstamos estudiantiles a los cuarenta y cuatro.

¿Eso me ha arruinado la vida? ¿Me ha impedido buscar la felicidad, desarrollar mi carrera como escritora y comprar botas camperas absurdamente caras? ¿Me ha obligado a renunciar a cenas caras, viajes, champú ecológico y centros preescolares de alto nivel porque semejantes gastos eran una insensatez? ¿Me ha impedido adoptar gatos que inmediatamente requerían miles de dólares en atención veterinaria o financiar los proyectos artísticos de docenas de amigos en la web

201

Kickstarter o cargar a mi tarjeta de crédito botellas de vino de veinte dólares o hacerme alguna que otra pedicura?

Pues no.

He acarreado la carga de mi deuda estudiantil ya durante media vida, pero no me he visto «definida por mi identidad de "estudiante con préstamos"». Ni siquiera sé qué es la identidad de estudiante con préstamos. ¿Tú sí? ¿Qué es la identidad de estudiante con préstamos?

Es precisamente, supongo, el punto en el que estás atascada si no consigues ver este asunto con cierta perspectiva, encanto. Es la capa raída en la que te has envuelto, unida a una semi-verdad autocompasiva. Y no te servirá de nada de nada.

Debes dejar de compadecerte. No te juzgo; también yo necesito recordarme a menudo que no debo compadecerme a mí misma. Voy a hablarte con claridad, pero mi franqueza surge de mi compasión por ti, no del deseo de juzgarte. Nadie va a vivir tu vida por ti. Tienes que vivirla tú misma, seas rica o pobre, nades en la abundancia o no tengas dinero, seas beneficiaria de una fortuna exorbitante o víctima de una injusticia atroz. Y debes hacerlo al margen de lo que sea cierto. Al margen de lo que sea difícil. Al margen de las cosas injustas, tristes y chungas que te hayan ocurrido. La autocompasión es un callejón sin salida. Eres tú quien elige seguir por ese camino. Es cosa tuya decidir si te quedas ahí aparcada o si das media vuelta y sales.

Has salido ya al menos una vez, Desgastada. Te encontraste en un «pozo oscuro y profundo» hace un tiempo y saliste valerosamente. Tienes que volver a lograrlo. Tus préstamos estudiantiles solo te lastrarán si lo consientes. Sí, tienes que encontrar la forma de pagarlos. Sí, puedes hacerlo. Sí, es una putada. Pero es una putada que te devolverá más de lo que debes, te lo prometo.

¿Sabes qué es lo mejor de pagar tus propias facturas? Nadie puede decirte qué hacer con el dinero. Dices que tus padres no te apoyan emocionalmente. Dices que desconfías de sus intenciones. Dices que no ven a la mujer vibrante que hay en ti. Bueno, pues en cuanto firmes ese papel que los absuelve de sus obligaciones económicas con respecto a tus deudas, quedarás libre. Podrás quererlos, podrás despreciarlos, podrás elegir la clase de relación que quieres mantener con ellos, pero ya no estarás en deuda con ellos en ese sentido en concreto, ese sentido tan importante. Tendrás que rendirte cuentas solo a ti misma. Si expresan su desprecio por los empleos que tengas o por la manera en que gastas el dinero, estás en tu derecho de decirles que no es asunto suyo. A ese respecto no tienen la menor autoridad sobre ti. Ni ellos ni nadie. Eso es algo en extremo liberador.

Y también es difícil. Yo lo sé, corazón mío. De verdad, de verdad, de verdad que lo sé.

Hace muchos años me encontré con una conocida a la que llamaré Kate, unos días después de licenciarnos ambas (aunque, en mi caso, utilizo la palabra «licenciar» de manera un tanto libre; véase el capítulo «El futuro tiene un corazón antiguo»). Kate estaba con sus padres, que no solo le habían pagado toda la carrera, sino también su primer año de universidad en España, así como «oportunidades formativas» de verano que incluían prácticas sin remuneración en sitios como la revista *GQ* e inmersiones lingüísticas en Francia y fascinantes excavaciones arqueológicas en sabe Dios qué lugar extraordinariamente interesante. Mientras charlábamos en la acera, me informaron de que (a) los padres de Kate le habían regalado un coche nuevo para su graduación, y (b) Kate y su madre habían pasado el día comprando el nuevo vestuario que necesitaría ella para su primer empleo.

Y eso que no tenía empleo. Buscaba trabajo mientras vivía del dinero de sus padres, claro. Enviaba su extraordinario currículo con nombres de países extranjeros y revistas de postín a sitios que eran, sin duda, igual de extraordinarios, y yo, sin saberlo, sabía que el resultado de eso sería algo sencillamente extraordinario.

A duras penas conseguí abstenerme de darle un puñetazo en la barriga.

A diferencia de Kate, para entonces yo ya tenía un empleo. De hecho, había tenido dieciséis empleos, sin incluir los años en que estuve trabajando de canguro antes de la edad legal para trabajar. Fueron de ayudante de conserje (en mi propio instituto, para humillación mía), empleada de un restaurante de comida rápida, peón en una reserva natural, ayudante de admi-

203

nistración en una inmobiliaria, profesora particular de inglés como segunda lengua, ayudante en un puesto ambulante de limonada, reportera en un periódico de pueblo, promotora de una organización izquierdista sin ánimo de lucro, camarera de un restaurante japonés, coordinadora voluntaria de una organización en pro de los derechos reproductivos, recolectora de fresas en una granja, camarera de un restaurante vegetariano, la «chica del café» en una gestoría, mediadora en conflictos entre estudiantes y profesorado, ayudante del profesor en una clase de estudios sobre la mujer y empleada temporal en media docena de oficinas que, en general, no parecían oficinas y en las cuales no me asignaban trabajo que se pareciera ni remotamente a las tareas propias de una oficina, sino que conllevaban más bien actividades como permanecer de pie en un suelo de cemento con una redecilla para el pelo, una máscara, un vestido de papel, protectores oculares y guantes de plástico, mientras colocaba —con unas pinzas— dos escobillas limpiapipas en una caja esterilizada que llegaba por una lenta cinta transportadora ocho insufribles horas al día.

204

Durante esos años, a veces lloraba de rabia. Soñaba con ser escritora. Lo deseaba con tal desesperación que me dolían las entrañas. Y para ser escritora —no me cabía duda— necesitaba vivir a lo grande. Eso, por entonces, equivalía para mí a asombrosas experiencias como las de Kate. Necesitaba «experimentar la cultura y ver mundo». Necesitaba hablar en francés y alternar con personas que conocieran a personas que trabajaban en *GQ*.

En cambio, me vi obligada, por las cosas de la vida, a aceptar un empleo tras otro en un desesperado intento de pagar las facturas. Era de lo más injusto. ¿Por qué Kate pudo cursar el primer año de universidad en España? ¿Por qué pudo incluir la palabra «Francia» en su currículo? ¿Por qué consiguió la licenciatura sin contraer deudas y después, encima, recibió un coche nuevo? ¿Por qué tenía un padre y una madre que serían su respaldo económico durante años y años, y después —décadas más tarde, cosa que aún no ha ocurrido— le dejarían una herencia al morir?

¡Yo no recibí una herencia! Mi madre murió tres meses antes de «licenciarme» y solo recibí su viejo y herrumbroso

Toyota, que me apresuré a vender a un tal Guy por quinientos dólares.

Maldita sea.

Así que, en resumidas cuentas, Desgastada, no hay un porqué. No tienes derecho a las cartas que crees que deberían haberte tocado. Tienes la obligación de sacar el máximo provecho a las que te han repartido. Y a ti y a mí, querida mía, se nos ha concedido una mano más que generosa.

Tus padres te ayudaron a pagar tu formación universitaria mientras estudiabas y, como supongo que no te licenciaste a los veinticinco años (suposición que puede ser correcta o no), también te ayudaron durante los años inmediatamente posteriores a la licenciatura. Se han negado a seguir ayudándote no porque deseen castigarte, sino porque sería difícil para ellos hacerlo. A mí eso me parece muy razonable y justo. Eres una persona adulta con estudios, dotada de una mente sólida, un cuerpo apto y un espíritu resistente, y no hay ninguna razón por la que no puedas ser económicamente autónoma, aun si serlo te obliga a ganar dinero de formas que consideras desagradables.

La incapacidad de tus padres para seguir pagando tus préstamos estudiantiles te impedirá realizar el «sueño de hacer un posgrado» solo si lo permites. ¿De verdad no vas a intentar hacer realidad tu sueño porque ahora tienes una factura más que antes? ¿Realmente te amilanas tanto ante la adversidad?

No mencionas qué te gustaría estudiar, pero te aseguro que hay muchas formas de financiar un posgrado. Conozco a muchísima gente que no se ha arruinado por hacer un posgrado. Muchas universidades ofrecen ayudas para la exoneración de matrícula, además de becas, investigación remunerada y plazas de ayudante en departamentos, y —sí— la oferta de más préstamos estudiantiles. Y lo que quizá en tu caso sea más importante, hay numerosas formas de cancelar partes de la deuda por préstamos estudiantiles o aplazar el pago. Las dificultades económicas, el desempleo, la asistencia a clase al menos a media jornada (¡es decir, hacer un posgrado!), trabajar en ciertas profesiones y servir en el Cuerpo de Paz, o realizar otros servicios a la comunidad, son algunas de las maneras que te permitirían optar al aplazamiento o la cancelación de la deuda. Te animo a investigar tus opciones para que puedas concebir un plan que

205

te dé paz de espíritu. Hay muchas páginas web que te aclararán lo que yo acabo de resumirte.

Lo que sí sé con toda certeza es que no sirve de nada desquiciarse por la deuda del préstamo estudiantil. Saldrás adelante. Es solo dinero. Y habrá sido dinero bien empleado. Aparte de las personas a quienes quiero, son pocas las cosas que valoro más que mi formación. En cuanto salde mi deuda universitaria, el señor Sugar y yo empezaremos a ahorrar para el coste de la universidad de los peques Sugar. Mi sueño es que vivan experiencias universitarias que se parezcan más a la de Kate que a la mía. Quiero que puedan concentrarse en sus estudios en lugar de encajarlos con calzador en horarios apretados por la necesidad de trabajar. Quiero que hagan un primer año en el extranjero, sea donde sea. Quiero que hagan prácticas en lugares interesantes que solo sean posibles con la ayuda económica de los padres. Quiero que participen en intercambios culturales e interesantes excavaciones arqueológicas. Quiero financiar todo aquello que yo no llegué a hacer porque nadie pudo financiármelo. Imagino lo mucho que se beneficiarían de eso.

Sin embargo, también puedo imaginar lo que se perderán si el señor Sugar y yo no conseguimos proporcionarles la experiencia universitaria de mis sueños.

Resulta que aprendí mucho de la imposibilidad de ir a Francia. Resulta que aquellos días en aquel suelo de cemento, con una redecilla en el pelo, una máscara y un vestido de papel, protectores oculares y guantes de plástico, colocando —con unas pinzas— dos escobillas en una caja esterilizada que llegaba por una lenta cinta transportadora ocho insufribles horas diarias, me enseñaron algo importante que no podría haber aprendido de ninguna otra manera. Ese empleo y los otros quince que tuve antes de licenciarme fueron mis «oportunidades formativas» personales. Cambiaron mi vida para bien, pese a que tardé un tiempo en comprender su valor.

Me dieron fe en mis propias aptitudes. Me ofrecieron una visión única de mundos que para mí eran exóticos y familiares a la vez. Me permitieron ver las cosas con cierta perspectiva. Me cabrearon. Abrieron la mente a realidades cuya existencia yo desconocía. Me obligaron a resistir, sacrificarme, tomar conciencia de lo poco que sabía, y a la par de lo mucho que sabía. Me pusieron en estrecho contacto con personas que podrían haber financiado la formación universitaria de diez mil chicos y también con personas que, con toda la razón del mundo, se habrían partido de risa si yo me hubiera quejado ante ellas de lo injusto que era tener que seguir pagando el préstamo estudiantil hasta los cuarenta y tres años, después de licenciarme.

Me permitieron vivir a lo grande. Contribuyeron a darme una educación que no se compra con dinero.

Un saludo,

SUGAR

207

Hechos desconocidos conocidos

*Q*uerida Sugar:

Salí con una chica durante un tiempo hasta que me di cuenta de que era una loca egocéntrica. El año pasado, su mejor amiga y ella riñeron, y dejaron de ser amigas. La amiga de mi ex me llamó una noche y me pidió que me pasara por su casa. Una cosa llevó a la otra y acabé acostándome con ella. Unos días después, esta antigua mejor amiga de mi ex me cuenta que está comprometida. En el momento en que rompe nuestra relación de «amigos con beneficios añadidos» lleva puesta una estrafalaria peluca corta. El caso es que sintonicé mejor con ella durante las dos semanas que pasamos juntos que con mi ex durante meses. Por favor, ayúdame a decidir si debo dejar de tratar con alguna de las dos. No soy un hombre inteligente, pero sí sé lo que es el amor.

GUMP

*Q*uerido Gump:

Prefiero que me sodomice un flamenco decorativo de plástico antes que votar a los republicanos, pero, viendo tu situación, no puedo dejar de citar al antiguo secretario de Defensa

Donald Rumsfeld, quien, muy sabiamente, dijo: «Hay hechos conocidos que conocemos; hay cosas que sabemos que sabemos. También sabemos que hay hechos desconocidos conocidos; es decir, sabemos que hay algunas cosas que no sabemos. Pero también hay hechos desconocidos que desconocemos, aquellos que no sabemos que no sabemos».

¿Empezamos por los hechos conocidos que conocemos en lo que se refiere a tu pequeño cenagal triangular, Gump?

a)   Descubriste que tu exnovia estaba loca y rompiste con ella.

b)   Te tiraste a la mejor amiga de tu exnovia durante un par de semanas y «sintonizaste» con ella.

c)   A pesar de esa sintonía, la antigua mejor amiga de tu exnovia se puso una peluca y anunció que no tiene interés en seguir follando contigo, y afirmó que estaba al borde de una sintonía (supuestamente) monógama y eterna con otro.

Lo que nos lleva a los hechos conocidos desconocidos:

209

a)   ¿A qué viene la peluca? Y si lleva peluca, ¿a qué viene el inquietante pelo corto?

b)   ¿Es verdad que la antigua mejor amiga de tu exnovia está comprometida para casarse o eso no es más que una altisonante artimaña por su parte para quitársete de encima porque no está interesada pero es una cobarde?

c)   ¿Cómo es posible que las exnovias de tantas personas estén locas? ¿Qué les pasa a esas mujeres? ¿Al final acaban teniendo hijos y cuidando de sus ancianos padres y revolviendo huevos los domingos por la mañana en sartenes gigantescas para pandillas de holgazanes que después tienen la desfachatez de preguntar qué hay para comer? ¿O existe alguna cadena de «residencias para locas» con sucursales en ciudades de todo el país que albergan a esas mujeres que antes amaban a hombres que afirmaban que estaban locas? Entonces, son residencias de las que yo no tengo noticia.

Por último, están los hechos desconocidos que desconocemos, los hechos, Gump, que no sabes que no sabes.

a) No eres nada para esas mujeres.
b) Esas mujeres no son nada para ti.
c) Y sin embargo.
d) «¡Y sin embargo!»
e) Eres amado.

Un saludo,

SUGAR

En tu isla

*Q*uerida Sugar:

Soy un transgénero. Nací mujer hace veintiocho años, y supe que estaba destinada a ser hombre desde que tengo memoria. Padecí las difíciles infancia y adolescencia propias de un pueblo cuando uno es distinto: acosado por los demás niños, incomprendido por mi familia (por lo demás, afectuosa).

Hace siete años que les anuncié a mis padres que quería cambiar de sexo. La noticia los enfureció y perturbó. Dijeron todo lo peor imaginable que alguien puede decir a un ser humano, en especial si ese ser humano es tu hijo. En respuesta, rompí totalmente mis vínculos con ellos y me fui a la ciudad donde resido ahora. Aquí me forjé una nueva vida como hombre. Tengo amigos y vida amorosa. Me encanta mi trabajo. Soy feliz con la persona en que me he convertido y con la vida que me he labrado. Es como si hubiese creado una isla alejada y a salvo de mi pasado. Me gusta así.

Hace un par de semanas, después de años sin contacto, recibí un *e-mail* de mis padres que me dejó alucinado. Se disculpaban por la reacción que tuvieron cuando les anuncié mi intención de cambiar de sexo. Dijeron que lamentaban no haberlo comprendido y que ahora sí lo entendían, o al menos lo suficiente como para restablecer la relación. Añadieron que me echaban de menos y me querían.

Sugar, quieren recuperarme.

Lloré como un niño, cosa que me sorprendió. Sé que quizá suene raro, pero pensaba que ya no quería a mis padres o que, cuando menos, mi amor se había convertido en algo abstracto, porque me habían rechazado y no habíamos mantenido el contacto. Pero cuando recibí ese *e-mail* cobraron vida muchas emociones que creía muertas.

Eso me asusta. He salido adelante porque soy fuerte. Soy un huérfano, pero las cosas me han ido muy bien sin mis padres. ¿Cedo y los perdono? ¿Vuelvo a ponerme en contacto con ellos e incluso voy a verlos como me han pedido? ¿O, por el contrario, les mando un *e-mail* para darles las gracias y les digo que, dado nuestro pasado, permitirles entrar otra vez en mi vida queda descartado?

HUÉRFANO

*Q*uerido Huérfano:

Te ruego que perdones a tus padres. No por ellos, sino por ti. Tú, si lo haces, premio será lo que ocurra a continuación. Ya te has rehecho a ti mismo. Ahora tus padres y tú podéis rehacer también todo lo demás: la nueva etapa en la que ellos por fin sean capaces de quererte tal como eres de verdad. Permíteselo. Quiérelos tú a tu vez. Comprueba qué sientes.

El modo en que te trataron hace siete años es horrendo. Ahora lo saben. Se arrepienten. Han madurado y han cambiado. Han comprendido cosas que antes los desconcertaban. Negarte a aceptarlos tal como son ahora, después de años de distanciamiento, no es muy distinto de lo que hicieron ellos al negarse a aceptarte como eres. Es una actitud basada en el miedo, cuya intención es el castigo. Es debilidad más que fuerza.

Tú eres fuerte. Has tenido que plantear preguntas inconcebibles, soportar humillaciones, sufrir conflictos internos y redefinir tu vida hasta un punto que la mayoría de la gente ni siquiera imagina. Pero ¿quieres que te diga una cosa?

Tus padres también han pasado por eso. Tuvieron una hija que se convirtió en algo que no preveían. Fueron crueles y mezquinos cuando más los necesitabas, pero solo porque se ahogaban en su propio miedo y su ignorancia.

Ahora ya no se ahogan. Han tardado siete años en llegar a nado a la orilla. Por fin están en tu isla.

Dales la bienvenida.

Un saludo,

SUGAR

213

CUARTA PARTE

No tienes que mostrarte rota ante mí

Si el amor fuera un animal, ¿qué especie sería…, y podría adiestrarse?

El amor sería dos animales: un colibrí y una serpiente. Y a los dos es imposible adiestrarlos.

Cuenta una cosa extraña que te haya ocurrido.

Una vez subía por una montaña en Nuevo México. Era marzo y el camino estaba aún cubierto de nieve en algunos sitios. Pasé horas sin ver a nadie hasta que me encontré con dos personas —un hombre y una mujer—, y ellos a su vez también acababan de encontrarse. Éramos tres desconocidos cuyos caminos se cruzaban en una montaña de Nuevo México. Empezamos a charlar y, por alguna razón, a los cinco minutos, descubrimos que los tres cumplíamos años el mismo día, y no solo eso, sino que, además, habíamos nacido en tres años consecutivos. Mientras hablábamos, el viento trajo tres plumas y las depositó en la nieve ante nosotros. Las cogimos.

¿Qué haces cuando no sabes qué hacer ante algo?

Hablo con el señor Sugar y mis amigos. Hago listas. Intento analizar la situación desde la perspectiva de «lo mejor que hay en mí»: esa parte que es generosa, razonable, indulgente, afectuosa, magnánima y agradecida. Pienso detenidamente en lo que desearía haber hecho dentro de un año. Intento prever las consecuencias de las diversas acciones que podría emprender. Me pregunto cuáles son mis motivaciones, cuáles son mis deseos, cuáles son mis temores, qué tengo que perder y qué tengo que ganar. Avanzo hacia la luz, incluso si es una dirección difícil. Confío en mí. Conservo la fe. A veces la pifio.

¿Cuáles son tus creencias espirituales?
No creo en Dios tal como la mayoría de la gente lo concibe, pero creo que hay un espíritu divino en cada uno de nosotros. Creo que existe algo mayor que nuestro yo individual, algo con lo que podemos entrar en contacto cuando vivimos con integridad, compasión y amor.

¿Qué te gustaría explicarnos sobre el sexo?
Serpientes. Colibrís. Tal vez un oso polar.

La magia de lo que uno desea ser

*Q*uerida Sugar:

Soy un hombre de sesenta y cuatro años, soltero desde hace cinco. Mi última relación sentimental duró diez años, ocho de los cuales fueron maravillosos. Mi ex tenía cuatro hijos adultos y tres nietos. Sus hijos me caían muy bien y adoraba a sus nietos. El año que siguió a nuestra ruptura, fue la etapa más dolorosa de mi vida (eso, a pesar de que perdí a mi padre cuando estaba en el instituto, pasé un año en Vietnam y viví la muerte por cáncer de una pareja anterior).

Para sobrevivir al dolor, empecé a dedicar mucho tiempo al voluntariado en la comunidad. En estos últimos cuatro años, he colaborado con un centro de enfermos terminales, he formado parte del consejo de dirección de una organización sin ánimo de lucro que proporciona servicios a supervivientes de violencia doméstica y agresiones sexuales, he dado clases particulares a alumnos de secundaria y me he encargado de un teléfono de atención a enfermos de sida. En este tiempo, he salido con unas cuantas mujeres que he conocido a través de webs de contactos, y he entablado una buena amistad con una de ellas, pero no es una relación amorosa. He tenido un solo encuentro sexual desde que rompimos mi ex y yo, por el que pagué. No fue muy satisfactorio. Echo mucho de menos el sexo, pero también añoro tener a alguien con quien hablar mientras como o tomo un café.

En el servicio de atención a enfermos de sida donde colaboro, hay una nueva coordinadora de voluntarios, y es maravillosa. Me atrae tanto que superé mis temores y la invité al teatro. Me contestó que no podía porque había venido a visitarla una amiga de fuera de la ciudad. Yo me lo creí. Sé que debería habérselo propuesto otra vez, porque parecía bien dispuesta, pero uno de mis temores es que, por edad, podría ser su padre. ¡No quiero ser un viejo verde!

Mi terapeuta me aconsejó que, al principio, actuara con desenfado, que empezara relajadamente y usara el sentido del humor. «¡Sé Cary Grant!», dijo, pero no sé si soy capaz de eso, Sugar.

Doy cuanto puedo a mucha gente, pero también tengo mis necesidades emocionales. Quiero sexo, afecto y cercanía emocional. Quiero a alguien que me aprecie. Ya conozco a gente que me aprecia, pero quiero tener a alguien especial. Quiero ser amado y recibir amor; que alguien esté pendiente de mí. Mi anhelo es tan grande que temo que sea mucho pedir a cualquiera. Temo que si la coordinadora de voluntarios sale conmigo, perciba todo esto de inmediato y, a pesar de ser una mujer compasiva, se asuste y huya, advirtiendo que soy una persona con carencias. Por supuesto, soy consciente de que incluso si la coordinadora de voluntarios y yo empezáramos a salir, quizás ella no sea la persona indicada para mí, o yo no sea la persona indicada para ella.

Pero quiero correr el riesgo y ver qué pasa. No deseo que mis temores sean un obstáculo. ¿Tú qué opinas, Sugar?

EL QUE TEME PEDIR DEMASIADO

*Q*uerido El que Teme Pedir Demasiado:

Claro que deseas que alguien especial te quiera. Una gran mayoría de las personas que me escribe me pregunta cómo conseguir eso mismo. Algunas son «personas de veinticinco años, sexis e inteligentes», otros tienen «cuarenta y dos, y son un poco rechonchos, pero divertidos», y otros son «imponentes, pero están hechos un lío». Muchos son adolescentes y veinteañeros a quienes han roto el corazón seriamente por primera vez y están convencidos de que nunca volverán a encontrar un amor igual. Unos cuantos son adultos avezados y experimentados como tú, cuya fe en el futuro se desvanece. Por única que sea cada carta, el punto al que llegan los autores es siempre el mismo: «Quiero amor y temo no encontrarlo nunca».

Es difícil contestar a esas cartas porque yo soy consejera sentimental, no adivina. No dispongo de una bola de cristal, sino de palabras. No puedo decir cuándo encontrarás el amor ni cómo, ni siquiera puedo prometerte que vayas a encontrarlo. Solo puedo decirte que lo mereces y que nunca se pide demasiado, y que no es un disparate temer no volver a encontrarlo, por más que probablemente tus temores sean infundados. El amor es nuestro principal nutriente. Sin él, la vida carece de significado. Es lo mejor que podemos ofrecer y lo más valioso que recibimos. Es digno de nuestros muchos aspavientos.

221

Yo creo que lo estás haciendo todo bien, cariño. Saqué tu carta de la enorme pila de la categoría «Cómo encuentro el amor» porque me llamó la atención la integridad con que describes tu situación. Buscas el amor sin permitir que eso te impida vivir tu vida. Ante tu más reciente (y considerable) desengaño amoroso, optaste por no recrearte. En lugar de eso, diste generosamente, comprometiéndote en una labor significativa para ti e importante para tu comunidad. No me extraña que conocieras a alguien que despertó sinceramente tu interés mientras realizabas justo esa labor.

Hablemos de ella, pues. La coordinadora de voluntarios que te «atrae». Coincido contigo en que no debes permitir que tus temores te impidan invitarla a salir. Pero no te lo tomes como algo personal si dice que no. Se me ocurren dos razones por las que podría rechazarte. Una es vuestra notable diferencia de edad; muchas mujeres salen con hombres que no están en su franja de edad, pero algunas no. La otra es tu condición de voluntario de la organización que la tiene contratada: es posible que alguna norma laboral le prohíba salir contigo, o tal vez ella se haya impuesto una restricción personal al respecto (al fin y al cabo, ocupa un puesto de autoridad profesional en relación contigo).

No lo sabrás hasta que lo averigües. Te sugiero que le propongas salir sin concretar el día, la hora o la ocasión, para poder eludir la incertidumbre de otra situación donde surja un «Me encantaría, pero...» imposible de interpretar. Solo dile que te parece una mujer fantástica y que te gustaría saber si a ella le apetece salir contigo alguna vez. Ella dirá sí, no, o vale pero solo como amigos.

Coincido con tu terapeuta en que hay que empezar en plan desenfadado y relajado —con ella y con cualquier mujer a la que invites a salir—, aunque tengas que fingir por un tiempo.

Y, casualmente, eso es lo que hacía Cary Grant.

Él no nació siendo una estrella de cine refinada y deslumbrante; ni siquiera nació siendo Cary Grant. Fue un niño solitario a cuya madre depresiva la encerraron en un manicomio sin que él se enterara, cuando tenía nueve o diez años. Su padre le dijo que se había tomado unas largas vacaciones. No supo qué había sido de su madre hasta que tenía ya más de treinta años, cuando descubrió que seguía internada pero viva. Lo expulsaron de un colegio de Inglaterra a los catorce años, y a los dieciséis viajaba por Estados Unidos trabajando de zanquero, acróbata y mimo. Con el tiempo, encontró su vocación como actor y se cambió el nombre; se puso ese por el que todos lo conocemos, el nombre que tu terapeuta mencionó porque es sinónimo de carisma y fascinación y encanto masculinos. No obstante, por dentro seguía siendo aquel niño. Grant dijo de sí mismo: «Fingí ser alguien que quería ser y, al final, me convertí en esa persona. O él se convirtió en mí. O coincidimos en algún punto».

Te sugiero que adoptes ese planteamiento. No se trata de que te conviertas en estrella de cine. Se trata del trillado arte de habitar en la persona que aspiras a ser y cargar a la vez sobre los hombros con el hombre vacilante y necesitado que sabes que eres. Tu anhelo de amor es solo una parte de ti. Ya sé que te parece una parte gigantesca cuando me escribes, ahí solo, o cuando te imaginas saliendo por primera vez con una mujer a quien deseas. Pero no permitas que tu necesidad sea lo único que se vea de ti. Ahuyentará a las personas. Dará una impresión equivocada, sin dejar ver lo mucho que tienes que ofrecer. Tenemos que ser personas plenas para dar un amor pleno, aun cuando tengamos que aparentarlo durante un tiempo.

Mientras reflexionaba sobre tu carta, El que Teme Pedir Demasiado, me acordé de una versión más joven de mí misma. Me vino a la memoria un día en que, hace quince años, yo estaba sentada en una cafetería con el señor Sugar. Éramos amantes desde hacía un mes, pero nos hallábamos ya metidos hasta el cuello en la etapa de «cuéntamelo todo y yo te lo contaré todo porque te amo perdidamente», y esa tarde en particular yo estaba contándole la desgarradora historia de que el año anterior me había quedado embarazada de un heroinómano, y después de abortar fueron tales mi ira, mi pena y mi deseo de autodestrucción que intencionadamente me hice un corte superficial en el brazo con un cuchillo, cosa que no había hecho nunca antes. Cuando llegué a lo del corte, el señor Sugar me interrumpió. Dijo: «No me malinterpretes. Quiero saberlo todo sobre tu vida. Pero has de saber que no necesitas contarme eso para que te ame. No tienes que mostrarte rota ante mí».

Recuerdo ese momento con toda precisión —el lugar donde él estaba sentado, la expresión de su cara cuando habló, el abrigo que yo llevaba—, porque cuando lo dijo tuve la impresión de que me había arrancado un trozo de las entrañas y me lo había enseñado en la palma de la mano. No fue una sensación agradable. No se me había ocurrido nunca antes que yo creyera que para conseguir el amor de un hombre tenía que mostrarme rota ante él. Y, sin embargo, cuando lo dijo, me di cuenta —de inmediato, para humillación mía— de que era verdad. Verdad en el sentido más exacto de la palabra. Verdad en el sentido de «cómo es posible que no me haya dado cuenta yo misma antes». Verdad en el sentido de «tierra, trágame». Porque allí tenía a un hombre —un hombre bueno, fuerte, sexy, amable, asombroso, milagroso— que finalmente ponía al descubierto mi farol.

«No tienes que mostrarte rota ante mí.»

No tenía que mostrarme rota ante él, pese a que partes de

mí lo estuvieran. Podía ser yo tal como era de la cabeza a los pies, y él me amaría igualmente. Mi atractivo no residía en mi debilidad ni en mi necesidad. Residía en todo lo que era y quería ser.

El tuyo también, encanto. Saca tu ser necesitado cuando vuelvas a salir con una amante potencial, pero saca también las otras partes de ti. La fuerte. La generosa. La que quedó sin padre demasiado joven y sobrevivió a una guerra, y perdió un amor a causa del cáncer, y otro por los desafíos de una década de convivencia…, pero gracias a todo ello saliste más sabio y más tierno. Saca al hombre que aspiras a ser, ese que ya tiene el amor que anhela. Interpreta cada parte de ti mismo e interprétala con toda tu alma hasta que dejes de interpretar.

Eso hacía Cary Grant. El niño solitario, ese que perdió a su madre en las brumas del engaño de su padre, que se encontró a sí mismo en la magia de lo que deseaba a ser. Se llamaba Archibald Leach.

Un saludo,

SUGAR

Otra cosa magnífica

*Q*uerida Sugar:

Mi hermano mayor me ha atormentado desde que tengo memoria. Probablemente, el peor maltrato físico fue la vez que me causó una conmoción cerebral: él no llevaba llave de casa; cuando llamó al timbre, yo tardé en abrir la puerta (tenía ocho años; él, doce). El peor maltrato psicológico probablemente fue la vez que mató a mi hámster: le cortó el cuello, le abrió el vientre y luego me lo dejó en la almohada (tenía once años; él, catorce). De por medio hubo toda clase de minicrueldades. No conservo ni un solo recuerdo feliz entre ambos, literalmente; tengo recuerdos felices de mi infancia, pero ninguno lo incluye a él. La ocasión en que tuve una mayor sensación de amor fraternal fue cuando me llamó «vaca gorda glotona» por comerme el último trozo de queso. Yo no me había comido el queso. Le dije que yo no había sido, y él respondió que estaba seguro de que había sido yo, porque era «la persona de la casa a quien más le gustaba el queso». Lo recuerdo exactamente porque me sorprendió que supiera eso de mí (sí me encantaba el queso, y todavía me encanta). Tan profundo era su desdén hacia mí que descubrir que yo existía para él cuando no estaba insultándome o pegándome me dejó de una pieza.

Mis padres hacían lo que podían. Cuando lo veían, lo castigaban, pero, pronto, me di cuenta de que delatarlo era peor que callarme. Si ellos lo castigaban, él me castigaba a mí. Su comportamiento fue a peor con la edad, y también fue más allá de mí, por así decirlo. Tuvo su primer problema con la ley iniciada la adolescencia, consumió drogas, dejó el instituto; desde entonces, sale y entra de la cárcel, centros de rehabilitación e instituciones psiquiátricas. Cuando yo tenía dieciocho años, ya habían detenido a mi hermano varias veces. Tenía un hijo y otro en camino. Me fui a estudiar a una universidad en la otra punta del país, en parte para alejarme de él.

Ahora tengo veintinueve años. Hace alrededor de un año —después de una década fuera de casa y consciente ya de que el hecho de que mi hermano no me quisiera no significaba que no fuera digna de ser querida (cosa que a menudo él me decía, dicho sea de paso)— volví a mi pueblo natal. Había estado viviendo en una gran ciudad, sin esperanzas de ascender en una carrera profesional desalentadora. Quiero a mis padres y a mis sobrinos, y los echaba de menos. En mi pueblo ofrecen un buen máster en una especialidad que me interesa, y me matriculé. Ha sido estupendo. Me siento llena de energía, viviendo otra vez en este pueblo que adoro.

Mi hermano no ha cambiado, pero no mantengo ningún contacto con él, salvo cuando me llama para pedirme dinero o necesita ayuda con sus hijos. Mis padres no tienen tanta suerte. Lo apoyan de todas las maneras posibles. La situación crediticia de mi hermano es espantosa, así que ellos compraron una casa para que él se la «alquile» (por supuesto, nunca paga). Con sus antecedentes penales no consigue trabajo, así que mis padres le pagan la comida y el cuidado de sus hijos, y cualquier cosa que los críos necesiten (sus madres son buenas personas, pero no pueden mantenerlos ellas solas). Mis padres incluso volvieron a comprar los iPods que les regalaron la Navidad pasada cuando mi hermano los empeñó.

Naturalmente, trata a mis padres como cabe esperar de un sociópata adicto a la metanfetamina y la cocaína. Les roba, los insulta, los amenaza físicamente, les miente sin cesar. Mis padres se disgustan, dicen hasta aquí hemos llegado, afirman que esta es la gota que colma el vaso, pero siempre le dan una nueva oportunidad porque es su hijo. Siempre. Él los manipula con zalamería tan fácilmente como los manipula con terror; cuando hace eso, las cosas van bien durante una semana, pero luego vuelven a torcerse.

La semana pasada se torcieron como nunca antes. Mi madre se negó a darle dinero —le había dado cien dólares el día anterior y ya no le quedaba nada—, y él le arrojó una botella de vino, le escupió en la cara, tiró platos al suelo, arrasó la casa, lanzó el gato contra la pared y rompió muebles. Se marchó cuando mi madre llamó a la policía, aunque antes de salir cogió una cerveza de la nevera.

Durante unos días, se siguieron pautas muy estrictas: mis padres no le devolvían las llamadas ni le permitían entrar en casa, interactuando solo con las madres de los niños en atención a estos. Pero, como siempre, él se las apañó para volver sin disculparse ni reconocer siquiera el incidente. En serio, Sugar, ¡eso es lo que puede conmigo! Pasan estas cosas, y él los telefonea para pedirles un favor al día siguiente y hace como si nada hubiera ocurrido. Mis padres intentan desde hace tiempo conseguirle ayuda para cualquier cosa que pueda acabar con su locura, pero él no lo acepta. El problema lo tiene el resto del mundo, no él. Mis padres lo achacan a las drogas porque no vieron, como lo vi yo, su lado peor cuando era niño. Creo que, sencillamente, es mala persona.

Aun así, estaría dispuesta a perdonarle su pésimo comportamiento como hermano durante aquellos años. Sí, fue algo totalmente anormal, pero ahora somos adultos; si él se disculpara y hubiera dejado atrás su tendencia al abuso, yo no habría tenido inconveniente. Habría aceptado de buen grado una relación. Pero no puedo perdonar lo que les ha hecho a mis padres. Si cualquier otra persona los tratara así, habría órdenes de alejamiento y citaciones judiciales.

227

Es una larga historia, Sugar, para acabar con una sencilla pregunta sobre la Navidad.

Quiero que mi hermano salga de mi vida. Pienso en lo que les ha hecho a mis padres y siento una enorme impotencia, rabia. Mientras te escribo esta carta, he tenido que dejar el ordenador en varios momentos para serenarme, porque me temblaban los dedos. No quiero sentarme a la mesa delante de alguien que ha llamado a mi madre «puta de mierda». Pero, mientras mis padres le abran la puerta de su casa, tengo la sensación de que no puedo excluirlo. Siempre hemos celebrado la Navidad en familia, pero este año quiero imponerme. Quiero decir que no estaré cuando él aparezca. Haré lo que mis padres deseen, porque los quiero, pero no estaré nada en lo que él participe, porque los quiero. No soporto que les hagan daño. Los ha privado de la paz de espíritu, de la fe en ellos mismos como buenas personas y de sus identidades: literalmente, ya que usurpó sus identidades de manera fraudulenta con sus tarjetas de crédito y sus cuentas bancarias; como se negaron a presentar cargos, les retiraron el crédito.

Me preocupa que negarme a ver a mi hermano en Navidad sea un gesto vacío y que no sirva más que para aumentar el dramatismo y el dolor en la vida de mis padres. Echaría de menos a mis sobrinos en Navidad; quiero que ese sea un día normal para ellos (aunque los veo con frecuencia, porque mis padres se ocupan de ellos el noventa y nueve por ciento del tiempo cuando mi hermano tiene la custodia). Pero no sé qué otra cosa hacer.

Siento una gran impotencia, la misma que sentía a los once años viviendo con alguien que me amenazaba de muerte todas las semanas. No puedo hacer nada para ayudar a mis padres, y ellos no hacen nada para ayudarse a sí mismos. No puedo hablar de esto con mis amigos, porque no entienden que mis padres no pongan fin a la relación con él. Muchas personas —abogados, policías, psicoterapeutas, amigos..., y yo misma— les han dicho a mis padres que están reforzando su comportamiento y que deberían cortar todo lazo con él, pero se niegan. Yo he renunciado a hacerles cambiar de idea. Solo quiero sentir que controlo quién forma parte de mi vida. No creo que deba fingir amor por alguien que hace daño a mis padres. Aun así, sé que mis padres se sentirían dolidos si me niego a celebrar la Navidad con ellos y mi hermano. Se sentirían juzgados. Sugar, ¿qué debo hacer?

Besos con cariño,

C.

*Q*uerida C.:

A la mierda la Navidad. Aquí hay en juego algo mucho más importante: tu bienestar emocional, así como la dignidad, la armonía y la integridad de tu vida. Es un tópico, pero es la verdad: debes fijar límites.

La gente trastornada te dirá lo contrario, pero los límites no tienen nada que ver con si quieres o no a alguien. No equivalen a juzgar, ni castigar ni traicionar. Son algo meramente pacífico: los principios básicos que uno identifica para sí mismo y que después definen los comportamientos que tolerará en los demás, así como las reacciones de uno mismo ante esos comportamientos. Los límites enseñan a las personas a tratarte, y te enseñan a ti a respetarte. En un mundo perfecto, nuestros padres establecen límites naturales que resultan saludables para nosotros. En tu mundo, debes establecerlos tú por tus padres, para quienes nunca ha habido límites. Y, si los ha habido, han sufrido graves deformaciones.

A veces, las personas emocionalmente sanas se comportan mal. Se dejan llevar por el mal genio, dicen cosas que no deberían decir, o que podrían decir mejor, y, de vez en cuando, permiten que el dolor, el miedo o la ira los empujen a actuar de maneras inapropiadas y poco benévolas. Al final, lo reconocen y reparan el daño. Son imperfectas, pero, en esencia, capaces de discernir cuáles de sus comportamientos son destructivos e irracionales, e intentan cambiarlos, aunque no lo consigan del todo. En eso consiste ser humano.

La situación que tú describes es distinta, C. Es un sistema familiar profundamente arraigado que se ha desquiciado por completo. Lo que cuentas parece una historia de rehenes, una historia en la que tu hermano destructivo e irracional empuña el arma. Os ha enseñado a tus padres y a ti cómo tratarlo, y todos lo obedecéis, aunque hacerlo sea un disparate. ¿En qué universo un hombre agrede a su madre, maltrata al gato de esta y saquea la casa?

En el tuyo. Eso significa que debes exiliarte o sufrirás eternamente. Debes crear tu propio mundo. Tienes que dar los primeros pasos ya, pero eliminar internamente tanta disfunción familiar va a ser un proceso de años, eso sin duda. Te aconsejo encarecidamente que busques un psicoterapeuta.

Y ahora hablemos de la Navidad.

Vaya una situación horrenda la tuya. Tu hermano es un sociópata, y tus padres le siguen la corriente. No hay manera de que salgas de eso sin salir de eso. Quieres cortar todo vínculo con tu hermano: pues hazlo. Como recordarás, he dicho que los límites no tienen nada que ver con querer o no querer a alguien. Aquí es donde interviene eso. Tus padres son buenas personas que se han extraviado en una pesadilla. No estoy de acuerdo con su continuado apoyo a tu hermano, pero comprendo su impulso a hacerlo. Tu hermano es su hijo, el niño por el que probablemente habrían muerto desde el momento en que nació. Pero no tenían que morir por él. Él ya los está matando a ellos.

No debes quedarte mirando de brazos cruzados, como espectadora voluntaria. No digo eso. Eres «tú» quien me lo dice a mí. Así pues, no te quedes de brazos cruzados. Diles a tus padres que los quieres y luego, sencillamente, «quiérelos». Obséquiales con todos esos magníficos atributos de hija que llevas dentro, pero no participes en su autodestrucción. Infórmalos de que te propones cortar todo lazo con tu hermano y haz planes para verlos en Navidad… y después. No te dejes disuadir de tu decisión, aunque esta implique pasar la Navidad sola. Que sea ese el primer paso de muchos en tu liberación de la tiranía de tu hermano.

En cuanto a tus sobrinos, espero que puedas seguir presente en sus vidas. ¿Y si hablas con sus madres para verlos cuando no están con tu hermano? (No me has preguntado a ese respecto, pero esos niños me preocupan mucho. Sostienes que sus madres son «buenas personas», pero también dices que tu hermano —que no es buena persona— tiene la custodia parcial de sus hijos. Incluso si tus padres cuidan de ellos «el noventa y nueve por ciento del tiempo», no me da la impresión de que tu hermano pueda tener la custodia legal de nadie en estos momentos, ni siquiera durante un pequeño espacio de tiempo. Te insto a investigar formas de proteger a esos niños en colaboración con las madres de tus sobrinos, y posiblemente con tus padres, para limitar, de forma legal, el contacto de tu hermano con ellos.)

Tu temor a que tus padres se sientan dolidos por tus decisiones es legítimo. Es probable que les duela cuando les anuncies tus planes. Tu cooperación en su comportamiento descabelladamente codependiente ha sido, sin duda, un consuelo para ellos. Cuando fijas nuevos límites, a menudo hay conflicto y aflicción, pero tu vida cambiará para mejor. Y quizá —solo quizá— tu ejemplo impulse a tus padres a cambiar ellos mismos algunas cosas.

Por último, me gustaría que te quedara claro lo siguiente: a pesar de la complejidad de tu situación, cabe destacar que no has vacilado a la hora de decidir cuál es la manera correcta de actuar. Eso es porque sabes cuál es la manera correcta de actuar. Actúa así. Es difícil, lo sé. Es una de las cosas más difíciles que tendrás que hacer en la vida. Y vas a deshacerte en lágrimas. Pero te prometo que saldrás bien parada. Tu llanto surgirá del dolor, pero también del alivio. Gracias a eso serás mejor. Te hará más dura, más tierna, más limpia, más sucia. Libre.

Te espera otra cosa magnífica.

Un saludo,

SUGAR

Un túnel que te despierta

Querida Sugar:

Creo (sé) que tengo un grave problema con el alcohol. Me asusta; incluso me despierto por las noches porque me aterroriza ese túnel por el que sigo avanzando. Nadie me ha dicho nunca nada al respecto, porque siempre he sido muy profesional, tranquilo, despreocupado, y he mantenido el control. Creo que ya he perdido ese control, y me asusta de verdad. Bebo antes de ir a trabajar, cuando me despierto, bebo en el almuerzo, y bebo en cuanto llego a casa, para dormirme, cuando nadie me ve hacerlo.

Sin embargo, también bebo cuando salgo con mis amigos, y es imposible no beber en su compañía, y la verdad es que prefieren verme entonado, el único estado en que, según parece, me siento cómodo hoy en día. No creo que pueda dejar de beber en mis salidas, porque, sin mis amigos, solo en casa, probablemente acabaría bebiendo más.

Sé que no eres psicóloga, pero me gustaría recibir algún consejo imparcial sobre esto. He intentado plantear el problema a algunas personas (incluidos psicoterapeutas), pero ha sido inútil, y también muy bochornoso. Albergo la fantasía, supongo, de que tengas una solución fácil, mágica, para esto, pero voy a dar por sentado que seguramente no la hay.

Gracias,

BEBEDOR

*Q*uerido Bebedor:

Sabes que eres adicto al alcohol y necesitas ayuda. Eso es lo primero. Tienes razón en que no hay una «solución fácil, mágica» para esto, encanto, pero sí hay una solución: deja de consumir alcohol. En privado. En compañía. Por la mañana. Al mediodía. Por la noche. Y probablemente para siempre.

Lo harás cuando estés preparado para hacerlo. Para estar preparado solo necesitas cambiar tu vida. Para lograrlo, la mayoría de las personas necesitan una comunidad de apoyo. Alcohólicos Anónimos es un buen sitio por donde empezar. Allí encontrarás a personas que se enfrentan a lo mismo que tú, personas que, en otro tiempo, se decían las mismas mentiras sobre lo que era «imposible».

La adicción es un túnel que te despierta en plena noche. Todo lo demás ocurre aquí fuera, a la luz.

Un saludo,

233

Sugar

Así se hace el verdadero trabajo

Querida Sugar:

Acabo de casarme por lo civil. Quiero mucho a mi
cónyuge (¿esposa?), aunque tenemos nuestras diferencias. Lo que considero el mayor problema —el que
me quita el sueño algunas noches— es que se niega a
buscar empleo.

Somos una pareja bastante pobre de veintitantos
años, ambas universitarias. Llevamos juntas cuatro
años, y durante ese tiempo mi chica ha tenido tres empleos: uno lo perdió porque se le acabó el contrato, otro
lo dejó ella, y en el tercero la despidieron. Ninguno de
estos empleos le duró más de seis meses.

En el año y medio que lleva en el paro, ha hecho algún que otro intento poco convincente para aplacarme.
Pero, en general..., discutimos, ella llora, se cierra,
miente y dice que ha estado buscando empleo, pese a
que yo sé que no es verdad. Sufre leves problemas de
ansiedad social y sostiene que, debido a eso, no puede
trabajar en algo que implique trato con otras personas.
Ni siquiera pone excusas por no presentar solicitudes a
varios empleos que le he sugerido (repartir periódicos,
algún trabajo relacionado con sus estudios en entornos
de su universidad sin gran afluencia de gente, vender
sus preciosos objetos artesanales por Internet, fregar
platos). En cierta ocasión, dijo que prefería donar
plasma todas las semanas antes que ponerse a trabajar.

Sugar, yo soy una estudiante a jornada completa con dos empleos. Con lo que ingreso apenas llegamos a fin de mes. Con frecuencia dependemos del dinero de mis padres, y ellos están perdiendo rápidamente la capacidad para cubrir mis necesidades económicas además de las suyas propias. Estoy muy preocupada. Me preocupa que mi pareja nunca reúna motivación suficiente para conservar un empleo. Me preocupa cuáles puedan ser sus perspectivas de trabajo a partir de los treinta años, si para entonces no ha tenido, en realidad, ningún empleo de larga duración. Me preocupa que, pese a ver mis grandes esfuerzos, nunca se sienta lo bastante culpable para ponerse las pilas.

¿Qué puedo hacer para que empiece a buscar empleo en serio? Es emocionalmente frágil debido a años de ansiedad social, abusos sexuales y emocionales por parte de su padre y un trastorno alimentario recurrente. Ante todo eso, no quiero amenazarla con ultimátums, porque no lo diría en serio y temo que hagan más mal que bien. Mi chica tiene buen corazón, pero le da tanto miedo el fracaso que se niega a ver los sacrificios que yo hago para pagar el alquiler. La quiero, y ella me quiere a mí, y, sin embargo, en esto me siento sin pareja. No sé qué más hacer. Ayúdame, por favor.

Una que trabaja por dos

Querida Sugar:

Mi marido me hace reír todos los días, todos los días, muchas veces. Ha sido mi mejor amigo durante años y sigue siendo mi persona preferida en el mundo. Ha enriquecido mi vida de innumerables maneras, y me ha dicho que yo, a mi vez, he enriquecido la suya. Lo quiero muchísimo. Muchísimo. Y estoy muy segura de que él me quiere a mí.

El problema es que lleva más de tres años en el

paro. Buscó empleo durante un tiempo (y creo que todavía lo hace de vez en cuando), pero ahora, me parece, siente que no está cualificado para nada que no sea el trabajo que odiaba y cree que nadie va a contratarlo para otra clase de empleo. La inercia se ha adueñado de él. Quiere escribir, pero tiene la sensación de que no vale para eso y, por tanto, no escribe. Es brillante, gracioso y erudito, pero él no ve nada de eso. No pinta ni esculpe ni hace nada en lo que pudiera realizarse o que le permitiera progresar en la vida. Me contentaría con que hiciera cualquier cosa (y lo digo sinceramente), pero, sin embargo, parece atascado. Además, es bipolar y se odia a sí mismo..., y todo eso.

Por suerte, con mi empleo nos mantenemos, aunque a duras penas. La casa está limpia, la colada hecha, el perro paseado, pero, desde hace tres años, no ha sido capaz de encontrar una manera de aportar dinero a la casa. Lo estresa que nos cueste pagar las facturas, pero no hace nada (realmente nada) para cambiar la situación. Si yo tuviera mucho dinero, eso me daría igual, pero no es el caso. Llevo esta carga ya desde hace mucho tiempo. He intentado repetidas veces hablar con él sobre el tema, pero no ha servido de nada.

Lo quiero muchísimo y esta situación me entristece. Pienso que seguir con él está echando a perder la vida de los dos. Quizá mi apoyo le impide realizar sus sueños. ¿Tú qué crees, Sugar?

LA RESPONSABLE

*Q*ueridas Mujeres:

Como seguro que ambas sabéis, no hay nada inherentemente malo en que un cónyuge no gane dinero. La situación más frecuente en la que tiene sentido que un miembro de la pareja ingrese dinero y el otro no es cuando la pareja tiene un hijo, o más de uno, que necesita atención; eso suele conllevar una vida doméstica y un continuo control de tareas como limpiar, comprar, guisar, lavar y doblar la ropa, poner orden, llevar el gato al veterinario y a los niños al dentista. En esta situación y en otras semejantes, el miembro de la pareja «sin trabajo» suele trabajar más, sumando las horas, que el miembro «con trabajo», y aunque sobre el papel da la impresión de que el que tiene empleo aporta más económicamente que aquel que «se queda en casa», si hacemos números y calculamos cuánto costaría emplear a alguien para realizar las tareas del miembro de la pareja «sin trabajo», resulta evidente que uno probablemente debería pensárselo dos veces antes de hablar de quién aporta qué.

Existen otras razones, suelen ser más pasajeras, por las que un miembro de la pareja puede no tener ingresos en una etapa determinada: si está en el paro o gravemente enfermo, o si estudia a tiempo completo, o si cuida de un padre enfermo o moribundo, o si trabaja en un ámbito en el que el dinero llega solo después de un largo periodo de lo que puede acabar siendo un trabajo remunerado o no.

Ninguna de las dos parece estar en esas circunstancias. Si bien, en rigor, es verdad que vuestros respectivos cónyuges están en el paro, parece claro que aquí interviene algo más complejo. Tu cónyuge, Una que Trabaja por Dos, tiene un historial laboral tan breve e irregular que el desempleo es su estado habitual más que una situación provisional. Tu cónyuge, La Responsable, al parecer ha entrado en una depre posdesempleo y ha renunciado a buscar trabajo. Ambas sentís que lleváis una pesada carga y sois víctimas de un considerable gorroneo. Deseáis desesperadamente un cambio. Las dos habéis dado a conocer vuestros sentimientos a vuestras parejas y habéis encontrado una indiferencia compasiva (es decir, «Lo lamento, cariño, pero no voy a hacer un carajo al respecto»).

Qué lío.

Supongo que no os revelo nada nuevo si digo que no podréis conseguir que vuestras parejas encuentren empleo. O al menos no podréis conseguir que encuentren empleo haciendo lo que habéis hecho hasta el momento: apelar a sus buenas intenciones en lo que se refiere a lo que es justo y razonable, rogándoles que respondan a su preocupación por vosotras y

237

vuestros deseos, así como al bienestar económico común. Sea cual sea la misteriosa angustia que impide a vuestras parejas asumir la responsabilidad de sus vidas —depresión, ansiedad, pérdida de la confianza en sí mismos, un deseo de mantener la situación basado en el miedo—, ejerce mayor influencia en ellos que cualquier arrebato de ira vuestro por ser las únicas que lleváis pasta a casa.

En cuanto a las transformaciones, de todos es sabido que, si queremos que las cosas sean distintas, tenemos que cambiar nosotros. Creo que vosotras dos debéis tomaros esto en serio, tal como cualquiera que haya cambiado algo en su vida: procurando que no quede en simples palabras bonitas y pasando a la dureza de la acción. Puede que, en respuesta a vuestros cambios, vuestras parejas decidan buscar trabajo, y puede que no, pero eso escapa a vuestro control.

Tal como yo lo veo, solo tenéis dos caminos para salir de vuestro sufrimiento. Son los siguientes:

238

a) aceptar que vuestra pareja no va a encontrar trabajo (o ni siquiera a meditar seriamente sobre por qué no lo busca), o

b) decidir que la negativa de vuestra pareja a contribuir económicamente es inaceptable y poner fin a la relación (o al menos interrumpirla hasta que cambien las circunstancias).

Pongamos, pues, que os decantáis por la opción A. Ambas habláis de vuestro amor y adoración por vuestras parejas. No queréis perderlos. ¿Cómo podríais aceptar a vuestros queridos holgazanes tal como son en esta etapa de sus vidas? ¿Es posible? ¿Lo que os dan compensa la carga que representan? ¿Estáis dispuestas a aparcar vuestras frustraciones por la incapacidad económica de vuestras parejas durante un tiempo? Si es así, ¿durante cuánto tiempo? ¿Os imagináis sintiéndoos a gusto si dentro de un año todo sigue igual? ¿Dentro de tres años? ¿Dentro de diez? ¿Podríais acordar entre los dos reducir los gastos para que todo sea más viable? ¿Y si os lo replanteáis todo? ¿Y si, en lugar de lamentar que vuestra pareja está en el paro, lo aceptáis como una elección que habéis hecho conjuntamente con vuestra pareja? Reformularlo como una decisión por mutuo acuerdo, en la que vosotras sois las que ganan el pan y vuestras parejas son los compañeros sin ingresos que os apoyan, os haría sentir con el control que ahora no tenéis.

Una que Trabaja por Dos, no mencionas si tu pareja hace algo más de lo que le corresponde en la casa; La Responsable, tú en cambio aclaras que «la casa está limpia, la colada hecha, el perro paseado». Eso ya es algo. En realidad, es mucho. No es dinero, pero tu marido hace una aportación positiva a vuestras vidas. Un sinfín de personas con trabajo estarían encantadas de encontrarse, al final de la jornada, una casa limpia, sin montañas de ropa sucia y un perro que exige salir a pasear. Muchas personas pagan a otros por ocuparse de esas cosas, o, si no, cuando llegan del trabajo, se encuentran con otro turno de tareas domésticas. El trabajo no remunerado de tu marido te beneficia. Con eso *in mente*, ¿de qué otras maneras podrían vuestras parejas aligerar vuestra carga si se niegan a aligerarla económicamente? ¿Podríais elaborar una lista con vuestras necesidades individuales y las de la casa —económicas, logísticas, domésticas y administrativas— y dividir las responsabilidades de una manera que os parezca equitativa teniendo en cuenta la cantidad de trabajo total incluidas las horas que dedicáis a vuestro empleo?

Si bien os animo sinceramente a plantearos la posibilidad de conciliaros con el desempleo permanente de vuestras parejas, admito que expongo esta opción con más optimismo del que siento. Una cosa que he observado en vuestras dos cartas es que —aunque el dinero es un punto de tensión importante— vuestra mayor preocupación no es el dinero. Es lo apáticas que son vuestras parejas, su falta de ambición, ganen dinero o no. Una cosa sería que fueran personas felices y realizadas, convencidas de que su mayor aportación a la vida en común es su función de amos de casa y ayudantes personales, pero salta a la vista que han utilizado el hogar y la seguridad de vuestra relación como un lugar en el que refugiarse y holgazanear, en el que hundirse en sus inseguridades y dudas, más que un trampolín para salir de ellas.

Hablemos pues de la opción B. Una que Trabaja por Dos, dices que no le pondrás un ultimátum a tu pareja, pero te animo a pensártelo mejor. Quizá te sirva de algo llegar a ver lo que yo veo ahora con total claridad: que tú y La Responsable sois quienes habéis recibido ultimátums, al menos de un tipo tácito, pasivo-agresivo.

Los ultimátums tienen connotaciones negativas porque, a menudo, los utilizan los matones y los maltratadores, que se sienten cómodos poniendo a sus parejas entre la espada y la pared. Exigiéndoles que elijan entre esto y aquello, entre todo o nada. Pero cuando los emplean personas emocionalmente sanas y con buenas intenciones, los ultimátums ofrecen una vía respetuosa y afectuosa para salir de un callejón sin salida que tarde o temprano destruiría la relación por sí solo. Además, ambas lleváis años entre la espada y la pared, obligadas por vuestras parejas a ser las únicas proveedoras económicas, aun cuando hayáis declarado repetidamente que no queréis ni podéis continuar así. Habéis continuado así. Vuestras parejas han puesto excusas y os han permitido hacer lo que decíais que no queríais hacer, aun sabiendo que os causa una profunda infelicidad.

Vuestro ultimátum es sencillo. Es justo. Y expone vuestras propias intenciones, no lo que esperáis que sean las suyas. Es: «No quiero seguir viviendo así. No llevaré nuestra carga económica más allá de mis deseos o capacidades. No dejaré que te dejes llevar. No lo haré, por más que te quiera. No lo haré, porque te quiero. Porque hacerlo nos está destruyendo».

La parte difícil es, claro, qué hacer después de soltar esto, pero, de momento, no tenéis por qué saberlo con toda exactitud. Quizá sea la ruptura, quizá sea la elaboración de un plan de acción que salve vuestra relación. Quizá sea aquello que por fin obligue a vuestras parejas a cambiar. Sea lo que sea, os aconsejo encarecidamente que busquéis respuestas a las preguntas más profundas que subyacen a los problemas con vuestras parejas mientras pensáis en una solución. Vuestros conflictos conjuntos e individuales son más profundos que el hecho de que alguien no tenga empleo.

Podéis hacerlo. Sé que podéis. Así se hace el verdadero trabajo. Todos podemos tener una vida mejor si la forjamos.

Un saludo,

SUGAR

El buque fantasma que no nos transportó

*Q*uerida Sugar:

Para aquellos de nosotros que no tenemos la suerte de «saberlo sin más», ¿cómo decide una persona si quiere tener un hijo? Soy un hombre de cuarenta y un años, y hasta ahora he podido aplazar esa decisión mientras ponía en orden todos los demás apartados de mi vida. En general, puedo decir que me lo he pasado bien como ser humano sin hijos. Siempre he tenido la corazonada de que mientras recorriera mi camino, mis sentimientos con respecto a la paternidad se decantarían hacia un lado o hacia otro, y yo seguiría en esa dirección hasta donde me llevara. Pues bien, el camino me ha traído hasta aquí, hasta el punto en que todos mis coetáneos están teniendo hijos y explayándose sobre las maravillas (y también las duras pruebas, por supuesto) de sus nuevas vidas, mientras yo sigo disfrutando de mi vida de siempre.

Me encanta esta vida. Me encanta tener todas aquellas cosas que sé que escasearán si soy padre. Cosas como el silencio, el tiempo libre, los viajes espontáneos, los huecos sin obligaciones. La verdad es que las valoro mucho. Estoy seguro de que todo el mundo las valora, pero, en la gran pendiente de la condición humana, tengo la impresión de que me encuentro más cerca de un extremo que la mayoría de la gente. Hablando claro, temo renunciar a eso. Temo que si soy padre, echaré de menos mi «antigua» vida.

Como hombre, sé que dispongo de un poco más de margen en cuanto al reloj biológico, pero no es ese el caso de mi pareja, que ha cumplido ya los cuarenta. También ella está entre dos aguas en lo que se refiere a los hijos; si bien es posible que haya diferencias en cosas concretas, a grandes rasgos los dos lidiamos con las mismas preguntas. En este momento, intentamos distinguir las señales en medio del ruido: ¿queremos un hijo porque realmente queremos un hijo, o estamos planteándonos tenerlo por miedo a lamentar más adelante no haberlo tenido? Ambos aceptamos que ya no nos queda mucho tiempo para seguir aplazándolo y debemos decidirnos de una vez por todas.

Cuando intento imaginarme como padre, suelo acordarme de dos maravillosos gatos que tuve desde los veintidós años hasta que los enterré en el jardín hace apenas un par de años. Nacieron prematuramente de una madre demasiado enferma para cuidar de ellos. Los crie con biberón; me despertaba en plena noche para limpiarles el trasero; estuve presente en cada fase de desarrollo desde que eran crías hasta la edad adulta, y en esencia los quise con toda mi alma durante toda su vida. Bajo mi tutela se convirtieron en criaturas confiadas y afectuosas. Y lo hice muy conscientemente, pensando ya entonces que era un excelente entrenamiento para cuando tuviera un hijo, si un día llegaba a optar por eso. Se puede decir que fui un padre para mis gatos. Y me encantó. Sin embargo, también me encantaba la posibilidad de poner un plato más de comida y agua en el suelo, y luego marcharme de la ciudad para disfrutar de un puente de tres días.

Y ahora aquí me tienes, pensando en la idea de ser padre. Pensándolo en serio y a fondo. Sugar, ayúdame.

Firmado,

INDECISO

Querido Indeciso:

Hay un poema de Tomas Tranströmer que me encanta. Se titula «La casa azul». Me acuerdo de él cada vez que reflexiono acerca de preguntas como la tuya sobre nuestras decisiones irrevocables. En el poema, el narrador es un hombre que está en un bosque cerca de su casa. Cuando contempla su casa desde esa perspectiva, tiene la impresión de que es como si acabara de morir y «viera la casa desde un nuevo ángulo». Es una imagen maravillosa —ese hombre recién muerto entre los árboles— y muy aleccionadora. Ver lo familiar desde una nueva perspectiva más lejana tiene un poder transformador. Es desde esta posición desde la que el narrador de Tranströmer consigue ver su vida tal como es, y a la vez tomar conciencia de las vidas que podría haber vivido. El poema me toca una fibra sensible porque expone una verdad triste, jubilosa y devastadora. Cada vida, escribe Tranströmer, «tiene un buque gemelo», que sigue «una ruta muy distinta» de aquella que acabamos tomando. Queremos que sea de otra manera, pero no es posible: las personas que uno podría haber sido viven una vida fantasma distinta de la que vive la persona que uno es.

Y, por tanto, la pregunta es quién se propone uno ser. Como afirmas en tu carta, crees que podrías ser feliz en cualquiera de las dos situaciones: siendo padre o siguiendo sin hijos. Me has escrito porque buscas aclararte respecto a qué rumbo tomar, pero quizá deberías planteártelo de otra manera. Piensa que te adentras en el bosque, como el hombre del poema, y limítate a contemplar durante un rato tu casa azul. Creo que si lo hicieras, verías lo que veo yo: que probablemente no habrá claridad, al menos al principio; solo estará la opción que elijas, y la certeza de que tanto en un caso como en otro sufrirás una pérdida.

Tú y yo somos más o menos de la misma edad. Yo tengo dos hijos, que di a luz con poco tiempo de diferencia, a los treinta y tantos años. Si a los treinta y cuatro años, cuando no tenía hijos, se me hubiese aparecido un hada de la maternidad y me hubiera prometido concederme otros diez años de ferti-

243

lidad para poder vivir un poco más de tiempo la vida serena que entonces tenía, centrada en los gatos y fabulosamente libre de ataduras, habría accedido al instante. También yo pasé mis años adultos dando por supuesto que algún día, cuando llegara el momento de ser madre, «lo sabría sin más». También me situaba en el extremo «déjame en paz» de la «gran pendiente de la condición humana». Decidí quedarme embarazada en el momento en que lo hice porque me acercaba a los últimos años de mi fertilidad y porque el deseo de hacerlo —que, según dicen, es tan profundo— era solo un poco más intenso que mis dudas al respecto.

Así que me quedé preñada. Y no lo tenía nada claro. En este sentido, el señor Sugar y yo estábamos totalmente de acuerdo. Aunque, en general, nos complacía tener un hijo, la idea también nos asustaba. Nos gustaba hacer el amor y deambular por otros países de maneras nada idóneas para viajar con bebés, y pasar horas leyendo en silencio en dos sofás situados uno frente al otro en el salón. Nos gustaba trabajar días y días sin interrupción en nuestras respectivas formas de arte, y echarnos siestas improvisadas y pasar semanas con la mochila al hombro en la naturaleza.

Durante mi embarazo, no hablamos mucho acerca de lo increíble que sería la vida en cuanto naciera nuestro hijo, ni de que todas esas actividades serían a todas luces imposibles, o casi. En esencia, mantuvimos conversaciones ambivalentes, un tanto horribles, en las que hablamos de nuestra esperanza de no haber cometido un error garrafal. «¿Y si queremos al bebé, pero no tanto como todo el mundo dice que lo querremos?», le preguntaba cada dos o tres semanas. «¿Y si el bebé nos aburre, nos irrita o nos da asco? ¿Y si nos entran ganas de cruzar Islandia en bicicleta o recorrer Mongolia a pie? Mierda. ¡Ya tenemos ganas de cruzar Islandia en bicicleta o recorrer Mongolia a pie!»

No quiero decir que debes tener un hijo, Indeciso, sino que posiblemente esperas tener una sensación que jamás tendrás. El deseo claro de tener un hijo no es un rasero ajustado cuando uno intenta decidir si debe tenerlo o no. Sé que parece absurdo, pero así es.

¿Cuál es, pues, el rasero preciso?

Dices que tu pareja y tú no queréis tomar la decisión de ser padres solo por temor a «lamentar no tenerlo más adelante», pero te animo a replanteártelo. Pensar detenidamente en tus decisiones y acciones desde el punto de vista de tu futuro puede servir como una fuerza motivadora y correctora a la vez. Tal vez te ayude a permanecer fiel a quien realmente eres, así como inspirarte a potenciar tus deseos ante tus miedos.

No lamentar algo más tarde es la razón por la que he hecho al menos tres cuartas partes de las mejores cosas de mi vida. Es la razón por la que me quedé embarazada de mi primer hijo, pese a que habría agradecido esa otra década concedida por el hada de la maternidad, y es también la razón por la que me quedé embarazada de mi segundo hijo, pese a que el primero ya me desbordaba. Como tú estás a gusto en tu actual vida sin hijos, creo que el intento de determinar qué podrías lamentar más adelante es la mejor manera de estudiar significativamente si para ti es importante tener un hijo. Tanto es así que sospecho que la única pregunta a la que debes responder es si lo lamentarás más adelante. Es precisamente esa la que te indicará qué hacer.

245

Ya conoces las respuestas a todas las demás. Sabes que estás abierto a la posibilidad de ser padre y también a la de seguir sin hijos. Sabes que has obtenido placer y satisfacción asumiendo la responsabilidad sobre la vida de otros (en forma de tus queridos gatos) y también que la libertad y la independencia de una vida sin hijos te gusta mucho.

¿Qué es lo que no sabes? Haz una lista. Anota todo lo que no sabes sobre tu vida futura —que es todo, claro está—, pero usa la imaginación. ¿Qué reflexiones e imágenes acuden a tu mente cuando te representas a ti mismo con el doble de la edad que tienes ahora? ¿Qué cobra forma si te imaginas a ti mismo a los ochenta y dos años como la persona que optó por seguir «disfrutando de la vida de siempre», y qué cobra forma cuando te ves a los ochenta y dos años con un hijo o una hija de treinta y nueve? Escribe «vida de siempre» e «hijo o hija», y debajo elabora las listas de todo aquello que esas experiencias, según crees, te aportarían y te quitarían, y luego reflexiona sobre qué puntos de esas listas podrían anularse mutuamente. ¿Se vería neutralizada de una manera significativa la pérdida temporal de tu libertad personal en la mediana edad por la experiencia de querer a otra persona más intensamente de lo que has querido nunca? ¿Quedaría compensada la dolorosa incertidumbre de no haber sido padre por la extraordinaria certeza de que puedes llevar una vida apenas condicionada por las necesidades de otros?

¿Qué es una buena vida? Anota «buena vida» y enumera todo lo que relacionas con esa forma de vida; luego ordena los elementos de esa lista. ¿Has obtenido las cosas más significativas de tu vida como resultado de una existencia relajada o de la lucha? ¿Qué te da miedo en cuanto al sacrificio? ¿Qué te da miedo en cuanto a no sacrificarte?

Ahora ahí estás en el suelo, tu gigantesca hoja de papel blanco, como la vela de un barco, escrita por todas partes; tal vez no has alcanzado todavía la claridad, tal vez aún no sabes qué hacer, pero sientes algo, ¿verdad? Los bosquejos de tu vida real y de tu vida gemela están ahí ante tus ojos y debes decidir qué hacer. Uno es la vida que tendrás; el otro es la que no tendrás. Barájalos en tu cabeza y a ver qué sientes. ¿Cuál te remueve por dentro? ¿Cuál no quieres dejar ir del todo? ¿Cuál está dominado por el miedo? ¿Cuál está dominado por el deseo? ¿Cuál te induce a querer cerrar los ojos y saltar? ¿Cuál te empuja a querer dar media vuelta y echar a correr?

A pesar de mis temores, no he lamentado tener un niño. El cuerpo de mi hijo contra el mío fue la claridad que nunca tuve. Durante las primeras semanas de su vida, sentí una sincera consternación ante la idea de lo cerca que había estado de optar por vivir sin él. Ser su madre fue algo penetrante, implacable e inalterable. Mi vida terminó y empezó a la vez.

Si pudiera retroceder en el tiempo, tomaría la misma decisión sin pensármelo dos veces. No obstante, ahí sigue mi vida gemela. Todo lo demás que podría haber hecho. No sabía lo que no podía saber hasta que fui madre, y, por tanto, estoy segura de que hay cosas que no sé porque fui madre. ¿A quién habría estado cuidando si no hubiera cuidado de mis dos hijos en los últimos siete años? ¿En qué fuerzas creativas y prácticas se habría concentrado mi amor? ¿Qué dejé de escribir porque estaba cogiendo a mis hijos al pie de un tobogán y vigilándolos mientras hacían equilibrios por el borde de un muro bajo de ladrillo y empujándolos interminablemente en columpios? ¿Qué escribí por haber hecho eso? ¿Sería más feliz, más inteligente y más guapa si durante todo este tiempo hubiese dispuesto de la libertad para leer en silencio en un sofá que se hallaba frente al sofá del señor Sugar? ¿Me quejaría menos? ¿La pérdida de horas de sueño y el consumo de una exorbitante cantidad de Conejitos de Cheddar Ecológicos Caseros de Annie me han quitado años de vida o me los han añadido? ¿A quién habría conocido si hubiese cruzado Islandia en bicicleta y hubiera recorrido Mongolia a pie? ¿Qué habría experimentado y adónde me habría llevado eso?

Nunca lo sabré, como tampoco tú sabrás nada de la vida que no elijas. Solo sabremos que esa vida gemela, sea cual sea, fue importante y hermosa, y que no nos perteneció. Fue el buque fantasma que no nos transportó. No hay nada que hacer, salvo saludarlo desde la orilla.

Un saludo,

SUGAR

247

Ese alguien interior tuyo, invisible y espantoso

*Q*uerida Sugar:

Tengo veintinueve años y salgo con un hombre al que adoro; pensamos irnos a vivir juntos pronto. Tengo un empleo estable que detesto, pero confío en encontrar algo que me guste. Tengo familia, amigos, *hobbies* y amor. Mucho amor. Y me da pavor la posibilidad de tener cáncer.

Me aterroriza la idea de que tarde o temprano me lo diagnostiquen. Mi madre tuvo un cáncer de mama cuando yo estudiaba en la universidad. Ella sobrevivió, pero no en ciertos sentidos. La quebrantó, Sugar. Mi padre murió de cáncer de hígado cuando yo estaba en el instituto: no tuvo la suerte de contar entre los «supervivientes». A mi abuela le detectaron un tumor cerebral cuando yo acababa de nacer; no vivió para ver mi primer cumpleaños. Por más que cuido mi salud, por más precauciones que tomo, me corroe la duda de si mis genes están programados para llevarme al fracaso.

Sé que no puedes decirme si tendré cáncer o no, y sé que no puedes decirme cuándo. Pero mi conflicto —la cuestión que necesito que me ayudes a aclarar— es cómo tomar decisiones en la vida teniendo en cuenta esa posibilidad. Ya sabes a qué decisiones me refiero: «las grandes».

¿Cómo decido si me caso o no? ¿Cómo miro a la cara a ese hombre a quien adoro y cómo le explico por lo que tendrá que pasar si me diagnostican un cáncer o, peor aún, si no sobrevivo? Ya he decidido no tener hijos. ¿Cómo puedo obligar a llevar a un hijo una carga que ni siquiera yo me siento capaz de afrontar? ¿Cómo hago planes para el futuro cuando quizá no haya un futuro que planear? Dicen «vive la vida plenamente porque quizá no haya un mañana», pero ¿qué pasa con las consecuencias de que «no haya un mañana» para las personas a quienes quieres? ¿Cómo las preparo para aquello por lo que tal vez tengan que pasar? ¿Cómo me preparo yo misma?

UNA QUE TEME EL FUTURO

*Q*uerida Una que Teme el Futuro:

En tu cabeza vive una loca de atar. Espero que te sirva de consuelo saber que no eres la única. La mayoría de las personas tenemos ese alguien interior, invisible y espantoso, que dice toda clase de disparates sin el menor fundamento.

A veces, cuando estoy hecha un lío por dentro y mi propia loca de atar está agobiándome, hago un alto y me pregunto de dónde ha sacado esa información. Le pido que revele sus fuentes. Le exijo pruebas. ¿Sus ideas salen de datos reales basados en la razón o ella/yo las sacamos del pozo infernal que arde como un fuego eterno en el fondo de mi pequeña alma necesitada, egoísta y famélica?

¿Existen pruebas fidedignas de que en el fondo no caigo bien a mis amigos, o sencillamente estaban todos enfrascados en su conversación cuando entré en la habitación y tardaron un momento en saludarme? ¿Acaso la persona que dijo «Con tantos alumnos en las aulas, jamás enviaría a mi hijo a un colegio público» en realidad quería decir que yo era una madre de segunda fila y destruía temerariamente a mis hijos porque hay treinta niños en sus aulas, o solo me daba a conocer sus complejas decisiones como madre? Cuando recibo cartas de personas que discrepan apasionadamente de algunos de mis

249

consejos, pienso: ¿sería posible que todos los lectores estuvieran de acuerdo conmigo en todo? ¿Soy una estúpida ignorante que no debería volver a escribir jamás?

Si me pidieras que dibujara un autorretrato, dibujaría dos. Uno sería una imagen de una mujer feliz, segura, de aspecto normal; la otra sería un primer plano de una gigantesca boca abierta ávida de amor. Muchos días tengo que decirme en silencio: «Tranquila. Eres una persona querida. Eres una persona querida incluso si hay gente que no te quiere. Incluso si hay gente que te odia. No pasa nada incluso si a veces te sientes despreciada por tus amigos o envías a tus hijos a un colegio al que otra persona no enviaría a los suyos o si has escrito algo que ha indignado a un montón de gente».

Con bastante frecuencia, tengo que parar los pies a la loca de atar. A lo largo de los años, mi bienestar emocional ha dependido de eso. Si dejara que se saliera con la suya, mi vida sería más insignificante, más estúpida, más plana, más triste.

También lo será la tuya si lo permites. Tienes mi más profunda compasión y mi más sincera comprensión, pero no estás pensando con claridad. Concedes demasiado poder a la loca de atar. El dolor y el miedo han velado tu capacidad de mantener una actitud razonable con respecto a tu mortalidad. Y, si continúas en esa línea, va a privarte de la vida que mereces, la vida en que ese alguien interior invisible y espantoso finalmente cierra la boca.

No necesitas mirar a tu amante a los ojos y «explicarle por lo que tendría que pasar» si te diagnostican un cáncer. Háblale de las experiencias de tu familia con el cáncer y de cómo superaste esos momentos difíciles. Comparte con él tus temores y tu aflicción, pero no traces una línea ilógica entre las enfermedades reales de tus familiares y la tuya inexistente. Solo la loca de atar está convencida de que tendrás cáncer y morirás joven. Los demás no sabemos absolutamente nada al respecto. Sí, te conviene ser consciente de los riesgos y cuidar tu salud, pero hazlo recordando que, en la mayoría de los casos, un historial genético de cualquier enfermedad solo es un factor más.

Cualquiera de nosotros podría morir, cualquier día, por muy diversas causas. ¿Esperarías tú que tu pareja te explicara por lo que tendrías que pasar si él muriera en un accidente de circulación, de un infarto o ahogado? Son cosas que podrían ocurrir. Eres un ser mortal, como todo humano y todo escarabajo, como todo oso negro y todo salmón. Todos nos vamos a morir, pero solo algunos morirán mañana, o el año que viene, o en los próximos cincuenta años. Y, en general, no sabemos quiénes de nosotros serán ni cuándo ni de qué.

Ese misterio no es la maldición de nuestra existencia; es el prodigio. Es de lo que habla la gente cuando se refiere al círculo de la vida del que todos formamos parte, nos parezca bien o mal: los vivos, los muertos, los recién nacidos y los que están apagándose. Intentar situarte fuera del círculo no va a salvarte de nada, no va a librarte de tu dolor ni a proteger a tus seres queridos del suyo cuando tú ya no estés. No va a alargar tu vida ni acortarla. Lo que tu loca de atar te ha susurrado al oído, sea lo que sea, es falso.

Estás aquí. Debes estar aquí, querida. Por ahora estás bien entre nosotros.

Un saludo,

251

SUGAR

Esperar junto al teléfono

*Q*uerida Sugar:

En esta era de Facebook y Twitter, ¿cómo se supone que hemos de olvidar a nuestros ex (de los que intentamos ser amigos) mientras nos asaltan con actualizaciones de estado y tuits (esos «breves ciento cuarenta caracteres de dolor», como a mí me gusta llamarlos)?

Un saludo,

LA QUE CONTINUAMENTE PULSA
ACTUALIZAR PÁGINA

*Q*uerida La que Continuamente Pulsa Actualizar Página:

Difícilmente olvidaremos a nuestros ex si seguimos cada uno de sus pasos en Facebook y Twitter, monada. Facebook y Twitter son máquinas de tortura para el corazón atormentado. En los tiempos en que Sugar era joven, el maldito teléfono era ya martirio suficiente.

¿Sonaría? No sonaba.

¿Deberías llamar tú? No deberías llamar.

Pero siempre llamabas. No podías evitar llamar porque tenías el corazón destrozado y pensabas que quizá si volvías a hablar «una vez más», la persona que te destrozaba el corazón cambiaría de idea y dejaría de destrozártelo.

Así que te quedabas durante un rato con el auricular en la mano y tenías la sensación de que el teléfono estaba literalmente al rojo vivo a causa de tu dolor y tu anhelo; finalmente, marcabas y el timbre sonaba, y sonaba hasta que, al cabo de un rato, saltaba el contestador y salía su voz —¡tan alegre!, ¡tan despreocupada!, ¡tan insufriblemente inalcanzable!—; luego sonaba el pitido y empezabas a hablarle al silencio, mostrándote un poco como la persona serena, fuerte, razonablemente distante que eras antes de que el amado dueño del contestador te destrozara el corazón; pero a los cuatro segundos pasabas a hablar con voz aguda, trémula y desesperada, y, balbuceando, decías algo así como que solo llamabas para saludar porque lo echabas mucho de menos y porque, al fin y al cabo, seguíais siendo amigos y porque, bueno, solo «querías hablar», pese a que, en realidad, no había nada más que decir, y al final te callabas y colgabas, y un milisegundo después rompías a llorar entrecortadamente.

A continuación, llorabas y llorabas y llorabas tanto que no podías tenerte en pie; al final te quedabas en silencio y sentías que la cabeza te pesaba unos cuatrocientos kilos, la levantabas, separándola de las manos, e ibas al baño para contemplarte solemnemente en el espejo y sabías, con toda certeza, que estabas muerta. Viva pero muerta. Y todo porque esa persona ya no te quería. O incluso si te quería, no te deseaba. ¿Y qué clase de vida era esa? No era vida. Ya no habría vida. Solo habría un insoportable minuto detrás de otro, y, durante cada uno de esos minutos, la persona a quien deseabas no te desearía a ti y te echarías a llorar otra vez y te verías llorar patéticamente en el espejo hasta que no pudieras llorar más, y entonces pararías.

Te lavarías la cara, te peinarías y te pondrías crema de cacao en los labios, a pesar de que a esas alturas parecías ya un pez globo tropical. Luego te irías flotando a tu coche con el vaquero que, de pronto, te venía dos tallas grande, porque, con el corazón tan incuestionablemente destrozado, no habías comido desde hacía una semana. (No había de qué preocuparse: ese mismo vaquero pronto te vendría dos tallas pequeño, cuando

253

tu corazón roto entrara en la fase de los atracones.) Subirías al coche y empezarías a conducir, y, mientras conducías, pensarías; «¡Ni siquiera tengo la menor idea de adónde voy!».

Pero claro que lo sabías. Siempre lo sabías. Pasarías por delante de su casa «solo por ver».

Y allí estaría él/ella, su sombra a través de la ventana delantera; a la luz de la lámpara que, en otro tiempo, tú apagabas y encendías como si nada. Lo/La verías durante solo un momento fugaz, pero esa imagen se grabaría a fuego en tu cerebro. Él/ella estaría riéndose un poco, conversando con alguien a quien, para exasperación tuya, no verías. Y desearías parar, investigar, observar, pero no podrías parar porque ¿y si él/ella miraba por la ventana y te veía?

Así que volverías a casa y te quedarías sentada a oscuras junto al teléfono.

No pulsarías actualizar página. No leerías que la persona que te había destrozado el corazón era ahora «amigo» de alguien con un nombre de lo más sensual (Monique/Jack). No verías fotos de tu ex posando perturbadora y ebriamente cerca de desconocidos/desconocidas apuestos en fiestas, ni leerías veladas referencias a nada que pudiera ser una mamada. No estarías expuesta a declaraciones acerca de lo mucho que se habían divertido o se divertirían, ni a inquietantes lamentaciones sobre la vida de soltero. No habría abreviaturas del tipo *xD*, *tkm* o *QT1BD*, ni símbolos compuestos de un punto y coma y un paréntesis, ese insinuante guiño, enviados por personas llamadas Jack o Monique.

No habría nada. Solo estarías tú en la oscuridad cerca del teléfono que nunca sonaría, empezando a darte cuenta de que tenías que cambiar de camino.

Para olvidarte de tu ex, tienes que cambiar de camino, La que Continuamente Pulsa Actualizar Página. Dejar de ser su amiga y de seguirlo, al menos temporalmente, te ayudará a lograrlo. Ser amiga de alguien que en otro tiempo te rompió el corazón está muy bien, pero casi siempre conviene tomarse un respiro entre una cosa y la otra. Te animo encarecidamente a resistir la tentación de devorar cada uno de los pensamientos de tu ex, querida. Prescindir de ese morral cibernético te parecerá un infierno los primeros días, pero estoy segura de que pronto te darás cuenta de que respiras mucho mejor cuando no inhalas continuamente los efluvios de la vida de tu ex sin ti.

Un saludo,

SUGAR

Todos somos salvajes por dentro

*Q*uerida Sugar:

Soy una persona envidiosa. Envidio a la gente que tiene éxito en lo mío (escribir narrativa). Envidio incluso a quienes quiero, me caen bien o respeto. Incluso cuando finjo alegrarme si mis amigos escritores reciben una buena noticia, la verdad es que me siento como si me hubiese tragado una cucharada de aceite para el coche. Después me paso días desasosegado y triste, pensando: «¿Por qué no yo?».

Así pues, ¿por qué no yo, Sugar? Tengo treinta y un años. He escrito una novela que actualmente estoy revisando, a la vez que busco agente (lo cual está resultando más difícil de lo que imaginaba). Recibí una formación de primer nivel; me licencié en una universidad prestigiosa y me doctoré en otra universidad importante. Varias personas de mi órbita social y literaria han conseguido por un libro la clase de contrato de seis cifras con el que yo sueño. Un par de ellas son unas capullos, así que no me siento culpable por lamentar su suerte, pero algunas son buenas personas: me caen bien y las respeto. Y, lo peor de todo, una es una mujer que se cuenta entre mis mejores amigos.

Me horroriza no alegrarme por ellos, sobre todo cuando se trata de mi amiga íntima, pero es lo que hay. Cuando pienso en su éxito, no hago más que acordarme de lo que yo no tengo. Quiero lo que ellos tienen, pero es más que eso: que ellos tengan lo que yo quiero me duele. Cuando otros amigos escritores sufren un fracaso (rechazos de agentes o de editoriales, por ejemplo), admito que, en el fondo, me animo un poco. La sensación es más de alivio que de júbilo. ¿Conoces aquello que dicen de «desgracia compartida, menos sentida»? No les deseo ningún mal a los demás, pero, sinceramente, tampoco les deseo ningún bien.

Sé que esto me convierte en una persona odiosa y poco profunda. Sé que estar agradecido por tener un empleo aceptable que me permite escribir, buenos amigos, unos padres maravillosos que me apoyaron tanto emocional como económicamente (con mis estudios universitarios, que me han ayudado de incontables maneras), y por tener una vida muy buena. Pero me resulta imposible centrarme en esas cosas cuando me entero de que otro amigo, conocido o excompañero de estudios ha vendido un libro por tal cantidad de dólares.

¿Cómo hago frente a esto, Sugar? ¿Es que sencillamente la envidia forma parte de la vida de un escritor? ¿Son mis sentimientos los mismos que los de todo el mundo, aun cuando los demás finjan lo contrario? ¿Es posible librarse de estos sentimientos negativos y experimentar otros positivos cuando me llegan fabulosas noticias acerca de alguien? Háblame de la envidia, te lo ruego. No quiero que domine mi vida… O, al menos, si va a dominar mi vida, quiero cerciorarme que que la envidia también domina (secretamente) la vida de todos los demás.

Firmado,

PERSONA MUY ENVIDIOSA

*Q*uerido Persona Muy Envidiosa:

Todos somos salvajes por dentro. Todos queremos ser el elegido, el amado, el apreciado. No hay una sola persona que esté leyendo esto en cuyo interior no haya asomado, en uno u otro momento, esa voz que, cuando algo bueno le sucede a otro, dice: «¿por qué no a mí?». Pero eso no significa que debas permitir que domine tu vida. Significa que tienes trabajo por delante.

Antes de entrar en materia, quiero aclarar de qué estamos hablando. No estamos hablando de libros. Estamos hablando de contratos de libros. Sabes que no es lo mismo, ¿verdad? Una cosa es la escritura como arte, eso por lo que te pasas horas y horas escribiendo como un cabrón durante mucho tiempo. Lo otro es aquello que el mercado decide hacer con tu creación. A un escritor le ofrecen un contrato cuando ha escrito un libro que (a) gusta a un editor y (b) una editorial cree que los lectores comprarán. El número de ejemplares que la editorial cree que se venderán es muy variable. Podrían ser diez millones, setecientos o doce. En realidad, no tiene mucho que ver con la calidad del libro, sino más bien con el estilo literario, el tema y el género. Tiene que ver con la cifra fijada en el contrato de adquisición del libro, lo cual también guarda relación con los recursos a disposición de la editorial que quiere publicar tu libro. Los grandes sellos pueden pagar a los autores anticipos de seis cifras por libros para los que prevén unas ventas significativas. Los sellos pequeños no. Tampoco esto guarda relación alguna con la calidad de los libros que publican.

Es importante aclarar esto desde un principio porque, leyendo tu carta, intuyo que confundes el libro con el contrato de adquisición del libro. Son dos cosas distintas. Lo que recae bajo tu responsabilidad es el libro. Lo que ocurre por efecto de fuerzas que en esencia están fuera de tu control es el contrato de adquisición del libro. Podrías escribir el libro de poemas más arrolladoramente extraordinario del mundo y nadie te daría ni veinte mil dólares por publicarlo. Podrías escribir la novela más arrolladoramente extraordinaria del mundo y quizá sacaras esa cantidad. O tal vez no.

Es decir, lo primero que debes hacer es aclararte tú mismo, Persona Muy Envidiosa. Si eres escritor, lo importante es lo que escribes, y el aceite del coche, por más cantidad que te metas en el estómago al enterarte de quién ha sacado cuánto por qué libro, no te ayudará en nada. Tú tienes que ocuparte de escribir un gran libro y luego escribir otro gran libro, y seguir escribiéndolos mientras puedas. Esa es tu única causa, no conseguir un contrato de seis cifras por un libro. Hablo de la diferencia entre arte y dinero, creación y comercio. Es magnífico e importante cobrar por producir arte. Los editores que hacen llegar los libros a los lectores son un elemento vital de nuestra labor, pero nuestra labor —la tuya y la mía— es escribir libros. Eso puede brindarte contratos de seis cifras por las razones que he perfilado arriba. O no.

¿Sabes qué hago cuando siento envidia? Me digo que no debo sentir envidia. Apago la voz que dice: «¿Por qué no a mí?». Y entonces la sustituyo por la que dice: «No seas tonta». Realmente, es así de fácil. Realmente, dejas de ser una persona muy envidiosa dejando de ser una persona muy envidiosa. Cuando te sientes fatal porque alguien ha conseguido algo que tú deseas, te obligas a recordar cuántas cosas te han sido concedidas. Recuerdas que hay más que de sobra para todos. Recuerdas que el éxito de una persona no guarda la menor relación con el tuyo. Recuerdas que algo maravilloso le ha ocurrido a uno de tus colegas literarios y que quizá, si sigues trabajando, y con un poco de suerte, algo maravilloso te ocurrirá a ti algún día.

Y si no eres capaz de eso, deja de sentir envidia, sin más. En serio. No te permitas pensar en ello. Ahí abajo, en la madriguera de tu resentimiento, no hay nada que comer, salvo tu propio corazón desesperado. Si lo permites, la envidia te devorará. Tu carta es prueba de que eso ya ha empezado a ocurrir. Ha minado tu felicidad, te ha apartado de tu verdadero trabajo y te ha convertido en un amigo lamentable.

En cuanto a esa mujer que, según mencionas, acaba de firmar el contrato por un libro, esa que consideras entre tus mejores amigos, ella sabe que en realidad no te alegras por ella. Lo sabe aun cuando se haya convencido de que no lo sabe; a pesar de que haya intentado dar otra explicación a las vibraciones extrañas que transmitiste, sean cuales sean, cuando fingiste alegrarte por ella cuando recibió la buena noticia. Lo sabe porque no puedes fingir afecto y generosidad de espíritu. Eso está o no está. Haber fingido alegría cuando una persona —una persona por quien, según tú, sientes un profundo aprecio— te anunció algo maravilloso que le había ocurrido es mucho más lamentable que el que no hayas conseguido el contrato de cinco o seis cifras que estás convencido de que mereces. Y, si quieres tener una vida real, verdadera, profunda, auténtica, satisfactoria, pistonuda y honrada, te aconsejo que primero resuelvas esas gilipolleces.

Sé que no es fácil ser artista. Sé que la brecha entre creación y comercio es tan ancha que a veces es imposible no sentirse engullido por ella. Muchos artistas desisten porque es dificilísimo seguir dedicándose al arte en una cultura que, por lo general, no respalda a sus artistas. Pero la gente que no desiste es la gente que encuentra una manera de creer en la abundancia más que en la escasez. Se han tomado a pecho la idea de que hay suficiente para todos, de que el éxito se manifestará de distintas maneras para distintas clases de artistas, de que conservar la fe es más importante que embolsarse el cheque, de que alegrarse sinceramente por otra persona que ha conseguido algo que uno espera lograr debe ser también motivo de sincera alegría.

La mayoría de las personas no llegan a este punto de un modo natural. Y, por tanto, Persona Muy Envidiosa, hay esperanza para ti. También tú puedes ser una persona que no desistió. La mayoría de la gente que no se rindió cayó en la cuenta de que para prosperar tenían que expulsar al feo dios de la envidia de sus cabezas y ponerse al servicio de algo más grande: su propio trabajo. Para algunos, eso solo significó apagar la voz que dice «¿por qué no a mí?», y seguir adelante. Para otros, significó profundizar y explorar por qué exactamente les dolía tanto que otra persona recibiera una buena noticia.

Lamento decírtelo, pero a mí me parece que estás en este último grupo. Gran parte de tu envidia surge probablemente de un desproporcionado sentido de tus propias prerrogativas. Los privilegios tienden a estropearnos la cabeza de la misma manera que la falta de ellos. Hay mucha gente que jamás soñaría con ser escritor, y menos aún con obtener un contrato de seis cifras a los treinta y un años. Tú no eres uno de ellos. Y no eres uno de ellos, muy posiblemente, porque has disfrutado de mucha cosas que no te has ganado a pulso ni merecías, sino que has recibido por una única razón: naciste en una familia con el dinero y los medios para financiar tu formación en dos universidades a las que un impulso te hace catalogar de «prestigiosas».

¿Qué es una universidad prestigiosa? ¿Qué te indujo a pensar de ti mismo asistir a esa clase de universidad? ¿Qué presupones acerca de las universidades que no describirías como prestigiosas? ¿Qué clase de personas van a las universidades prestigiosas y cuáles a las universidades no prestigiosas? ¿Crees que tenías derecho a una educación gratuita de «primer nivel»? ¿Cómo consideras a las personas que recibieron una educación que no definirías como «de primer nivel»? No son preguntas retóricas. Quiero que cojas un papel y las anotes, y que luego las contestes. Creo que tus respuestas incidirán profundamente en tu lucha actual con la envidia. No te lo planteo para condenarte o juzgarte. Formularía preguntas similares a cualquiera, fuera cual fuera su posición socioeconómica, porque pienso que nuestras primeras experiencias y opiniones acerca de nuestro lugar en el mundo inciden en quién creemos ser y qué creemos merecer, y en cómo creemos que debe concedérsenos.

Es una manera de remontarse a la raíz del problema, por así decirlo. E imagino que ya sabes que soy una gran entusiasta de las raíces.

Podría interesarte saber, por ejemplo, que la palabra «prestigioso» deriva del término latino *prestigiae*, que significa «truco de prestidigitación». ¿No te parece interesante? La utilizamos para referirnos a lo honorable y lo valorado, pero esta palabra remite a la ilusión, el engaño, a las falsas impresiones. ¿Significa eso algo para ti, Persona Muy Envidiosa? Por mi parte, cuando lo averigüé, todos los diapasones dentro de mí empezaron a vibrar. ¿Cabe la posibilidad de que tengas esa sensación de haberte tomado una cucharada de aceite para el coche, cada vez que una persona consigue lo que tú deseas, porque hace mucho tiempo —allá en tus mismísimos comienzos— te dieron gato por liebre haciéndote creer que existe una relación entre el dinero y el éxito, la fama y la autenticidad, la legitimidad y la adulación?

Creo que vale la pena que intentes averiguarlo. Si lo haces, serás una persona más feliz y un escritor mejor, no me cabe duda alguna.

Suerte con la venta de tu novela. Espero que consigas seis cifras por ella, de verdad. Cuando eso ocurra, escríbeme y dame la magnífica noticia. Te prometo que daré brincos de alegría por ti.

Un saludo,

SUGAR

La lujuriosa

*Q*uerida Sugar:

Soy una mujer dinámica y enérgica de cuarenta y siete años. Durante los últimos tres años, he estado profundamente enamorada de otra mujer. Nos conocimos en el momento menos oportuno. Su padre agonizaba, ella acababa de ser víctima de una regulación de empleo, y ambas nos lamíamos las heridas después de recientes desengaños amorosos. Pero en cuanto ella citó a John Donne sobre mis partes íntimas después de hacer el amor, me rendí. Me apartó de su lado una y otra vez, y luego empezó a invitarme más a menudo a entrar en su corazón.

Desde entonces hemos estado en conflicto. Su impulso sexual se ha esfumado (lo hemos probado todo, médicos, terapeutas, lecturas). No puede comprometerse plenamente, y la consume el miedo (es un caso típico de persona que elude el amor).

Con ella encuentro las cumbres más altas y los pozos más profundos. Hemos roto y hemos reanudado la relación tantas veces que no puedo ni contarlas. En estos momentos, hemos decidido emprender una restricción absoluta de nuestra mutua compañía durante treinta días, cosa que nunca hemos conseguido. Nos conocemos a fondo, de un modo sagrado y espiritual, como nunca nadie me había conocido. Es adictivo, sí. De ahí la tregua.

Debo decir que me ama profundamente y, en cierto sentido, cuando exigí la tregua, se lo tomó peor que yo.

Como lesbiana del Medio Oeste, creo que nunca volveré a encontrar una cosa así, y, por lo tanto, sigo con la relación y tolero sus «reglas», su angustia, su anorexia sexual, pese a ser yo muy lujuriosa. Sí, he intentado tener amantes. Sencillamente, no me da resultado. Pese a que casi nunca hacemos el amor (cuatro o cinco veces al año), cuando lo hacemos es una experiencia trascendental.

Soy una mujer complicada, poco corriente y nada convencional, y me cuesta encontrar pareja, ¡Qué demonios! ¿Tú qué crees?

Firmado,

¿DEBO SEGUIR O DEBO DEJARLO YA?

264 *Q*uerida Debo Seguir o Debo Dejarlo Ya:

Qué demonios, la verdad: todo esto me parece un delirio. ¿Romper y reanudar la relación tantas veces que ni puedes contarlas? ¿Anorexia sexual y «reglas»? ¿Tu uso de la palabra «adicción»? Todo eso me inquieta. Pero ¿sabes qué es lo que más me inquieta? Eso de que tu amante es la única que te ha «conocido» de un modo «sagrado y espiritual», junto con tu convicción de que «nunca volverás a encontrar una cosa así» y, por lo tanto, sigues.

Encontrar ¿qué?, si puede saberse. ¿Una amante retraída sexual y emocionalmente a quien le aterroriza el compromiso y la intimidad? Si tú y yo estuviéramos sentadas a la mesa de la cocina en tu casa, redactando tu anuncio para mujerlujuriosabuscandoamor.com, ¿eso es lo que pedirías?

No. Te animo a analizar por qué aceptas eso ahora. Esta relación no satisface tus necesidades; más bien está poniendo el dedo en la llaga. A saber, la gran llaga que se muestra cuando dices «soy una lesbiana de cuarenta y siete años del Medio Oeste, así que más vale que coja lo que tengo». Escribes sobre los temores de tu amante, pero es tu propio miedo lo que te confunde. Ya sé que es duro estar sola, querida. Tu angustia ante la perspectiva de encontrar otra pareja es comprensible, pero no puede ser un motivo para seguir con la relación. La desesperación es insostenible. Puede que hasta ahora te haya mantenido a flote, pero eres demasiado mayor e increíble para continuar fingiendo.

No significa necesariamente que tu amante y tú estéis condenadas al fracaso. A veces, las buenas parejas parten de un inicio desastroso. Quizá vosotras lo superéis, pero no será así si seguís como hasta ahora. Sé que vuestra conexión te parece poderosa, poco común e incendiaria. Tienes la impresión de que esa mujer es tu personal mesías de la intimidad, pero te equivocas. La verdadera intimidad no es un psicodrama. No es «las cumbres más altas y los pozos más profundos». No es John Donne susurrado en tu entrepierna, seguido de meses de un celibato no precisamente pactado. Es un poco de esas cosas de vez en cuando, junto con mucho de todo lo demás entre medias. Es comunión y compatibilidad sosegada. Es amistad y respeto mutuo. Es no tener que decir que debemos mantener «una restricción absoluta de nuestra mutua compañía» durante treinta días.

Eso no es amor, Lujuriosa. Es una orden de alejamiento. Tú no tienes una relación de intimidad con esa mujer. Es intensidad y escasez. Tienes un caos emocional y un sentido distorsionado de lo que significáis las dos juntas.

Creo que eso lo sabes. Podría repartir la mayoría de las cartas que recibo en dos pilas: las de las personas que temen hacer lo que en el fondo saben que necesitan hacer, y las de las personas que están sinceramente desorientadas. Pondría tu carta en la primera pila. Creo que me has escrito porque sabes que debes cambiar, pero te asusta lo que puede implicar ese cambio. Lo comprendo. Ni tú ni yo podemos saber cuánto tiempo pasará hasta que encuentres el amor. Pero sí sabemos que, mientras sigas en una relación que no satisface tus necesidades, estás en una relación que no satisface tus necesidades. Te hace sufrir y, además, te cierra las puertas a otras relaciones amorosas potencialmente más satisfactorias.

Yo no soy religiosa. No medito, ni entono salmos, ni rezo.

265

Pero pasan por mi cabeza versos de poemas que me encantan y que, en cierto modo, me parecen sagrados. Hay un poema de Adrienne Rich titulado «Escisiones» que leí por primera vez hace veinte años. En él pensé al leer tu carta. Sus últimos dos versos son: «En esta ocasión, por una vez, decido amar / con toda mi inteligencia». Cuando leí por primera vez esos versos, a los veintidós años, me pareció muy radical: la idea de que el amor podía surgir de nuestras intenciones más profundas y razonadas, y no de nuestras sombrías dudas más poderosas. Son incontables las veces que, en los últimos veinte años, «en esta ocasión, por una vez, decido amar con toda mi inteligencia» ha pasado por mi cabeza. No ha habido día en que esos versos no estuvieran presentes de manera consciente o inconsciente. Podría decirse que estoy consagrada a ellos, incluso en momentos en que no he estado ni remotamente a la altura de sus aspiraciones.

Te sugiero que te consagres tú también a ellos. La pregunta no es si seguir o irte. La pregunta es: ¿cómo se vería transformada tu vida si decides amar por una vez con toda tu inteligencia?

No le hablo a tu entrepierna, hermana. Estoy mirándote a los ojos.

Un saludo,

SUGAR

Las cosas malas que hiciste

Querida Sugar:

Durante muchos años, en diversos grados, robaba compulsivamente. Durante los muchos años que robé, tomaba un «cóctel» de fármacos psicotrópicos para combatir la depresión, la ansiedad y el insomnio. Con la perspectiva del tiempo, creo que los fármacos no me permitieron luchar contra esa compulsión de apropiarme de cosas. Un impulso surgía en mi cabeza: por ejemplo, quedarme este vaquero de mi amiga, ese libro de ese amigo, o las macetas abandonadas que había en el porche de una casa vacía. Una vez, incluso cogí dinero de la cartera de mi futura suegra. Cuando surgía en mí el deseo de apoderarme de algo, lo que fuera, intentaba disuadirme, pero al final no podía contenerme.

Ya no lo hago. Hace seis años que no me medico, y soy capaz de controlar el impulso, que, de hecho, ahora ya rara vez me sobreviene. No puedo achacar el problema totalmente a la medicación, porque antes de tomarla también sentía el impulso de robar y, de vez en cuando, sucumbía a él. Me culpo a mí misma. Creo que, debido a mi complicada psicología —los malos tratos en la infancia (desde tiempos inmemoriales mi madre me acusaba a gritos de ser una embustera, una tramposa y una ladrona)—, no solo intentaba hacer realidad la profecía de mi madre, sino que también pretendía granjearme el odio y el rechazo de la gente por robarles, por ser una embustera y una ladrona. También he contado compulsivamente mentiras como puños, historias delirantes. Me salían sin más.

Me desprecio por comportarme así. No sé cómo hacer borrón y cuenta nueva. Me aterroriza que los amigos y seres queridos a quienes engañé y robé —ya fuera apropiándome de un bien material o inventándome alguna historia— descubran lo que hice. Ya no soy esa persona, y no lo he sido desde hace años. Mi mayor deseo es poder perdonarme, dejar de odiarme por esas traiciones. He intentado perdonarme durante mucho tiempo, pero no estoy más cerca de conseguirlo. Leo mucho sobre este tema y vuelvo a estar en terapia después de haberla dejado durante años, pero todavía me odio por lo que hice.

Sé que no volveré a quitar nada a nadie. ¿Basta con eso? ¿Debo admitir lo que hice ante aquellos a quienes robé? ¿O puedo perdonarme sin reconocer mis ofensas ante las personas que las padecieron? Sé que me rechazarían si admitiera lo que hice, pese a que no he mentido ni he robado desde hace mucho tiempo. Me arrepiento tanto de lo que hice que daría cualquier cosa por no haberlo hecho. Ayúdame, Sugar, te lo ruego. Todo esto me atormenta.

Firmado,

DESESPERADA

*Q*uerida Desesperada:

Hace quince años organicé una subasta en mi jardín. Acababa de mudarme a la ciudad donde ahora vivo y me quedaban, literalmente, veinte centavos, así que dispuse casi todas mis pertenencias en la hierba: mis vestidos de tiendas de saldos y libros, mis pulseras y baratijas, mi vajilla y mis zapatos.

Los clientes desfilaron por allí a lo largo del día; la mayor parte del tiempo, mis acompañantes fueron un grupo de preadolescentes del barrio, todos varones, que se acercaban a ratos a mirar mis cosas y a preguntar cuánto costaba esto o aquello, a pesar de que no tenían dinero para comprar nada ni albergaban el menor deseo de poseer aquellos aburridos objetos en venta. Ya avanzada la tarde, uno de ellos vino a decirme que otro me había robado algo: una funda de cámara de piel retro, que antes yo usaba como bolso. Era una nimiedad, un objeto por el que apenas tenía sentido molestarse, no habría ganado ni cinco dólares por él… No obstante, le pregunté al presunto ladrón si la acusación era cierta.

—¡No! —exclamó, y se marchó indignado.

Al día siguiente, regresó; vestía una enorme sudadera gris con capucha. Merodeó cerca de la mesa donde yo había montado mi tenderete. Cuando creyó que no miraba, sacó la funda de debajo de la sudadera y la dejó donde estaba el día anterior.

—Esa cosa tuya ha vuelto —dijo con desenfado al cabo de un rato, señalando la funda de cámara, como si él no hubiera intervenido en su aparición.

—Qué bien. ¿Y por qué la robaste? —pregunté, pero de nuevo negó haberlo hecho.

Era un día soleado de otoño. Unos cuantos chicos, sentados conmigo en los peldaños del porche, me contaban sus vidas. El preadolescente que me había robado la funda de la cámara se arremangó y flexionó el brazo para enseñarme su bíceps. Con un tono más agresivo que los demás, insistió en que las cadenas relucientes que llevaba al cuello eran de oro auténtico.

—¿Por qué me robaste la funda? —repetí al cabo de un rato, pero él volvió a negarlo, si bien esta vez modificó su versión para explicar que solo se la había llevado temporalmente porque quería ir a su casa a buscar el dinero y, al final, decidió no comprarla.

Conversamos un poco más sobre otros asuntos y pronto nos quedamos los dos solos. Me habló de la madre a la que casi nunca veía, de sus hermanos mucho mayores, del coche imponente que se compraría en cuanto cumpliera los dieciséis años.

—¿Por qué me robaste la funda? —repetí una vez más, y esta vez no lo negó.

Por el contrario, fijó la vista en el suelo y, con voz muy baja pero muy clara, dijo:

—Porque me sentía solo.

Pocas veces me he encontrado a alguien tan consciente de sus actos y tan descarnadamente sincero. Cuando dijo eso, casi me caí del peldaño.

He pensado en ese chico muchas veces en estos últimos quince años, quizá porque, cuando me dijo eso sobre él, también me dijo algo sobre mí. Yo antes robaba cosas, como tú, Desesperada. Me asaltaba el impulso inexplicable de apropiarme de objetos que no me pertenecían. Sencillamente, era incapaz de resistirme. Le robé un estuche de sombra de ojos azul a mi tía abuela de Filadelfia, un jersey bonito a una amiga del colegio, pastillas de jabón con envoltorios vistosos en cuartos de baño de personas a quienes apenas conocía y una figura de un perro blanco con la cabeza ladeada, entre otras cosas.

Cuando conocí a ese chico solitario en mi subasta, ya hacía años que no robaba, pero, como te pasa a ti, las cosas de las que me había apropiado me atormentaban. Había obrado sin mala idea, pero tenía la horrible sensación de haber causado un daño. Y, peor aún, no había perdido por completo ese impulso intermitente de robar, aunque intentaba reprimirlo desde los dieciocho años. No sabía por qué robaba. Todavía hoy sería incapaz de explicarlo debidamente, pero ese «porque me sentía solo» me parece la aproximación más certera que he oído.

Creo que tú también te sentías sola, encanto. Y la soledad no es un delito. Quizá lo que pasó durante esos años en que robabas y mentías es que tenías dentro un agujero que llenar, un agujero del tamaño de una madre; por eso metiste ahí un montón de cosas que no te pertenecían y dijiste muchas mentiras, porque, a un nivel subconsciente, pensabas que, actuando así, el agujero desaparecería. Pero ahí siguió. Al final, lo comprendiste. Encontraste la manera de empezar a curarte.

Necesitas curarte mejor. El perdón es el paso siguiente, como muy bien sabes. Dudo que tu camino pase por desandar lo andado. La gente a la que robaste no necesita tu confesión. Necesita que dejes de atormentarte por todas esas cosas que cogiste entonces y que ahora ya no tienen gran importancia.

270

No sé bien por qué no has sido capaz de dejar de martirizarte hasta ahora, pero imagino que tiene algo que ver con la historia que te has contado sobre ti misma.

Las narraciones que creamos para justificar nuestros actos y decisiones se convierten en gran medida en aquello que somos. Es nuestra manera de explicar nuestras complicadas vidas. Quizá la razón por la que no has podido perdonarte es que sigues sumida en el autodesprecio. Quizá no perdonarte es la otra cara de tu ciclo «roba esto ahora». ¿Serías una persona mejor o peor si te perdonaras por las cosas malas que hiciste? ¿Condenarte perpetuamente por ser una mentirosa y una ladrona te convierte en buena persona?

A mí tampoco me gusta ese apartado de los robos en mi narración. He tenido muchas dudas al plantearme si escribir aquí sobre ello o no: es la primera vez en la vida que lo hago. He escrito sobre otras muchas «cosas malas» que he hecho —sexo promiscuo, drogas—, pero esto me parece peor, porque, a diferencia de esas otras conductas, contarte que yo antes robaba no concuerda con la persona que quiero mostrarte.

Sin embargo, es la persona que soy, y me he perdonado por eso.

Años después de dejar de robar, estaba sentada a la orilla de un río. Mientras contemplaba el agua, de pronto empecé a acordarme de todas las cosas de las que me había apropiado y que no me pertenecían; sin darme cuenta, empecé a coger un tallo de hierba por cada una de esas cosas y a tirarlo al agua. «Estoy perdonada», pensé al soltar el tallo que representaba la sombra de ojos azul. «Estoy perdonada», pensé por cada una de aquellas vistosas pastillas de jabón. «Estoy perdonada», por la figura del perro y el jersey bonito… Y así hasta que dejé flotando en el río todas las cosas malas que había hecho y dije tantas veces «Estoy perdonada» que sentí que realmente estaba perdonada.

Eso no significa que nunca haya vuelto a luchar con eso. El perdón no está ahí sentado, como si fuera un chico guapo en un bar. El perdón es el viejo gordo al que tienes que arrastrar cuesta arriba. Tienes que decir «estoy perdonada» una y otra vez hasta que se convierte en la historia que crees sobre ti misma, Desesperada. Espero que lo hagas.

271

No sé qué fue de aquel chico solitario de mi subasta. Confío en que haya reparado lo que estaba mal dentro de él. Esa funda de cámara que me robó seguía en mi mesa cuando di por concluida la subasta. «¿La quieres?», le pregunté a la vez que se la ofrecía.

La cogió y sonrió.

Un saludo,

SUGAR

Flexibilidad

Querida Sugar:

Estoy con el mismo hombre de manera intermitente desde hace veintiún años. Llevamos casados once. Lo considero mi alma gemela y el amor de mi vida, sin lugar a dudas. Hace alrededor de un año conocí a un hombre que vive en mi comunidad y empezamos a coquetear por Internet, pero ahora todo se ha descontrolado. ¿Por qué? Por una serie de razones:

1. Yo atravesaba una ligera crisis de la mediana edad (¡bienvenidos los cuarenta!) y las atenciones de este hombre en particular —que es atractivo, *sexy*, brillante, con éxito, etcétera— me resultaron halagadoras.
2. Mi marido había tenido recientemente un coqueteo por Internet que yo descubrí por casualidad, y me sentía dolida.
3. Soy ama de casa y me aburro.

No estoy ni he estado interesada seriamente en mi historia por Internet. Fue un estímulo para el ego y un entretenimiento. He cortado todo contacto con ese hombre y, sinceramente, no quiero tener nada que ver con él en el futuro, pero, últimamente, he hecho cierto trabajo espiritual y me han aconsejado que diga la verdad a mi marido porque «lo que escondes se adueña de ti».

Estoy convencida de que mi marido y yo podríamos superarlo si le contara la verdad, ya que no tuve una aventura en el sentido pleno de la palabra, no me enamoré de él, etcétera. Al mismo tiempo, sé que eso heriría profundamente a mi marido; como no tengo la intención ni el deseo de abandonarlo, no veo razón para contárselo.

Como muchos dicen, «el amor es complicado», pero el mío por mi marido es sencillo. Lo quiero y deseo estar con él para siempre. Te ruego que me aconsejes.

Firmado,

¿PUEDES GUARDAR UN SECRETO Y AUN ASÍ
SENTIRTE SINCERA RESPECTO A TU AMOR?

*Q*uerida PGSAASSRTA:

No creo que debas contarle a tu marido lo de ese coqueteo por Internet que se te fue de las manos. El amor no es lo único que puede ser complicado y a veces sencillo. También la verdad, a veces, es así.

La verdad es sencilla en el mundo de la fantasía, donde la mayoría de nosotros incubó el amor por primera vez. «¡Claro que nunca nos mentiremos!», pensamos con cierta soberbia en los fáciles días iniciales. Pero, en ocasiones, el amor se enreda en la maraña de nuestra vida real hasta el punto de que ya no es posible una interpretación sencilla de la verdad en blanco y negro.

Creo que he dejado claro que no me entusiasma el engaño. La sinceridad es un valor esencial en toda relación que sea sana y que funcione. Ocultar los detalles de nuestra vida a nuestro compañero íntimo es una actitud que suele traer consigo unos líos tremendos. Pero existen raras situaciones en las que la verdad es más destructiva que abstenerse de confesar.

Si hubieses mantenido relaciones sexuales con ese hombre, si las aventuras emocionales fueran para ti un hábito o incluso si lo hubieras hecho más de una vez, si esta experiencia te hubiera llevado a tomar conciencia de que ya no estás enamorada de tu marido, si continuaras con una relación que sabes que es falsa y destructiva, si necesitaras visceralmente revelar el secreto, si creyeras que guardarte esto sería más destructivo para ti y tu relación que darlo a conocer…, en todos estos casos te aconsejaría que le contaras a tu marido lo sucedido.

Sin embargo, no creo que sea ese tu caso. A veces, la mayor verdad no está en la confesión, sino en la lección aprendida. Lo que te revelaste a ti misma en el transcurso de tu experiencia con el otro hombre probablemente fortalecerá tu matrimonio.

¿No es asombroso el amor, en ese sentido? ¿Esa flexibilidad con que se amolda a nosotros a lo largo de los años? Tiene que ser así. No puede ser de otro modo. De lo contrario, se rompería.

Un saludo,

SUGAR

El lugar obliterado

Querida Sugar:

1. He tardado semanas en redactar esta carta. Aun así, no acaba de quedarme bien. La única manera es hacer una lista, en lugar de escribir una carta. Este es un asunto difícil, y exponerlo en forma de lista me ayuda a presentar el contenido. Puedes convertirlo en una carta corriente si lo consideras oportuno, en caso de que decidas publicarla.

2. No tengo una pregunta concreta que hacerte. Soy un hombre triste y furioso que perdió a su hijo. Quiero recuperarlo. Es lo único que pido. Y no es una pregunta.

3. Empezaré por el principio. Tengo cincuenta y ocho años. Hace casi cuatro un conductor borracho mató a mi hijo. Ese hombre iba tan ebrio que se saltó un semáforo en rojo y lo atropelló a toda velocidad. Ese chico al que amaba más que a mi propia vida estaba ya muerto cuando llegaron los auxiliares médicos. Tenía veintidós años. Era mi único hijo.

4. Soy un padre a la vez que no soy un padre. La mayoría de los días tengo la sensación de que el dolor va a matarme: quizá me ha matado ya. Soy un padre muerto viviente.

5. Tu consultorio me ha ayudado a seguir adelante. Tengo fe en mi versión de Dios y rezo todos los días; cuando estoy inmerso en la oración, me siento

igual que cuando leo tus palabras, que a mí me parecen sagradas.

6. Visito a un psicólogo con regularidad y no estoy clínicamente deprimido ni me medico.

7. Me he planteado el suicidio (fue eso lo que me impulsó a acudir al psicólogo). Dadas las circunstancias, poner fin a mi vida es una idea razonable, pero no puedo hacerlo porque sería traicionar mis valores, los valores que inculqué a mi hijo.

8. Tengo buenos amigos que me dan apoyo; mi hermano, mi cuñada y mis dos sobrinas son para mí una familia afectuosa y considerada, e incluso mi exmujer y yo nos hemos hecho buenos amigos otra vez desde la muerte de nuestro hijo (nos tratábamos con frialdad desde el divorcio, cuando nuestro hijo tenía quince años).

9. Por otra parte, tengo un trabajo satisfactorio, buena salud y una novia a quien quiero y respeto.

10. En pocas palabras, sigo adelante de una manera que induce a pensar que estoy adaptándome a la vida sin mi hijo, pero lo cierto es que vivo en un infierno privado. A veces, el dolor es tan profundo que me limito a tenderme en la cama y gemir.

11. No puedo dejar de pensar en mi hijo. En las cosas que estaría haciendo ahora si siguiera vivo, en las cosas que yo hacía con él cuando era pequeño, mis buenos recuerdos de mi hijo, mi deseo de volver atrás en el tiempo y revivir los recuerdos felices o alterar los menos felices.

12. Una cosa que cambiaría es el momento en que mi hijo, a los diecisiete años, me anunció que era homosexual. No pude creérmelo ni comprenderlo, y con un tono negativo le pregunté: «¿Cómo es posible que no te gusten las chicas?». No tardé en aceptarlo tal como era, pero lamento mi reacción inicial ante su homosexualidad, y nunca me disculpé por ello. Creo que sabía que yo lo quería. Creo que sabía que yo deseaba su felicidad, fuera cual fuese el camino que eligiera. Pero, Sugar, por esta y otras cosas, me atormento.

13. Odio al hombre que mató a mi hijo. Fue a la cárcel dieciocho meses Después recuperó la libertad. Me escribió una carta de disculpa, pero la rompí en pedazos y la tiré a la basura después de leerla por encima.

14. El antiguo novio de mi hijo se ha mantenido en contacto con mi exmujer y conmigo; lo apreciamos mucho. Hace poco nos invitó a una fiesta, donde, nos anunció, conoceríamos a su nuevo novio: la primera relación seria desde nuestro hijo. Ambos mentimos y dijimos que teníamos otros compromisos, pero lo cierto es que rehusamos la invitación por que ninguno de los dos podía soportar la idea de conocer a su nueva pareja.

15. Temo que decidas no contestar a mi carta porque no has perdido un hijo.

16. Temo que, si decides contestar a mi carta, la gente te critique, diciendo que no tienes derecho a hablar sobre este asunto porque no has perdido un hijo.

17. Ruego a Dios que nunca pierdas un hijo.

18. Lo entenderé si decides no contestar mi carta. La mayoría de la gente, por amable que sea, no sabe qué decirme. ¿Por qué, pues, ibas a saberlo tú? Yo, desde luego, no sabía qué decir a las personas en mi situación antes de que mi hijo muriera. Así que no culpo a los demás por su incomodidad.

19. Te escribo porque la forma en que has escrito sobre tu dolor por la muerte de tu madre a una edad tan temprana ha tenido un profundo significado para mí. Estoy convencido de que si alguien puede arrojar luz sobre mi oscuro infierno, esa eres tú.

20. ¿Qué puedes decirme?

21. ¿Cómo sigo adelante?

22. ¿Cómo vuelvo a ser humano?

Firmado,

PADRE MUERTO VIVIENTE

*Q*uerido Padre Muerto Viviente:

1.   No sé cómo sigues adelante sin tu hijo. Solo sé que seguiste adelante. Y que sigues. Y seguirás.

2.   Prueba de ello es tu demoledora carta, rebosante de dolor.

3.   No necesitas que yo te diga cómo puedes volver a ser humano. Ya lo eres, con toda tu humanidad, que brilla indiscutiblemente ante cualquiera que lea estas palabras ahora.

4.   Siento mucho tu pérdida. «Siento mucho tu pérdida.» *Sientomuchotupérdida.*

5.   Podrías coser un edredón de retazos con todas las veces que te han dicho eso o con las que te lo dirán. Podrías hacer un río de palabras de consuelo. Pero no te devolverán a tu hijo. No impedirán a ese hombre subirse a su coche y saltarse el semáforo en rojo en el preciso momento en que tu hijo se cruzó en su camino.

6.   Eso nunca lo conseguirás.

7.   Piensa que, cuando retires la capa de ira, y retires la capa donde albergas esas ideas de suicidio ociosas, y retires la capa de todas esas cosas que imaginabas que sería tu hijo pero no fue, y retires la capa del hombre que se subió al coche y condujo cuando no debería, y retires la capa de ese otro hombre a quien ahora quiere el hombre al que tu hijo amaba, y retires la capa de todos los buenos momentos que pasasteis, y retires la capa de todas las cosas que deseabas haber hecho de otra manera... En fin, cuando retires todas esas capas, aparecerá en el centro tu amor paterno en estado puro, que es más fuerte que cualquier otra cosa.

8.   Nadie puede tocar ese amor ni alterarlo ni despojarte de él. Tu amor por tu hijo te pertenece solo a ti. Vivirá en ti hasta el día en que mueras.

9.   A mí me han salvado las cosas pequeñas como esta: lo mucho que quiero a mi madre, aun después de tantos años. Lo poderosamente que la llevo dentro de mí. Mi dolor es tremendo, pero mi amor es aún mayor. Como lo es el tuyo. No lloras la muerte de tu hijo porque su muerte fuera fea e in-

justa. La lloras porque lo querías de verdad. La belleza de eso es mayor que la amargura de su muerte.

10. Permitir el acceso de esas cosas pequeñas a tu conciencia no impedirá que sufras, pero te ayudará a sobrevivir un día más.

11. Sigo imaginándote tendido en la cama y gimiendo. Sigo pensando que, por difícil que sea, ha llegado el momento de que te quedes en silencio y levantes la cabeza de la cama, y escuches lo que flota en el aire después de tu gemido.

12. Es tu vida. La que debes crear en el lugar «obliterado» que ahora es tu mundo, donde todo lo que antes eras se ha borrado y está, a la vez, omnipresente, donde serás para siempre un padre muerto viviente.

13. Tu hijo está muerto, pero seguirá viviendo en ti. Tu amor y tu dolor no tendrán fin, pero cambiarán de forma. Hay cosas de tu vida y de la de tu hijo que ahora no puedes entender. Hay cosas que entenderás dentro de un año, y dentro de diez, y dentro de veinte.

14. La palabra «obliterar» viene del término latino *obliterare*. *Ob* significa «contra»; *litera* significa «carta» o «letra». Una traducción literal es «estar contra las cartas». A ti te fue imposible escribirme una carta, así que elaboraste una lista. Te es imposible seguir tal como eras antes, así que debes seguir como nunca has sido.

15. Está mal que se te pida eso. Está mal que tu hijo haya muerto. Siempre estará mal.

16. El lugar obliterado es destrucción y creación a partes iguales. El lugar obliterado es un espacio de una negrura total y de una luminosidad absoluta. Es agua y tierra reseca. Es barro y es maná. El verdadero trabajo del dolor profundo es establecerse ahí como en casa.

17. Tienes la fuerza para sobrellevar esa aflicción. Todos la tenemos, por más que todos lo neguemos. Decimos: «No podría seguir adelante», en lugar de decir que esperamos no tener que seguir adelante. Eso es lo que tú estás diciéndome en tu carta, Padre Muerto Viviente. Has conseguido seguir sin tu querido hijo durante mucho tiempo, y ahora ya no puedes más. Pero sí puedes. Debes.

18. Se te revelaran otras cosas. Tu hijo no te ha enseñado

aún todo lo que tiene que enseñarte. Te enseñó a querer como nunca habías querido, te enseñó a sufrir como nunca habías sufrido. Quizá lo próximo que te enseñe sea aceptación. Y, después de eso, perdón.

19. El perdón brama desde el fondo de la canoa. Hay dudas, peligros, farsas insondables. Hay historias que descubrirás si tienes la fuerza de viajar hasta allí. Una de ellas podría curarte.

20. Cuando mi hijo tenía seis años, dijo: «No sabemos cuántos años vivimos. La gente muere a todas las edades». Lo dijo sin angustia ni lamentación, sin temor ni deseo. Para mí ha tenido un efecto sanador aceptar de una manera muy sencilla que la vida de mi madre duró cuarenta y cinco años, que no había nada más allá de eso. Solo estaba mi expectativa de que lo hubiera: mi madre a los ochenta y nueve, mi madre a los sesenta y tres, mi madre a los cuarenta y seis. Esas cosas no existen. Nunca han existido.

21. Piensa: «La vida de mi hijo duró veintidós años». Toma aire.

22. Piensa: «La vida de mi hijo duró veintidós años». Expulsa el aire.

23. No hay veintitrés.

24. Sigues adelante como buenamente puedes. Sigues adelante siendo generoso. Sigues adelante siendo auténtico. Sigues adelante ofreciendo consuelo a otros que no pueden seguir adelante. Sigues adelante dejando que los días insufribles pasen y aceptando el placer de otros días. Sigues adelante encontrando un cauce para tu amor y otro para tu rabia.

25. Abandonar las expectativas en lo que se refiere a los hijos es casi imposible. La premisa misma de nuestro amor por ellos tiene que ver con crear, promover y cuidar a las personas que nos sobrevivirán. Para nosotros, no son tanto quienes son como aquello en lo que se convertirán.

26. La premisa misma de tu curación exige que renuncies a las expectativas. Debes llegar a comprender y aceptar que tu hijo será siempre solo el hombre que fue: el chico de veintidós años que llegó hasta ese semáforo en rojo. El que te amó tan profundamente. El que hace mucho te perdonó por preguntarle por qué no le gustaban las chicas. El que

querría que acogieras al nuevo novio de su novio en tu vida. El que querría que encontraras alegría y paz. El que querría que seas el hombre que él no llegó a ser.

27. Ser cualquier otra cosa lo deshonra.

28. Lo más amable y significativo que me han dicho es: «Tu madre estaría orgullosa de ti». Encontrar en mi dolor la manera de convertirme en la mujer que mi madre quería que fuera cuando me crio es la manera más importante que tengo de honrarla. Ha sido el mayor bálsamo para mi dolor. La extraña y dolorosa verdad es que soy una persona mejor porque perdí a mi madre siendo aún joven. Cuando dices que lees mis textos como si fueran sagrados, lo que haces es alcanzar ese lugar divino dentro de mí que es mi madre. Sugar es el templo que construí en mi lugar obliterado. Renunciaría a todo ello sin pensármelo dos veces, pero la cosa es que aprendí mucho gracias al dolor. Me mostró sombras y matices que, de lo contrario, no habría podido ver. Me exigió que sufriera. Me obligó a tender la mano y a buscar ayuda en el exterior.

29. Tú también has aprendido de tu dolor, Padre Muerto Viviente. Tu hijo fue tu mayor regalo en su vida, y es tu mayor regalo también en su muerte. Acéptalo. Permite que tu hijo muerto sea tu revelación más profunda. Crea algo a partir de él.

30. Que sea hermoso.

Un saludo,

SUGAR

QUINTA PARTE

Ponlo en una caja y espera

*D*as muchos consejos acerca de lo que hay que hacer. ¿Tienes algún consejo acerca de lo que no hay que hacer?

No hagas lo que intuitivamente sabes que no es correcto. No te quedes cuando sepas que debes irte ni te vayas cuando sepas que debes quedarte. No luches cuando debes plantarte ni te quedes plantado cuando debes luchar. No te centres en la diversión a corto plazo olvidando las consecuencias a largo plazo. No renuncies a toda tu alegría por una idea que tenías de ti mismo, pero que ya no es verdad. No busques la alegría a toda costa. Sé que es difícil saber qué hacer cuando tienes emociones y deseos en conflicto, pero no es tan difícil como queremos creer. Decir que es difícil es, en último extremo, una justificación para tomar por el camino más fácil: tener una aventura, seguir con un trabajo horrible, poner fin a una amistad por un desaire, continuar amando a alguien que te trata fatal. No creo que haya una sola estupidez de las que he cometido en mi vida adulta que no supiera que era una estupidez mientras la hacía. Por más que me justificara —como hice todas las veces—, la parte más auténtica de mí sabía que estaba haciendo lo que no debía. Siempre. Con el paso de los años, estoy aprendiendo a confiar más en la intuición y no hacer lo que no debo, pero, de vez en cuando, recibo un severo recordatorio de que todavía tengo trabajo por delante.

¿Piensas que los consejos que escribes en tu consultorio siempre son acertados?

Me atengo a los consejos que he dado. No me desdigo de nada.

Pero no afirmaría que lo que tengo que decirle a una persona en concreto es «acertado». Sobre todo porque creo que los consejos que doy están en ese continuo que forma lo acertado-desacertado. A veces, digo que creo firmemente que una persona debe hacer una cosa u otra, pero, con mayor frecuencia, intento ayudar a quienes me escriben a ver una tercera vía. En mi consultorio, más que decir a la gente lo que tiene que hacer, procuro, o bien presentar una perspectiva que pueda resultarles difícil de ver por sí solos, o bien abordar de una manera más compleja las opciones «esto o aquello» que plantea quien escribe la carta. Creo que la respuesta a la mayoría de los problemas no está en el sistema binario acertado/desacertado al que tendemos a aferrarnos cuando estamos furiosos, asustados o dolidos. Somos personas complicadas. Nuestras vidas no se desarrollan en forma de absolutos. Quiero que mi consultorio refleje eso, pero solo es mi opinión. También hay otras.

Una pequeña mancha en tu ternura

Querida Sugar:

Soy una mujer de veintinueve años prometida en matrimonio. Estoy muy unida a mi hermana. Es mucho mayor que yo (cincuenta y tres años) y, en realidad, es mi «hermanastra» (compartimos un padre que se casó una primera vez cuando era muy joven, y otra vez ya bastante mayor). Mi hermana y yo siempre hemos estado muy unidas, pero, dada la diferencia de edad, para mí ha sido más como una tía; sin embargo, en los últimos dos años, nuestra relación ha cambiado y ahora somos más como iguales. Hace poco nos fuimos de fin de semana juntas, las dos solas, y descubrí cosas sobre su vida que me hicieron sentir... Ni siquiera sé cuál es la palabra, Sugar. ¿Triste? ¿Incómoda? ¿Enfadada? ¿Decepcionada? Una mezcla de todo. Por eso te escribo.

Mi hermana lleva casada veinticinco años. Quiero a mi cuñado casi tanto como a mi hermana. Siempre los he considerado mi «modelo de pareja». Siguen enamorados después de tantos años, y continúan siendo íntimos amigos. Todos los que los conocen, yo incluida, creen que son la pareja perfecta. Son para mí una prueba de que los matrimonios felices son posibles. O al menos lo eran.

Verás, lo que pasó es que mientras yo estaba de viaje con mi hermana, le pregunté cuál era el «secreto del matrimonio»; durante nuestra conversación sobre el tema, me reveló cosas que me sorprendieron y me disgustaron. Dijo que, si bien es cierto que ella y mi cuñado son felices en su matrimonio, ha habido varios momentos a lo largo de los años en que ella ha dudado de que fueran a salir adelante. Me confió que tanto ella como mi cuñado se han engañado mutuamente. Hace unos años, mi cuñado tuvo una aventura que duró varios meses; en otro momento, mi hermana tuvo un breve «desliz no consumado» que optó por no contarle a su marido (pensó que no tenía sentido hacerle daño cuando ella había «aprendido su lección» y no iba a romper el matrimonio por eso). Juntos acabaron reparando esas brechas, pero no fue fácil.

Sé que también han sido felices. Han criado juntos dos hijos, han viajado y han compartido muchos intereses. No es que todo lo que he visto en ellos sea pura fachada. Eso lo comprendo. Pero no puedo por menos que admitir que mi imagen de ellos ha cambiado; lo estoy pasando mal por eso, ya que preveo que sean ellos quienes me acompañen por el pasillo el día de mi boda. Sé que puede parecer una ingenuidad y que los juzgo con severidad, pero estoy consternada, me he llevado un buen chasco. Ahora no sé si personas que fueron infieles deberían desempeñar un papel tan importante en mi boda.

Sé que las parejas tienen que trabajar su relación, pero mi postura ante la infidelidad es que ahí se acaba el pacto. Mi prometido y yo hemos acordado que, si alguna vez uno de nosotros engaña al otro, romperemos automáticamente, sin que sea necesaria siquiera una conversación. Cuando se lo expliqué a mi hermana, de hecho, se rio y dijo que veíamos las cosas «demasiado en blanco y negro». Pero, Sugar, no quiero pensar que dentro de veinticinco años estaré diciendo que ha habido momentos en que he creído que mi marido y yo no saldríamos adelante. Quiero un amor sano.

Por lo que he leído en tu consultorio, sé que estás casada y me pregunto cuál es tu opinión. Me parece que el señor Sugar y tú sois también una pareja perfecta.

¿Cuál es el secreto de un buen matrimonio? ¿Ha habido momentos en que has creído que tu relación no iba a salir adelante? ¿Representa la infidelidad el final de una relación? ¿Pueden mi hermana y mi cuñado ser todavía mi pareja modelo, ahora que sé que han sido incapaces de cumplir sus votos, al menos en algunos momentos? ¿Deben acompañarme por el pasillo? ¿Por qué me siento tan defraudada? Siento un peso en el corazón: temo que si a ellos no les ha salido bien el matrimonio, tal vez no pueda salirle bien a nadie. ¿Es el matrimonio eso tan horriblemente complejo para lo que no estoy preparada? ¿Es una tontería preguntar por qué dos personas no pueden amarse sin más?

Firmado,

Y FUERON FELICES

*Q*uerida Y Fueron Felices:

Un día, poco más o menos un año después de irnos a vivir juntos el señor Sugar y yo, una mujer llamó a casa para hablar con él. No estaba, le dije. ¿Quería dejar un mensaje? La mujer titubeó, y el corazón se me aceleró sin motivo aparente. Cuando por fin dio su nombre, supe quién era, aunque no la conocía personalmente. Vivía en una ciudad a miles de kilómetros, a donde el señor Sugar iba de vez en cuando por razones de trabajo. No eran exactamente amigos, me había contado el señor Sugar cuando le pregunté por ella unas semanas antes, después de encontrar una postal de esa mujer dirigida a él en nuestro buzón. «Conocida» era una palabra más exacta, dijo. Bien, contesté.

Sin embargo, mientras sostenía el auricular, tuve una sensación extraña, pese a reprenderme diciéndome que no había motivos para eso. Que el señor Sugar estaba perdidamente enamorado de mí era evidente, tanto para mí como para cualquiera que nos conociese, y yo estaba igual de perdidamente enamorada de él. Éramos una «pareja perfecta». Muy felices. Hechos el uno para el otro. Totalmente enamorados. Dos personas que habían salido de un salto de la misma charca y nadaban milagrosamente por arroyos paralelos. Yo era la única a quien él había considerado la mujer de su vida. ¿Y esa otra quién era? No era más que una mujer que le envió una postal.

Así que incluso yo misma me sorprendí cuando esa tarde, con el auricular en la mano, pregunté a esa mujer, con mi voz más amable y neutral, mientras dentro de mí todo era estridencia, si sabía quién era yo.

—Sí —contestó—. Tú eres Sugar. La novia del señor Sugar.

—Exacto —dije—. Y esto va a parecerte raro, pero tengo una duda. ¿Te has acostado con el señor Sugar?

—Sí —respondió ella de inmediato.

Él había estado en su apartamento el mes anterior, en su visita a la ciudad, me informó la mujer. Sentían una «intensa atracción sexual», explicó con una susurrante exhalación de placer. Si eso me dolía, añadió, lo lamentaba.

—Gracias —contesté, y lo dije en serio.

Cuando colgué —lo recuerdo con toda nitidez—, deambulé tambaleante por la habitación como si alguien me hubiera traspasado el corazón con una flecha que permanecería por siempre clavada en mi pecho.

El señor Sugar y yo apenas teníamos pertenencias. En nuestro salón, no había más que dos sofás raídos a juego que nos habían regalado de segunda mano, adosados contra paredes opuestas. Los llamábamos «sofás duelistas» porque vivían en una eterna confrontación; eran los únicos muebles del salón. Una de nuestras actividades preferidas era estar recostados en los sofás duelistas —él en uno, yo en el otro— durante horas y horas. A veces, leíamos en silencio, pero, más a menudo, nos leíamos el uno al otro, libros enteros con cuyos títulos todavía se me derrite el corazón, por lo vívidamente que me recuerdan la tierna intensidad que hubo entre nosotros en esos primeros años de nuestro amor: *Las telarañas de Carlota, Catedral y otros cuentos, Antología poética*, de Rainer Maria Rilke.

Todo eso, de pronto, se convirtió en un montón de mierda,

290

pensé al tiempo que me desplomaba en uno de los sofás duelistas. Al ir y follarse a la mujer que le envió la postal y luego
callárselo, el señor Sugar lo había echado todo a perder. Mi
confianza. Nuestra inocencia. Mi sensación mágica de que yo
era la única mujer a la que él podía desear. El carácter puro e
inaprensible de nuestro perfecto emparejamiento. Me quedé
destrozada y me puse furiosa, pero, sobre todo, me sentía en
shock. ¿Cómo podía haber hecho una cosa así?

Cuando entró por la puerta al cabo de una hora, le dije lo
que sabía. Él se desmoronó en el sofá duelista frente a mí y
sostuvimos el duelo de nuestra vida.

Creí que no sobreviviríamos. Estaba bastante segura de que
seguir con la relación después de eso sería nauseabundo. Yo no
era una mujer que tolerara gilipolleces a los hombres, y no tenía intención de empezar a hacerlo en ese momento. Quería al
señor Sugar, pero por mí podía irse a la mierda. Yo había sido
sincera y fiel, y, a cambio, él había roto nuestro pacto. Era el final del pacto. Incluso estar en la misma habitación que él me
resultaba humillante.

Aun así, allí estaba yo, llorando y gritando, mientras él
lloraba y pedía disculpas. Le dije que habíamos terminado.
Me rogó que me quedara. Le dije que era un cabrón embus-
tero y egoísta. Él estuvo de acuerdo. Hablamos, hablamos, hablamos y hablamos. Al cabo de una hora, poco más o menos,
mi rabia y mi dolor remitieron lo suficiente para quedarme
en silencio y escuchar mientras él me lo contaba todo: qué
sucedió exactamente con la mujer que le mandó la postal; lo
que yo significaba para él y lo que la mujer con que se había
acostado significaba; cómo y por qué me quería; que nunca
había sido fiel a una mujer en toda su vida, pero que ahora
quería serme fiel a mí, pese a que no lo había conseguido; que
sabía que sus propios problemas con el sexo, el engaño, la intimidad y la confianza eran mayores que esa única transgresión y tenían sus raíces en el pasado; que haría cuanto estuviera a su alcance para comprender sus problemas con la
intención de cambiar, madurar y convertirse en la pareja que
deseaba ser; que conocerme a mí lo había llevado a creer que
era capaz de conseguirlo, que podía amarme mejor, si yo le
daba otra oportunidad.

Mientras lo escuchaba, me debatí entre la compasión por él y el deseo de darle un puñetazo en la boca. Era un capullo, pero lo quería mucho. Y lo cierto era que me identificaba con lo que decía. Entendí sus explicaciones, por mucho que me enfurecieran. También yo había sido una capullo. Yo también tenía lo mío, algo que aún no había salido a la luz. Cuando me dijo que había mantenido una relación sexual con la mujer que le mandó la postal porque estaba un poco borracho y quería sexo, y que eso no tenía nada que ver conmigo, pese a que, en realidad, sí tenía mucho que ver, entendí lo que quería decir. También yo había pasado por esa clase de sexo. Cuando me miró a los ojos y me dijo que lo sentía como nunca lo había sentido nadie, y que me quería tanto que ni siquiera sabía cómo expresarlo, supe que estaba diciéndome la verdad, que se estaba confesando como nunca antes en su vida.

Supongo que esta, más o menos, es la clase de encrucijada por la que ha pasado unas cuantas veces tu propia pareja modélica y perfecta a lo largo de décadas de una relación extraordinariamente buena y afectuosa, y todavía robusta, Y Fueron Felices. Y me aventuraré a añadir que, si consigues ser feliz con tu amor, también pasarás por eso alguna que otra vez, sea la infidelidad el motivo o no.

Nuestra vida no es perfecta. Hay mucho camino por delante, mi inmaculada ricura. No hay ninguna otra manera de decirlo más que diciéndolo: el matrimonio es, en efecto, esa situación horriblemente compleja para la que, por lo visto, no estás preparada, y, por lo que parece, eres muy ingenua al respecto.

No pasa nada. Le ocurre a mucha gente. Ya aprenderás.

Un buen punto de partida sería abandonar esas ideas tuyas sobre las «parejas perfectas». Es del todo imposible percibir eso en otros o estar a la altura cuando otros lo creen de nosotros. No sirve más que para meter a una gente dentro y dejar a otra fuera. En último extremo, da la sensación de que todo es una mierda. Una pareja perfecta es algo enteramente privado. Nadie más que las dos personas de esa relación perfecta saben con certeza si la suya es así o no. Su único rasgo definitorio es que se compone de dos personas que se sienten perfectamente a gusto compartiendo su vida, incluso en los momentos difíciles.

Creo que a eso apuntaba tu hermana al revelarte los problemas por los que pasó su relación cuando le preguntaste sobre el «secreto del matrimonio». No pretendía desanimarte. En realidad, intentaba explicarte el secreto. Dándote una imagen más íntima de su matrimonio, tan ensalzado pero defectuoso, tu hermana trataba de mostrarte la verdadera apariencia de una pareja perfecta: feliz, humana y, de vez en cuando, jodida.

No me imagino a nadie más apto para acompañarte por el pasillo el día de tu boda que tu hermana y su marido, dos personas que han conservado su amor y su amistad vivos durante más de veinticinco años. Que lo dudes después de descubrir que no todos esos años han sido fáciles me indica que aquí está actuando algo más profundo, algo que no tiene nada que ver con su matrimonio y sí mucho con tus inseguridades y temores.

Pareces obsesionada con la infidelidad como el «final del pacto» que, según crees, te induciría a rescindir «automáticamente» tu futuro matrimonio. Eso no me parece mal. Comprendo el desagradable lugar de tu interior donde habita ese impulso. Probablemente, no hay nada más doloroso y amenazador que el momento en que uno de los miembros de una pareja rompe un acuerdo de monogamia. Un ultimátum preventivo contra eso permite, al menos, cierta sensación de control. Pero se trata de una sensación falsa.

Por doloroso que sea, no hay nada más corriente en las relaciones de larga duración que la infidelidad en sus distintas versiones (engañado, prácticamente engañado, engañado un poco pero probablemente sin importancia, muy cerca de ser engañado, deseo de engañar, preguntarse cómo sería eso de engañar, ¿es el coqueteo por *e-mail* un engaño?, etcétera). Las cartas en mi bandeja de entrada, las historias de muchos amigos míos y mi propia vida son buena prueba de ello. No quiero decir que todo el mundo engañe, claro está. Puede que tu marido y tú nunca tengáis que enfrentaros a eso, pero, si de verdad quieres ser feliz para siempre con él, si quieres saber cuál es el secreto para mantener un «amor sano» de por vida, sería buena idea afrontar abiertamente algunos de los desafíos más comunes para conseguirlo, en lugar de actuar como si tuvieras la facultad de evitarlos mediante la amenaza de marcharte a las primeras de cambio, «sin que sea necesaria siquiera una conversación».

Eso requeriría un replanteamiento sobre tus propias capacidades ocultas, así como las de tu futuro marido y las de las distintas parejas que admiras. La mayoría de las personas no engañan porque esté en su naturaleza. Engañan porque son personas. Se ven arrastradas por la sensación de que alguien las desea de nuevo. Una amistad que da un giro imprevisto…, o las buscan porque están calientes, ebrias o trastornadas por una infancia problemática. Está el amor. Está la lujuria. Está la oportunidad. Está el alcohol. Y la juventud. Están la soledad, el aburrimiento, la aflicción, la debilidad, la autodestrucción, la idiotez, la arrogancia, el romanticismo, el ego, la nostalgia, el poder y la necesidad. Está la imperiosa tentación de intimidad con alguien que no es la persona con quien uno mantiene mayor intimidad.

Todo esto es una manera complicada de decir que esta es una vida condenadamente larga, Y Fueron Felices. Y, de vez en cuando, la gente se hunde en un lodazal. Incluso aquellos con quienes nos casamos. Incluso nosotros mismos. No sabes todavía en qué lodazales te hundirás, pero, con suerte, y si realmente tu prometido y tú estáis hechos el uno para el otro, y si los dos forjáis un matrimonio que dure toda la vida, probablemente os hundiréis en unos cuantos lodazales en el camino.

Eso da miedo, pero saldréis adelante. A veces, lo que uno más teme es que su relación resulte ser que lleva a la pareja a un espacio más profundo de comprensión e intimidad.

Eso es lo que nos pasó al señor Sugar y a mí después de un par de años de relación, cuando me enteré de su infidelidad, lo mandé a la mierda y lo acepté de nuevo. Mi decisión de seguir y arreglar las cosas con él después de esa traición está entre las primerísimas mejores decisiones de mi vida. Y no solo me alegro de haber decidido seguir; me alegro también de que ocurriera. Tardé años en reconocerlo, pero así es: el señor Sugar me convirtió en una pareja mejor. Ese incidente dio pie a una conversación sobre sexo, deseo y compromiso que aún ahora mantenemos. Y nos proporcionó re-

294

cursos para afrontar otros desafíos posteriores. Lo cierto es que, pese a la tierna pureza de nuestro amor inicial, no estábamos preparados el uno para el otro en el momento en que nos amamos más tiernamente. La mujer que le mandó la postal nos empujó a tomar un camino por el que conseguimos prepararnos, no para ser una pareja perfecta, sino una pareja que sabe batirse en duelo cuando es necesario.

Confío en que tú también llegues a este punto, Y Fueron Felices. Una pequeña mancha en tu ternura. No la perfección, sino el amor real. No lo que imaginas, sino aquello con lo que jamás soñarías.

Un saludo,

SUGAR

Estamos aquí para construir la casa

*Q*uerida Sugar:

Soy una mujer joven de una ciudad de Estados Unidos. Dentro de unas semanas, me quedaré en el paro. Glups. Estoy a punto de llegar a un trato con un hombre: tendremos uno o dos encuentros por semana, y él me pagará una «asignación» de mil dólares al mes. Ante esta situación, no sé qué pensar. Por un lado, me planteo las cuestiones prácticas. ¿Es ilegal lo que voy a hacer? ¿Es lo que voy a cobrar un ingreso sujeto a impuestos? En tal caso, ¿cómo lo declaro? ¿Estoy bien remunerada?

Pero lo más importante: ¿es inmoral lo que voy a hacer? El hombre está casado. Me dijo que quiere a su mujer, que velará por ella toda la vida, pero ella ya no desea el sexo como antes; no es una mujer celosa, y él se lo contaría, pero no quiere restregárselo en la cara. A mí todo eso me parece cobarde. No creo en la monogamia; creo que las personas deben elegir aquello que mejor se acomoda a ellas, pero también creo en la comunicación, el respeto y la integridad. ¿Soy cómplice de algo malo?

Y mi última serie de preguntas, Sugar. ¿Es algo que puedo hacer? ¿Es algo que debo hacer? En teoría, estoy a favor del sexo, pero, en realidad, nunca lo he disfrutado. Tengo toda clase de conflictos desagradables —ya sé que eso nos pasa a todos—, y no sé si esto los agravará o atenuará. Procuro plantearme el asunto viéndolo desde fuera, como exploración de mi ideología feminista, pero, cada vez que pienso en ese hombre tocándome, me entran ganas de llorar. Y, sin embargo, soy muy pobre, y ya pronto no tendré trabajo. ¿Hasta qué punto puedo o debo tener en cuenta mi desesperación?

Creo que voy a seguir adelante con esto, así que no sé cuál es, en realidad, mi pregunta. Supongo que sencillamente quiero saber cómo se enfrenta la gente a toda esta mierda y cómo puedo llegar a sentirme bien. Gracias.

APRENDIENDO A VIVIR

*Q*uerida Aprendiendo a Vivir:

Acepté este curro de consejera sentimental sin pensármelo dos veces. Al cabo de una hora, me di cuenta de que había cometido un error. Estaba demasiado ocupada para ser Sugar. No cobro. Me gano la vida como escritora. El señor Sugar también se gana la vida con el arte. No tenemos ningún empleo fijo, ningún fondo fiduciario, ninguna cuenta de ahorro, ningún plan de jubilación, ningún padre dispuesto a pagar una parte del recibo del colegio de nuestros hijos, ningún canguro gratuito, ninguna tarjeta sin el crédito superado, ningún seguro de salud cubierto por la empresa, ningún día pagado por enfermedad, ni siquiera una infancia de clase media. Solo tenemos dos niños preciosos y diez montañas de deudas.

No puedo trabajar gratis. «No puedo trabajar gratis.» ¡Claro que no puedo trabajar de balde!

Ese fue el mantra que resonaba dentro de mi cabeza cuando accedí a ser Sugar. Así que una hora después de dar el sí, redacté un *e-mail* diciendo que había cambiado de idea. El correo se quedó en la pantalla de mi ordenador mientras me paseaba por el salón pensando en todas las razones por las que era una insensatez absoluta ocuparme de un consultorio sentimental sin remuneración. Todas las razones llevaban un mudo signo de exclamación. ¡Tenía que escribir otras cosas! ¡Textos por los que cobraba! ¡Textos que debería dejar de lado semanalmente para poder mantener en marcha un consultorio! Y, además, ¿qué era un consultorio? ¡Los consultorios no eran lo mío! ¡Yo no sabía nada de dar consejos! Por otra parte, estaban mis hijos. ¡Ya iba muy apurada, dedicando a cuidar de ellos todo el tiempo que no destinaba a escribir! ¡Toda esta idea de Sugar era absurda desde el comienzo!

Y, sin embargo, no conseguía obligarme a enviar ese *e-mail*. Deseaba ser Sugar. Sentía curiosidad. Me sentía estimulada. Algo poderoso se impuso en mi cabeza —en mis entrañas— a todos esos signos de exclamación. Decidí confiar en ello. Di una oportunidad a Sugar.

Cuando leí tu carta, me acordé de eso, encanto. Me llevó a pensar en lo que hay en juego cuando nos planteamos un curro. En lo que significa trabajar. En el delicado equilibrio entre el dinero, la razón, la intuición y las ideas que nos formamos sobre nosotros mismos cuando imaginamos que podemos «ver las cosas desde fuera», respecto a nuestros cuerpos, a nuestras vidas y a la forma en que pasamos el tiempo. En lo que interviene cuando intentamos persuadirnos de cosas que no queremos hacer y disuadirnos de otras que queremos hacer, cuando pensamos que en el hecho de ser remunerados hay una compensación y que hacer algo gratis tiene un coste. En qué es la moralidad. Y a quién corresponde decirlo. Y qué relación tiene con ganar dinero. Y qué relación tiene con la desesperación.

Tu carta me inquieta. Está el marido que, como cabría esperar, presenta desde una óptica benévola la decisión de engañar a su mujer. Está tu ingenuidad sobre la logística de la prostitución, el término correcto que define el acto de proporcionar sexo a cambio de dinero, por más que tú aludas a ello como «encuentros». Pero, sobre todo, estás tú, querida e insondable ave de la verdad, diciéndome exactamente lo que sabes que debes hacer. Y luego rehuyéndolo.

No necesitas que te diga si debes aceptar la oferta. Solo necesitas mostrártelo a ti misma. «En teoría estoy a favor del sexo, pero, en realidad, nunca lo he disfrutado», escribes.

«Cada vez que pienso en ese hombre tocándome, me entran ganas de llorar», dices. ¿Lo oyes? Es tu cuerpo el que te habla. Haz lo que te dice. Ponte a su servicio. Da igual lo que te ronde por la cabeza: los mil dólares mensuales, la incertidumbre del paro, la gimnasia feminista y el esfuerzo de ver las cosas desde fuera. Puede que depositar fe en esas cosas te permita pagar el alquiler, pero nunca te va a servir para construir tu casa.

Estamos aquí para construir la casa.

Es nuestro trabajo, nuestro empleo, el curro más importante de todos: crear un lugar que nos pertenezca, una estructura formada por nuestro propio código moral. No el código en el que solo resuena el eco de los valores culturales impuestos, sino aquel que nos indica, en lo más profundo de nosotros, qué debemos hacer. Tú sabes qué es bueno y qué es malo para ti. Y que saberlo no tiene nada que ver con el dinero, el feminismo, la monogamia o ninguna de las otras cosas que te dices cuando los signos de exclamación mudos se disparan en tu cabeza. ¿Está bien participar en el engaño y la infidelidad? ¿Está bien intercambiar sexo por dinero? Son preguntas que vale la pena formularse. Tienen importancia. Pero las respuestas no nos revelan cómo vivir correctamente nuestras vidas. El cuerpo sí.

Puede que haya mujeres por ahí capaces de tirarse a hombres por dinero sin el menor reparo, pero tú no eres una de ellas. Me lo has dicho tú misma. Sencillamente, no estás hecha para ese trabajo. En lo referente al sexo, dices que tienes «toda clase de conflictos desagradables» y que sabes que «eso nos pasa a todos», pero te equivocas. No nos pasa a todos. Te pasa a ti. Antes me pasaba a mí. No le pasa a todo el mundo. Generalizando tus problemas respecto al sexo y la sexualidad, huyes de ti misma. Estás enmascarando tus heridas con un clásico tópico falso: no pasa nada si estoy jodida porque lo está todo el mundo. Es una mentira que te has dicho a ti misma para mitigar todo aquello que duele.

Sin embargo, lo que duele permanece. Debes curar algo dentro de ti, algo que tiene que ver con el sexo y los hombres. Mientras no lo sanes, vas a tener que abrir, remendar, enmascarar y negar esa herida una y otra vez. Esa oferta de empleo es una oportunidad, pero no de la clase que tú crees. Es una invitación a hacer el trabajo de verdad, ese por el que no cobras un centavo pero acaba proporcionándote un sólido refugio.

Hazlo, pues. Olvídate de ese hombre. Olvídate del dinero. El encuentro es con tu propio y delicado yo.

Un saludo,

SUGAR

El cuenco vacío

*Q*uerida Sugar:

«Yo podría ser peor.» Era una de las frases preferidas de mi padre. Cada vez que oíamos hablar de un hombre que pegaba a sus hijos, asesinaba a su familia, les prohibía entrar en casa: «Yo podría ser peor». Era como si la mera existencia de la vileza y la depravación lo exculpara de cualquier mala acción.

Nunca nos pegó a mi madre y a mí. No me violó ni me amenazó. Esas son las primeras cosas que vienen a la cabeza cuando pensamos en los malos tratos infantiles. Pero si bien mi madre lo habría abandonado si me hubiese levantado la mano, sí se consentían las palabras, palabras dolorosas, horrendas. En lugar de magulladuras y arañazos, padecí de un dolor interno. Mi padre es un narcisista: controlador, vanidoso, imprevisible y encantador. Si yo no estaba lo bastante alegre, se negaba a mirarme y me encerraba en mi habitación durante días; si hacía una broma, me gritaba y me maldecía por mi insensibilidad. Mi habitación era mi santuario; mis libros, mis amigos más íntimos. Nunca era lo bastante perfecta. Sin embargo, me esforzaba en que se sintiera orgulloso de mí, en que yo le importara. Al fin y al cabo, era mi padre.

Nunca tuve a nadie con quien hablar de esto. No podía confiar plenamente en mis amigos, y mi madre estaba demasiado ocupada en apaciguar a mi padre para darse cuenta de lo mucho que yo sufría. Mi madre y yo éramos las únicas autorizadas a ver esa faceta de él. La psicoterapia estaba descartada, y los familiares rara vez nos visitaban.

Renegó de mí dos veces. Fue por detalles menores, ligeras discrepancias que lo llevaron a abominar de mí como hija. Cuando él decidía que todo volvía a estar en orden, se esperaba de mí que aceptara su cambio de actitud, sin disculpas (a menos que fueran mías), sin ninguna alusión al incidente. Cada vez me dejaba convencer por mi madre de que debía darle otra oportunidad.

Sin embargo, hace tres meses se pasó de la raya. Traicionó a mi madre. Cuando intenté apoyarla, se volvió contra mí. Yo era una zorra de mierda por descubrir su infidelidad. Yo no tenía derecho a invadir su vida privada.

Esta vez fui yo quien renegó de él. Me marché de casa (a los veinte años, pasaba el verano en casa). He cortado todo contacto. Y aunque mi madre es más comprensiva con mi postura ahora que antes, aún intenta arreglar esa relación rota. Si bien sé que yo podría vivir felizmente sin mi padre, y que soy más fuerte de lo que he sido nunca desde que él salió de mi vida, es como si no pudiera escapar de él del todo. Mi madre me habla de él sin cesar, de lo mucho que ha cambiado. Quiere saber cuándo estaré preparada para volver a tratar con él. Es difícil explicar que ya no siento nada.

Pese a lo que dice mi madre, mi padre sigue intentando controlarme, tan consumido aún por su propia imagen que no tiene en cuenta mis sentimientos. Se enteró de que mi psicoterapeuta —una psicológica comprensiva, amable y compasiva— era una mujer con la que él trabajaba e insistió en que dejara de verla. He ahí un intento más de aislarme, de privarme de todo apoyo exterior. Aun así, mi madre me presiona (a veces, inconscientemente) para que arregle las cosas. Pero ya no confío en él, ya no confío en mi criterio por lo que se refiere a mi padre.

Nunca tendremos una buena relación, pero ¿está

bien que la corte por completo, Sugar? Mucha gente insiste en que la familia es muy importante, en que debo perdonar al hombre que me dio la vida. Es el único padre que tengo. Pero ¿merece la pena pasar por el dolor, la inseguridad y la depresión?

PODRÍA SER PEOR

*Q*uerida Podría Ser Peor:

No, mantener la relación con tu padre maltratador no merece pasar por el dolor, la inseguridad y la depresión. Al romper todo lazo con él, has hecho lo debido. Es cierto que es el único padre que tendrás en la vida, pero eso no le da derecho a maltratarte. El rasero que debes aplicar para decidir si mantener una relación activa con él o no es el mismo que debes aplicar en cualquier otra relación: no serás víctima de malos tratos ni de falta de respeto ni de manipulaciones.

En estos momentos, tu padre no cumple esas condiciones.

Lamento que tu padre sea un narcisista maltratador. Lamento que tu madre haya optado por aplacar su locura a costa tuya. Esas son dos cosas muy difíciles de llevar. Más difícil aún sería una vida soportando los malos tratos. Sé que liberarte de la tiranía de tu padre no es fácil ni está exento de complicaciones, pero es lo debido. Y es, además, la única manera posible —solo posible— de que algún día exista una relación sana entre vosotros dos. Insistiendo en que tu padre te trate con respeto, cumples tu mayor obligación, no solo como hija, sino como ser humano. Que hayas dejado de interactuar con un maltratador tan poderoso como tu padre prueba tu valor y tu fortaleza. Tienes mi respeto.

Yo no he tenido padres en la edad adulta. He vivido sin ellos mucho tiempo y, sin embargo, los llevo dentro de mí a diario. Son como dos cuencos vacíos que he tenido que rellenar una y otra vez.

Supongo que tu padre ejercerá el mismo efecto en ti. En ciertos sentidos, tienes razón: probablemente nunca «escaparás

303

del todo» de tu padre. Será el cuenco vacío que tendrás que rellenar una y otra vez. ¿Qué echarás dentro? Nuestros padres son la fuente primordial. Forjamos nuestras propias vidas, pero la historia de nuestro origen es de ellos. Se remontan con nosotros al inicio de los tiempos. Es absolutamente imposible prescindir de ellos. Al cortar los lazos con tu padre, provocaste una revolución en tu vida. ¿Cómo vas a vivir ahora?

Si he dicho que actuaste con fortaleza y valentía al dejar de comunicarte con tu padre, es porque hiciste algo que mucha gente nunca hace: pusiste un límite. Decidiste que no serás maltratada y obraste conforme a esa determinación. Esa decisión surgió de la ira y el dolor. El territorio que está más allá surge de la sanación, la transformación y la paz, al menos así es si quieres tener una vida arrolladoramente hermosa.

Lo que quiero decir es que has abandonado a tu padre, pero tu relación con él no ha terminado. Tardarás años en reconciliarte del todo con él (y también con tu madre, dicho sea de paso). Tienes mucho trabajo que hacer por lo que se refiere a perdón e ira, a aceptación y a dejarlo estar, a dolor e incluso quizás a una complicada alegría. Esas cosas no avanzan en una trayectoria lineal. Se entrecruzan y vuelven atrás para azotarte en el trasero. Te darán un puñetazo en la cara y te harán llorar y reír. Dices que nunca has tenido una buena relación con tu padre, pero ¿quién sabe? Cambiarás. Quizá también él cambie. Ciertos hechos de tu infancia permanecerán inmutables. Pero otros no. Quizá nunca le veas sentido a la crueldad de tu padre, pero con esfuerzo y una conciencia clara, con comprensión y corazón, le verás sentido a él.

Espero que tengas las agallas para hacerlo.

Después de morir mi madre, cuando yo tenía veintidós años, escribí una carta a mi padre. Por entonces lo odiaba, pero mi odio presentaba una grieta abierta enteramente por el amor de mi madre, y mi padre podría haber entrado por esa grieta si hubiese cambiado. En la carta, le conté que mi madre había muerto repentinamente y también que siempre había esperado que algún día él y yo pudiéramos mantener una relación. Decía que para que eso me fuera posible, primero debía explicarme por qué había actuado como lo había hecho cuando estábamos juntos.

304

A veces imagino a mi padre abriendo esa carta. Fue hace veinte años. Aunque, en esos veinte años, ha cambiado casi todo en mi vida, no ha cambiado lo que veo cuando imagino a mi padre recibiendo la carta con la noticia de la muerte de mi madre. En mi cabeza, llora quedamente al enterarse. Comprende que sus tres hijos son ahora huérfanos y que está ante la ocasión de enmendar las cosas. Es su oportunidad de ser nuestro padre. No es demasiado tarde. Ahora lo necesitamos.

Pero no lo comprendió. Por el contrario, se emborrachó y me llamó para decirme que era una puta embustera y que nuestra madre nos había contaminado la mente y nos había puesto a mis hermanos y a mí contra él. Colgué sin despedirme.

Pasaron diecisiete años.

Un día sonó el teléfono, y allí estaba: el nombre de mi padre en la diminuta pantalla de mi teléfono. «Ha muerto», fue lo primero que pensé. Creí que su tercera esposa llamaba para decírmelo. No descolgué. Me limité a quedarme mirando mientras sonaba. Escuché el mensaje al cabo de unos minutos.

No era la tercera esposa de mi padre. Era mi padre. «Soy tu padre», decía, y añadía su nombre y apellido, por si acaso no sabía quién era mi padre. Me dejaba su número de teléfono y me pedía que lo llamara.

Tardé una semana en hacerlo. Yo había acabado con él. Había rellenado su cuenco vacío una y otra vez. Había caminado descalza sobre un montón de mierda sosteniendo ese cuenco entre mis manos. No había permitido que se derramara nada. Ya no quería a mi padre. Solo recordaba que antes lo había querido. Hacía mucho tiempo.

Marqué su número.

—Hola —dijo... su voz tan familiar después de tanto tiempo.

—Soy tu hija —contesté, y añadí mi nombre y apellido, por si acaso él no sabía quién era su hija.

—¿Ves a Rachel Ray? —preguntó.

—¿Rachel Ray? —susurré, apenas capaz de hablar, con el corazón acelerado.

—Ya sabes, Rachel Ray. La autora de libros de cocina. Ahora tiene un programa de entrevistas en la tele.

—Ah, sí —contesté.

Y así siguió la conversación más desconcertante que he tenido en mi vida. Mi padre me habló como si habláramos todas las semanas, como si nada de lo que había ocurrido hubiese ocurrido, como si toda mi infancia no existiese. Charlamos de recetas bajas en calorías y caniches; las cataratas y la importancia de la protección solar. Colgué al cabo de quince minutos, totalmente perpleja. Él no deliraba ni estaba enfermo ni sucumbía a la demencia senil. Era mi padre. El hombre que siempre había sido. Y me hablaba a mí como si fuera su hija. Como si tuviera derecho.

Pero no lo tenía. Poco después, me envió una nota simpática por *e-mail*. Cuando contesté, dije lo que había dicho en la carta que le había escrito años antes: que me plantearía mantener una relación con él solo si hablábamos sinceramente de nuestro pasado común. En su respuesta me preguntó qué «quería saber».

Para entonces ya había recorrido un largo camino. Había aceptado mi vida. Era feliz. Tenía dos hijos y una pareja a quien quería. Ya no estaba enfadada con mi padre. No deseaba hacerle daño. Pero no podía fingir que podía tener una relación con él si se negaba a reconocer nuestra vida pasada. Estaba dispuesta a escucharlo. Deseaba conocer su visión de las cosas, saber qué pensaba, y también ver si, por algún prodigioso giro de los acontecimientos, se había convertido en un hombre distinto, un hombre que por fin fuera mi padre.

Le escribí la carta más generosa, afectuosa, sincera, temeraria, dolorosa, madura e indulgente que me fue posible. Luego la copié en un mensaje de correo electrónico y pulsé «Enviar».

La respuesta de mi padre fue tan rápida que parecía imposible que hubiera leído la carta completa. Con palabras llenas de ira escribió que no volviera a ponerme en contacto con él nunca y que se alegraba de librarse por fin de mí.

No lloré. Me puse las zapatillas de correr, salí de casa y atravesé el barrio para ir a un parque y subir a lo alto de un gran monte. No dejé de andar hasta que llegué a la cima. Me senté en un banco con vistas a la ciudad. Era una semana antes de cumplir los treinta y nueve años. El día de mi cumpleaños siempre pienso en mis padres, ¿tú no? Y lo imagino de la misma manera que imagino a mi padre recibiendo la carta que le escribí después de la muerte de mi madre: eso no cambia, al margen de lo que pasó después. Puedo representarme a mis padres con toda claridad el día de mi nacimiento. El genuino amor que debieron de sentir por mí. Cómo me tuvieron en brazos y pensaron que era un milagro. Debieron de creer que podían ser mejores personas que antes. Lo serían. Sabían que lo serían. Tenían que serlo. Porque ahora me tenían a mí.

Así pues, me senté en aquel banco con la sensibilidad a flor de piel, asimilando lo que acababa de ocurrir. Tuve esa sensación que uno tiene —no existe palabra para describirla— cuando está simultáneamente contento, triste, furioso, agradecido, dispuesto a aceptar, horrorizado y sumido en cualquier otra emoción posible, todas revueltas y aumentadas. ¿Por qué no existe palabra para esa sensación?

Quizá porque la palabra sea «sanación» y no queremos creerlo. Queremos creer que la sanación es más pura y más perfecta, como un bebé el día de su cumpleaños. Como si lo sostuviéramos en nuestros brazos, como si fuéramos a ser mejores de lo que habíamos sido antes. Como si tuviéramos que serlo.

Gracias a esa sensación he sobrevivido. Y será también tu salvación, querida. Cuando llegues al punto en que te des cuenta plenamente de que saldrás adelante no a pesar de tus pérdidas y aflicciones, sino gracias a ellas. Cuando sepas que no habrías elegido las cosas que te han pasado en la vida, pero das las gracias por ellas. Cuando sepas que tienes los dos cuencos vacíos eternamente en las manos, pero que también puedes llenarlos.

Eso fue lo que yo hice una semana antes de cumplir treinta y nueve años. Rellené el cuenco vacío de mi padre por última vez. Me quedé largo rato sentada en aquel banco contemplando el cielo, la tierra, los árboles, los edificios, las calles y pensé: «Mi padre —¡mi padre!— se ha librado de mí por fin, por fin, por fin».

Un saludo,

SUGAR

307

Trascender

*Q*uerida Sugar:

Estoy entre la espada y la pared. Tengo la sensación de que debo elegir entre las dos cosas que más quiero. Mi mujer y yo tenemos una hija de dieciocho meses. Nuestro matrimonio se tambalea desde hace años. Mi mujer es una heroinómana que recayó en la adicción (ya nacido el bebé) después de siete años de recuperación. Amamantaba y esnifaba opiáceos hasta la noche en que la sorprendí.

Procedo de tres generaciones de adictos tanto por parte de padre como por parte de madre. Yo abandoné la bebida y las drogas en la adolescencia y di la vuelta a mi vida cuando vivía en un orfanato, que considero, en gran medida, mi hogar. Ahora me dedico a la psicoterapia con adictos en ese mismo centro. Me he convertido en un ejemplo viviente para los chicos de las calles de Los Ángeles a los que atiendo, que se parecen mucho a mí. Es un trabajo muy vocacional. Incluso me sirvió de inspiración para escribir una novela, que se ha convertido en el libro más robado del orfanato.

Aquí es donde empieza a desgarrárseme el alma. Mi mujer es de una ciudad pequeña del sur. La conocí allí. Mi madre murió cuando yo vivía allí. Mi mujer estuvo a mi lado entonces. Esa ciudad me sanó. Hace poco mi mujer recibió una oferta de empleo allí. Es en esa ciudad donde tiene toda su familia y apoyo. Acaba de presentarse a la segunda entrevista y es probable que la admitan en ese excelente puesto.

Estoy confuso y no sé qué hacer. Profesionalmente, me encuentro en pleno avance. Tengo a medio hacer un máster en asistencia social y mi vida cobra impulso. Justo antes de que a mi mujer le saliera la oportunidad de este empleo, me había confesado que consumía metadona (recetada por su médico) desde hacía tres meses, para deshabituarse de su fuerte adicción. Decidió no contármelo, pese a que siempre la he apoyado y a que le había pedido, desde su recaída, que se comunicara más. Quizá sea absurdo, pero me sentí más traicionado por eso que por la propia recaída. Solo quiero que se comunique conmigo.

Si ella consigue el empleo, no sé si puedo comprometerme a acompañarla, por mi poca confianza en ella y por el rumbo positivo que ha tomado mi vida en Los Ángeles. Quiero que mi mujer sea feliz y que esté cerca de su familia (yo no tengo una familia que ofrecerle como apoyo), pero no soporto la idea de estar lejos de mi hija. No quiero ser como mi padre.

Me siento desgarrado y angustiado. ¿Debo estar al lado de mi hija y mi mujer o seguir mi vocación en el orfanato entre los chicos de la calle de Los Ángeles, a quienes quiero?

Te ruego que me ayudes a reflexionar sobre esto, Sugar.

Firmado,

DESGARRADO Y ANGUSTIADO

Querido Desgarrado y Angustiado:

De vez en cuando, doy clases de escritura autobiográfica. Siempre pido a mis alumnos que contesten a dos preguntas sobre el trabajo que ellos y sus compañeros han escrito: «¿Qué ha pasado en esta historia?» y «¿De qué trata esta historia?». Es una manera útil de ver el contenido. Muchas veces no es gran cosa. O, más bien, es un cúmulo de sucesos que, en último extremo, no tratan de nada en absoluto. No recibís puntos por vivir, les digo a mis estudiantes. No basta con haber llevado una vida interesante, cómica o trágica. El arte no es la anécdota. Es la conciencia con que alumbramos nuestra vida. Para que lo sucedido en la historia trascienda de los límites de lo personal, debe impulsarlo el motor de lo que la historia significa.

Esto también es aplicable a la propia vida. O, al menos, es aplicable cuando uno desea vivir una vida en continuo desarrollo, como es tu caso y el mío, encanto. Para eso, es necesario que no nos enmarañemos en el vivir, aun cuando, de hecho, nos sintamos lamentablemente enmarañados. Debemos centrarnos no solo en lo que está ocurriendo en nuestra historia, sino también en aquello de lo que trata nuestra historia.

En tu carta hay una frase más importante que el resto: «No quiero ser como mi padre». Es curioso que me parezca tan importante, porque, en realidad, no sé qué quieres decir exactamente: en ningún momento me cuentas cómo es tu padre. Y, sin embargo, lo entiendo, por supuesto. «No quiero ser como mi padre» es una historia que conozco. Es la expresión en clave para referirnos a un padre que nos falló. Es de lo que trata tu historia.

Si no quieres ser como tu padre, no seas como él. He ahí el significado, querido. He ahí tu objetivo en este mundo. Tu hija es la persona más importante en tu vida, y tú eres una de las dos personas más importantes en la suya. Eso no es solo un hecho. Es una verdad. Y, como todas las verdades, posee su propia integridad. Es de una claridad y una resolución resplandecientes. Para que consigas transmitir tu significado, todo lo que ocurre en tu vida debe surgir de esta verdad.

Hablemos, pues, sobre lo que está ocurriendo.

Tu primera obligación como padre es proteger a tu hija. Permitir que tu hija se traslade a la otra punta del país sin ti cuando sabes que su madre es una drogadicta que lucha por recuperarse es mala idea, al margen de cuántas abuelas, tíos y primos vivan en esa ciudad. Hasta que tu mujer esté limpia y firmemente instalada en su recuperación, no debe ser la principal cuidadora de tu hija. No pongo en duda el profundo amor que siente por tu hija. Pero conozco a los adictos, igual que tú, y los dos sabemos que, por maravillosa y afectuosa que sea tu mujer, cuando está sumida en su adicción, no piensa debidamente. Por esa razón tu hija sufrirá, ya ha sufrido. Tienes la obligación de protegerla de eso en la medida de lo posible.

La lucha que tu mujer libra ahora es esencial y monumental. Para ella está todo en juego. Su capacidad de llegar a estar limpia y permanecer así guarda relación directa con su capacidad para actuar como madre de tu hija y seguir siendo tu pareja. Su adicción puede no curarse con un empleo o una nueva ciudad, aunque esas cosas, en último extremo, pueden desempeñar un papel útil en su recuperación. La adicción solo se cura por el deseo de mantenerse limpio y de explorar lo que te empuja a una situación como esa.

Os recomiendo a los dos, encarecidamente, que os distanciéis de la excitación deshilvanada de una posible oportunidad de empleo en una ciudad lejana y querida, y os concentréis en el monstruo que acecha en vuestro salón. ¿Qué apoyo y recursos necesita tu mujer? ¿Qué función puedes y quieres desempeñar tú en su recuperación? ¿Puede salvarse vuestro matrimonio? Si es así, ¿cómo restableceréis la confianza y la comunicación como pareja? ¿En qué ciudad te gustaría crear una vida en común con ella y qué implica esa decisión para cada uno de vosotros, desde el punto de vista profesional y personal? Si vuestro matrimonio no puede salvarse, ¿cómo podéis afrontar sin traumas un posible divorcio? ¿Cómo negociaréis la custodia de vuestra hija?

Esas son las preguntas que necesitas formularte ahora mismo. No si tu mujer y tu hija deben irse sin ti a la otra punta del país ahora, cuando todo es tan difícil. Hay otros empleos para tu mujer. Hay otros empleos para ti (por mucho que te guste el tuyo, hay chicos en todo el país que se beneficiarían de tu liderazgo y sabiduría). Habrá otros momentos en que uno de vosotros o ambos podáis decidir si regresar a la ciudad natal de tu mujer o si quedaros en Los Ángeles.

Optar por no hacerse estas preguntas ahora no significa que no vayas a plantearlas más adelante. Solo es pulsar el botón de pausa en lo que está ocurriendo en tu historia para poder entender qué significa. Es optar por «trascender» —«ponerse por encima o ir más allá de los límites de algo»—, en lugar de vivir dentro de la misma historia de siempre.

Sé que conoces el significado de la palabra «trascender». Lo hiciste en tu propia vida cuando dejaste de ser un niño roto para convertirte en un hombre en el sentido pleno. Pero el problema de elevarse es que hay que seguir ascendiendo; el problema de ir más allá es que debemos continuar avanzando.

No has hecho más que empezar a comprender qué significa no ser como tu padre. Sigue comprendiéndolo. No te falles a ti mismo en ese frente. Pase lo que pase con tu matrimonio, tu vida profesional o dónde vives, nunca estarás desgarrado en lo referente a tu hija, a menos que tú mismo decidas rasgar la tela. Ella gana siempre.

Un saludo,

SUGAR

Una resplandeciente porción
de tu misterioso destino

*Q*uerida Sugar:

Me caso dentro de unos meses. ¿Por qué me siento tan agresiva y furiosa? ¿Cómo hace la gente para superarlo?

AGRESIVA

*Q*uerida Agresiva:

Supongo que tu agresividad y tu furia se deben a que estás metida en el infierno de la planificación de la boda y te ves atrapada entre todas esas expectativas, anticuados cuentos de hadas, productos carísimos y creencias irracionales a los que una se adhiere cuando cree que es posible organizarlo todo impecablemente, conversaciones, hábitos de bebida e indumentaria de un numeroso grupo de parientes políticos, parientes apolíticos, amigos, desconocidos y compañeros de trabajo a la vez que tienes un intercambio íntimo y significativo con tu querido novio delante de un público. No lo es.

O, al menos, no es posible tal como lo imaginas ahora exactamente. Estoy segura de que lo que sea que te tiene tan alterada estos días —el color de las servilletas, la invitación que debería o no debería enviarse al primo de tu madre, Ray— es intrascendente, y de que, ocurra lo que ocurra el día de tu boda, quedarás alucinada.

Tu boda será una gozada, corazón mío, pero solo cuando aceptes que no es algo «por lo que hay que pasar». Tal vez te ayude dejar de verla como un acontecimiento «perfecto» y pensar que será más bien un día bastante caótico, hermoso y maravillosamente inesperado en tu tierna vida.

Mi boda fue magnífica, aunque, durante un buen rato, dio la impresión de que se había ido todo al garete. Mientras llegaban nuestros ciento y pico invitados, llovía a cántaros. A pesar de ser una boda al aire libre, no habíamos tomado medidas en previsión de posibles incidencias meteorológicas. El señor Sugar cayó en la cuenta de que se había olvidado los pantalones a noventa kilómetros de distancia, en la ciudad donde vivíamos, y yo caí en la cuenta de que me había olvidado la licencia matrimonial. Mi suegra llegó vestida como una pastora de tiempos bíblicos, en el supuesto de que las pastoras de tiempos bíblicos vistieran de color verde azulado, y una de mis viejas amigas me llevó a un lado para someterme a un severo interrogatorio por no haberla elegido dama de honor. No encontraba las horquillas con las que prenderme el velo y, luego, cuando me compré unas nuevas, en una carrera de relevos desesperada a dos tiendas de la zona, siete amigas mías y yo no conseguimos que el maldito velo quedara fijo en la cabeza.

En su momento, muchas de esas cosas me parecieron lo peor, pero ahora se cuentan entre mis recuerdos más preciados de aquel día. Si no hubiesen ocurrido, nunca habría corrido por la calle bajo la lluvia cogida de la mano del señor Sugar, riendo y llorando al mismo tiempo porque iba a casarme con él en el sórdido sótano de una biblioteca, y no a orillas de un hermoso río. Nunca habría sentido lo que se siente cuando todos tus allegados se ofrecen voluntarios para conducir a una velocidad ilegal para rescatar un pantalón y un papel. Nunca habría sabido qué aspecto podía tener una pastora de tiempos bíblicos vestida de color verde azulado, ni hubiera conocido esa importante información sobre mi vieja amiga. Y no me habría alterado tanto por prenderme el pelo con aquellas malditas horquillas que ni siquiera me di cuenta de que había parado de llover y que el señor Sugar había re-

clutado discretamente a nuestros invitados para que traslada-
ran cien sillas blancas de madera a una distancia de quinientos metros, desde el horrendo sótano de la biblioteca hasta el
césped a orillas del hermoso río, donde esperábamos casarnos
a la luz del sol, como así hicimos.

Todos nos perdemos en las minucias, pero no nos perdemos en ese día. Haz una lista de todo lo que hay que resolver,
decidir y preparar entre ahora y el día de tu boda. Luego traza
un círculo en torno a las cosas que más te importan y hazlas
bien. Delega o decide respecto a lo demás y niégate a seguir
preocupándote.

Procura que tu boda sea un prodigio. Procura que sea lo
más divertido del mundo. Procura que sea lo que aún no puedes imaginar, ni organizarías aunque pudieras. Recuerda por
qué te has tomado tantas molestias, hasta llegar a la ira y la
agresividad, e incluso a consultar a una consejera sentimental.
¡Vas a casarte! Tienes por delante un día que será una resplandeciente porción de tu misterioso destino. Lo único que tienes
que hacer es presentarte.

Un saludo,

SUGAR

El milagro corriente

Querida Sugar:

Parece que el misterio general de qué será es algo central en muchos de tus consejos, el hecho de no saber cuál será el desenlace de algo hasta que lo has vivido. Eso me ha hecho querer saber más. ¿Nos darías un ejemplo concreto de algo que se haya desarrollado en tu vida a lo largo de los años, Sugar?

Gracias.

GRAN ADMIRADOR

Querido Gran Admirador:

El verano que cumplí dieciocho años iba con mi madre en coche por una carretera en medio del campo. Era en el condado donde me crie, una zona rural. Allí todas las carreteras estaban en medio del campo, con las casas dispersas en un radio de kilómetros, de manera que casi desde ninguna de ellas se veía la del vecino. Conducir implicaba avanzar entre una interminable sucesión de árboles, campos y flores silvestres. Aquella tarde en particular, mi madre y yo nos encontramos con una subasta en el jardín de una casa grande donde vivía, sola, una mujer muy anciana, cuyo marido había muerto y cuyos hijos habían crecido y se habían marchado.

«Vamos a ver qué tiene», propuso mi madre cuando pasamos por delante, así que cambié de sentido, accedí al camino de entrada de la casa de la anciana y las dos nos bajamos del coche.

No había nadie más. Ni siquiera la anciana que había organizado la subasta salió de la casa. Se limitó a saludarnos con la mano desde la ventana. Era agosto, la última vez que viviría con mi madre durante un periodo prolongado. Tras acabar mi primer curso en la universidad, había vuelto a casa para pasar el verano porque había conseguido un trabajo en un pueblo cercano. Al cabo de unas semanas, regresaría a la universidad y ya nunca más viviría en el lugar que llamaba «casa», aunque eso, por entonces, aún no lo sabía.

En la subasta no había nada de gran interés, como comprobé al pasearme entre todos aquellos trastos —cacharros de cocina viejos y juegos de salón ajados; vajillas incompletas de colores apagados y pasados de moda; pantalones de poliéster horrorosos—, pero, cuando me di media vuelta, ya dispuesta a proponer que nos fuéramos, algo me llamó la atención.

Era un vestido de terciopelo rojo guarnecido de encaje blanco para una niña de uno o dos años.

«Mira esto», dije, y se lo tendí a mi madre. Ella contestó: «Ah, ¿no es una monada?». Coincidí con ella y volví a dejar el vestido en su sitio.

Al cabo de un mes cumpliría los diecinueve. Al cabo de un año, me casaría. Al cabo de tres años, estaría en un prado no muy lejos del jardín de la anciana sosteniendo las cenizas de mi madre en las palmas de las manos. En ese momento, estaba casi segura de que yo nunca sería madre. Los niños eran adorables, pero, a la hora de la verdad, molestos, pensaba. Yo quería sacarle algo más a la vida.

Y, sin embargo, aquel día, un mes antes de cumplir los diecinueve años, mientras mi madre y yo hurgábamos entre los desechos de una vida ajena, volví una y otra vez, absurda e inexplicablemente, a ese vestido rojo de terciopelo para una niña de uno o dos años. No sé por qué. Ni siquiera ahora puedo explicarlo, más allá del hecho de que algo en él me atraía poderosamente. Quería ese vestido. Intenté disuadirme de quererlo a la vez que acariciaba el terciopelo con las ma-

317

nos. Tenía un pequeño recuadro de cinta aislante cerca del cuello donde se leía «1$».

—¿Quieres ese vestido? —preguntó mi madre, lanzándome una mirada despreocupada mientras ella misma examinaba los objetos expuestos.

—¿Para qué voy a quererlo? —repuse con brusquedad, más alterada por mi propia actitud que por su pregunta.

—Para algún día en el futuro —respondió mi madre.

—Pero si ni siquiera voy a tener hijos —aduje.

—Puedes guardarlo en una caja —contestó—. Así lo tendrás, hagas lo que hagas.

—No tengo un dólar —contesté con rotundidad.

—Yo sí —dijo mi madre, y cogió el vestido.

Lo guardé en una caja, dentro de un baúl de cedro de mi madre. Lo llevé siempre a rastras a lo largo del tormentoso viaje que fue la tercera década de mi vida y hasta bien entrada la cuarta. Tuve primero un hijo y después una hija. El vestido rojo era un secreto que solo yo conocía, enterrado durante años entre las mejores pertenencias de mi madre. Cuando por fin lo desenterré y lo tuve otra vez entre mis manos, fue como si me abofetearan y me besaran al mismo tiempo, como si alguien subiera y bajara el volumen a la vez. Con ese vestido sucedían dos cosas, contradictorias y simultáneas:

«Mi madre compró un vestido para la nieta a la que nunca conocerá.»

«Mi madre compró un vestido para la nieta a la que nunca conocerá.»

Qué hermoso. Qué feo.

Qué pequeño. Qué grande.

Qué doloroso. Qué tierno.

Casi nunca podemos trazar una línea entre esto y aquello hasta pasado un tiempo. La única fuerza que me impulsó a querer ese vestido fue mi propio deseo. Solo cobró significado con la muerte de mi madre y el nacimiento de mi hija. Y, entonces, significó mucho. El vestido rojo fue la prueba material de mi pérdida, pero también fue prueba de que el amor de mi madre me empujó a seguir adelante más allá de ella, como si su vida se prolongara en la mía de formas que yo nunca habría podido imaginar. Era un devenir que yo no habría podido concebir como propio en el momento en que el vestido rojo captó mi atención.

Mi hija no me conecta con mi madre más que mi hijo. Mi madre vive tan intensamente en mi hijo como en mi hija. Pero ver a mi hija con ese vestido rojo la segunda Navidad de su vida me dio algo que no pueden dar las palabras. Experimenté el mismo doble efecto que sentí al sacar el vestido de la caja que contenía las mejores pertenencias de mi madre, solo que ahora era:

«Mi hija lleva puesto un vestido que le compró su abuela en una subasta de jardín.»

«Mi hija lleva puesto un vestido que le compró su abuela en una subasta de jardín.»

Es tan sencillo que me parte el corazón. Qué poco especial para tanta gente, qué corriente que una niña lleve un vestido que le ha regalado su abuela, pero qué extraordinario era para mí.

Supongo que es esto lo que quiero decir cuando afirmo que nos es imposible saber qué surgirá en nuestras vidas. Vivimos, tenemos experiencias y abandonamos a personas a quienes queremos, y ellas nos abandonan a nosotros. Las personas que creíamos que estarían con nosotros para siempre no lo están, y personas que no sabíamos que entrarían en nuestras vidas sí están. Nuestro trabajo es conservar la fe en eso, guardarlo en una caja y esperar. Confiar en que algún día sabremos qué significa, para que, cuando se nos revele ese milagro corriente, estemos ahí, ante la niña con el vestido bonito, agradecidos por las cosas más pequeñas.

Un saludo,

Sugar

319

A eso lo llamamos jodienda[1]

*Q*uerida Sugar:

Hace poco me acosté con un hombre que tiene un pasado complicado con una amiga mía. Sabía que irme a la cama con él heriría los sentimientos de mi amiga, y por eso le dije que no lo haría. Ella no me pidió explícitamente que no me acostara con él, pero lo dio a entender. Hacía alusiones al «encaprichamiento» de ese hombre conmigo. Una vez le preguntó si él, otra chica y yo habíamos hecho un trío. En pocas palabras, incumplí mi promesa. Cuando prometí eso a mi amiga, lo pensaba en serio, Sugar, pero fallé.

El hombre en cuestión es un buen tío. Me lo pasé bien con él, y digamos que mi cama ha estado bastante vacía últimamente. El deseo se impuso al daño potencial que, como sabía, causarían mis actos. Ese hombre y mi amiga han mantenido muchas conversaciones desde que me acosté con él, y parece que se han reconciliado, en tanto que mi amistad con ella sigue en terreno poco firme. Creo que, con el tiempo, la situación se normalizará, pero ya tengo la sensación de que nuestra amistad no es algo muy importante para ella. Ni siquiera sé si es muy importante para mí.

---

1. Las dos cartas siguientes son de las dos mujeres involucradas en la situación descrita en ellas.

Hace poco, mi padrastro sufrió un infarto. Era el segundo. Eso me llevó a pensar en la gravedad de las cosas, en la trascendencia y en las trivialidades. Y si esa única noche de sexo problemático altera o anula las otras muchas maneras en que he sido una buena amiga con ella, que así sea. Si es así, nuestra amistad estaba condenada a no durar, y tengo cosas más importantes de que preocuparme. Pero, al mismo tiempo, no puedo evitar preguntarme si no estaré perdiendo un poco mi humanidad. Porque hoy una examiga mía me ha dicho, en esencia, que no me había perdonado del todo por el daño que le causé hace seis años. La engañé como la boba de veintidós años que era, y me he disculpado un millón de veces desde entonces. Rompimos nuestra amistad durante un tiempo, pero al final volvimos a ser buenas amigas. Hasta hoy yo actuaba sobre el supuesto de que nos llevábamos bien. Oírle decir que su relación conmigo es distinta, que me oculta información por mi comportamiento de hace años, me entristece y me enoja profundamente. ¿Qué quiere decir que alguien te perdona pero que no olvida?

Tengo la sensación de que soy espantosa y obstinada. Y no sé hasta qué punto esta rabia se debe a que reconozco verdades potencialmente desagradables sobre mí misma: que valoro más el deseo que la amistad; que al parecer no aprendo de mis errores pasados; que los demás no me consideran digna de confianza. Esto último es lo que más me duele, y es una duda que expresé a ese hombre poco después de nuestro desliz. «Ella nunca confió en ti», dijo él, lo que confirmaba mis temores, o era acaso el desenlace de una profecía destinada a cumplirse.

Probablemente, habría actuado de la misma manera si me hubieran dado otra oportunidad. Y no sé si eso debe preocuparme o si me convierte en una especie de adicta al placer o, sencillamente, en una pésima amiga. No me arrepiento de mi conducta reciente, pero ¿debería? ¿Estoy echando a perder amistades sólidas por una ridícula satisfacción sexual? Parte de mí se siente egoísta incluso mientras te escribo, porque sé que me llamarás «corazón mío» e intentarás que me sienta mejor cuando, en realidad, no lo merezco.

AMIGA O ENEMIGA

Querida Sugar:

Tengo dos amigos a los que quiero mucho. Uno es un hombre a quien conozco desde la adolescencia. Hace unos años, iniciamos una breve aventura no monógama. Después, él se enamoró de otra mujer, a la que prefirió a mí. Aunque sabía que debíamos ser amigos, no pareja, mis sentimientos por él eran profundos. Aquello me destrozó. Con el tiempo, el dolor remitió. Así, nuestra relación se estrechó.

La otra amiga es una mujer a la que admiro mucho como escritora y como persona. Es ingeniosa, *sexy*, brillante. Nos apoyamos mutuamente en los traumas románticos y nos reímos sin cesar siempre que estamos juntas. Ella me ofreció consuelo cuando mi amigo me dijo que había conocido a otra persona. Se sentó conmigo mientras yo lloraba en público, sin pudor, en pleno centro de San Francisco.

Hace poco, esos dos amigos se conocieron y congeniaron. Él empezó a bromear con la posibilidad de acostarse con ella. (Ahora está soltero.) Le dije que no me hacía gracia la idea, pero él restó importancia a mis preocupaciones. No insistí porque mi amiga juró que nunca se acostaría con él. Me lo repitió muchas veces, claramente, pese a que yo no se lo pedía. Si bien había superado mi atracción por ese hombre, la historia era aún un poco reciente, y no había acabado de asimilar la pena. Mi amiga veía que aún me afectaba. Confié en ella.

Sin embargo, ocurrió: se acostaron. Cuando mi amigo me lo dijo, me llevé un disgusto; le grité por su indiferencia a mis sentimientos en el pasado. Mantuvimos largas conversaciones por teléfono. Al final, me sentí escuchada, valorada y respetada. Él me obligó a superar los celos y a entender que no tengo derecho a controlar los actos de los demás. Desde entonces me he visto forzada a permanecer atenta a mis inseguridades y a mi deseo de control.

Dos semanas después, cuando mi amiga se disculpó por incumplir su promesa, le dije que ahora yo era consciente de que, ya de buen comienzo, no tenía derecho a esa promesa, pese a que me había dolido y enfurecido cuando la incumplió. Ella hizo lo que consideró que le convenía, y ahora yo tenía que averiguar qué era lo que me convenía a mí: necesitaba tiempo y distancia. Una parte de mí se sentía en paz. Pero, para entonces, también me sentía tan emocionalmente agotada por todo aquello, y tan asqueada conmigo misma, que ya ni siquiera estaba segura de merecer una disculpa de alguien.

Sugar, tengo un problema. Sé que lo que hicieron no estaba mal desde un punto de vista moral; yo misma he deseado antes a los ex de mis amigas, y a los amigos de mis ex. Ellos mantienen una relación independientemente de mí. Aun así, me dolió. Y lo peor es que me avergoncé de que me doliera. Me avergoncé de los celos que aún guardaba dentro de mí sin saberlo, incluso dieciocho meses después de terminar la relación. Quiero ser la persona capaz de alegrarse dignamente de que dos personas a las que quiero hayan podido divertirse con un poco de sexo. Quiero creer que el causante de mi dolor es mi pequeño cerebro posesivo y competitivo, y así poder cambiar y superarlo. Lo único que hago ahora es fustigarme, elija la opción que elija. Ante este asunto, mi brújula interna está muy averiada. Necesito tus palabras sabias y apaciguadoras.

Con cariño,

TRIANGULADA

*Q*ueridas mujeres:

Hace un par de años, los peques Sugar se enzarzaron en una enconada pelea por la cabeza cercenada de una princesa de plástico y de cabello negro. Mi hijo casi echaba espumarajos por la boca. Mi hija chilló tan fuerte y durante tanto rato que pensé que los vecinos iban a llamar a la policía. La cabeza cercenada en cuestión era, más o menos, del tamaño de una bola de chicle; su cuello no era un cuello propiamente dicho, sino más bien una abertura en la que estaba previsto encajar con un clic un torso intercambiable. Dicho torso era la egipcia antigua que mi hija tenía en la mano o la sensual pirata con falda que mi hijo tenía en la suya. De ahí el alboroto.

Ninguno de los dos se dejó disuadir respecto a la cabeza cercenada de la princesa de plástico de cabello negro, por más delicada o severa o enloquecidamente que les explicara que podían turnarse, acoplando cada uno de ellos la cabeza a «su torso» durante un tiempo. Además, se negaron a encontrar consuelo en alguno de los incontables objetos que abarrotan el cuarto que comparten: no sirvieron el cubo de ágatas ni los puñales de madera; ni los gatitos de peluche ni las tarjetas con el abecedario; ni las espadas de gomaespuma ni los rotuladores medio rotos; ni las bailarinas ni los guerreros romanos; ni los monos ni las hadas ni las falsas monedas de oro; ni los muñecos de acción inspirados en el cine ni los unicornios; ni los coches de carreras ni los dinosaurios; ni los blocs de espiral ni nada de nada en todo este bendito universo. Solo querían la cabeza cercenada de la princesa de plástico de cabello negro.

—Es mía —gritaba mi hija.

—Yo estaba jugando con ella antes —contraatacaba mi hijo.

—Para mí es especial —gimoteaba mi hija.

—Ella siempre juega con mis juguetes especiales —bramaba mi hijo.

Hablé, argumenté e hice propuestas que pronto se convirtieron en órdenes, pero, de hecho, en último extremo, no había nada que hacer. Había una cabeza y dos torsos. La incuestionable realidad era que nos hallábamos ante una tormenta y debíamos capearla hasta que no quedara un solo árbol en pie.

Empiezo por este episodio alegórico de la casa Sugar no porque piense que vuestras pugnas individuales y conjuntas respecto a vuestra amistad son tan infantiles como una pelea por un juguete, sino más bien porque creo que resulta instructivo contemplar desde un punto de vista esencial nuestro deseo de tener no solo lo que es nuestro, sino también lo que pertenece a quienes queremos, y no solo porque deseamos esas cosas para nosotros, sino porque deseamos que la otra persona no las tenga. Ese fervor es ancestral y eterno; es un objeto del tamaño de un chicle en el centro de aquello con lo que lidiamos. Os invito a las dos a reflexionar sobre ello.

Todos tenemos derecho a la cabeza cercenada de la princesa de plástico de cabello negro. Creemos que solo nos corresponde a nosotros tenerla. Nos negamos a soltarla.

Antes de empezar a desenmarañar vuestra situación, os diré, ya desde el principio, que estoy segura de que si ambas seguís hablando en silencio con vosotras mismas sobre esta cosa extraña y pegajosa que ocurrió con ese hombre al que en adelante llamaré «el Astuto», vais a lamentarlo. Es más, vais a alimentar un aluvión de impresiones cada vez más distorsionadas sobre «lo que pasó y lo que eso significa y quién hizo y dijo qué». Y no solo os sentiréis desgraciadas, tristes y resentidas, sino que, además, os veréis privadas de una amiga con quien deberíais estar sentadas en un porche dentro de diez años, riéndoos de lo descerebradas que fuisteis en su día.

Ambas hicisteis algo que, como en el fondo sabéis, no fue encomiable. Vuestros deseos, temores, carencias y expectativas poco razonables, y otras cosas que os negaríais a reconocer, encajaron con un clic tan limpiamente como una cabeza de plástico en un torso de plástico; y, en ese momento, sentisteis un pellizco. A ambas os ocurrió lo mismo, pero desde distintos puntos de vista. ¿Con quién deberíamos solidarizarnos? ¿A qué mujer habría que atribuirle la culpa? ¿En qué dirección vuelan las flechas de vuestros relatos? ¿Cuál es el mejor camino para salir de este atolladero?

Estas son las preguntas que me hice al reflexionar sobre

vuestras cartas. Cada vez que intentaba poner en orden las historias en mi cabeza, conseguía más bien complicarlas. Elaboré gráficos y listas con lugares comunes. Cogí un papel y dibujé un plano. Convertí vuestro embrollo con el Astuto en un par de ecuaciones matemáticas de esas que nunca aprendí a hacer en el colegio (lo cual me da entera libertad para utilizarlas según mis caprichosos designios literarios).

Amiga o Enemiga: «Juro solemnemente que nunca follaré con el Astuto porque mi amiga conserva aún sentimientos a flor de piel y una actitud territorial y no quiero hacerle daño» + [soy una persona que se preocupa por los demás y follar con el Astuto me obligaría a replantearme qué clase de persona creo ser] + follé con el Astuto de todos modos = uf/agh^2 x [pero quizá, ahora que lo pienso detenidamente, mi amistad con esa mujer no es «muy importante para mí»] ÷ y, sin embargo, en su día me senté a su lado mientras ella lloraba desconsoladamente en el centro de San Francisco > así que - ¡a la mierda todo esto! + ¡cómo se atreve a enfadarse conmigo! + ¡he sido buena amiga suya en todos los demás sentidos! + el Astuto no es novio suyo desde hace, vamos, NUNCA lo ha sido + ¡me atrae! + ¡yo lo atraigo a él! + no tengo ni treinta años y me están saliendo telarañas en la vagina + ya de entrada, ¿quién es ella para decir con quién podemos acostarnos el Astuto y yo? < soy una persona espantosa y una bestia sexual egoísta [¿tendrá la amabilidad la exnovia acusadora de presentar su testimonio ante el tribunal?] ÷ ha engañado, sí + ha mentido, sí + no digna de confianza o perdón, no, nunca, por ninguna mujer en ningún momento, por ninguna razón en absoluto = ¿sabes qué te digo? ¡Que se jodan esas imbéciles! + ¡Volvería a tirarme al Astuto otra vez! ≠ Salvo. Bueno. [Maldita sea.]

Triangulada: «El Astuto es una persona maravillosa» + [«rompimos», aunque, en realidad, nunca estuvimos juntos, nunca fuimos monógamos, pese a que me partió el corazón de esa manera en realidad difícil de definir con exactitud, por lo cual no lo culpo, porque yo no me había creado ninguna expectativa: ¿por qué habría de crearme expectativas?, etcétera] ÷ para mí está claro que quiere follar con mi encantadora amiga que me vio llorar desconsoladamente por él en el centro de San Francisco y eso me da ganas de vomitar[2] + [¿qué significa la monogamia?, ¿qué es el amor?, ¿estamos en deuda con alguien cuando hay sexo de por medio?, ¿por qué me dan ganas de vomitar si el Astuto es «solo un amigo»?] = acepto las promesas categóricas y profusas de mi encantadora amiga respecto a sus intenciones de no follar con el Astuto x [¡lazos fraternales!] - permito al Astuto no hacerme caso cuando le expreso mi deseo de que no folle con mi encantadora amiga = lloro / me enfurezco cuando ellos son incapaces de abstenerse de follar + [¿cómo han podido hacerlo? ¡ella me lo prometió! ¡pensaba que era mi amiga! ¡él nunca me escuchó!] < conversación larga, difícil, en último extremo satisfactoria con el Astuto tras la que extrañamente me siento más unida a él [y peor en cuanto a mi yo endeble, inseguro, obsesionado con el control, celoso, poco enrollado, idiota, competitivo, carente[2]] x breve, improductiva y resueltamente fría conversación con mi encantadora amiga [¿no debería estar más arrepentida de lo que está? / ¿qué derecho tengo a una disculpa?, ¿desde cuándo es cosa mía decir quién folla con quién? / ¡pero lo prometió!] ÷ fantaseo con que mi encantadora amiga acepta un empleo durante una buena temporada en Corea + escucho una y otra vez el equivalente en mi generación a *Cancer of Everything*, de Lisa Germano, mientras permanezco hecha un patético ovillo + [alternándolo con el intento de redactar desenfadadamente la expresión «divertirse con un poco de sexo» con relación a esos dos gilipollas egoístas] ≠ Salvo. Bueno. [Maldita sea.]

En el mundo de Sugar, en su ignorancia de las matemáticas, a esto lo llamamos jodienda.

Las dos estáis equivocadas. Las dos tenéis razón. Las dos sabéis que podéis actuar mejor. Que no lo hayáis conseguido no servirá de nada, a menos que aprendáis algo de ello. Aprendamos, pues, encantos.

Triangulada, si realmente te duele y te enfurece que el Astuto se folle a una amiga tuya, no es tu amigo y no deberías comportarte con él como si lo fuera. Es tu ex, el amor que todavía no has superado por razones que quizá no seas capaz de explicar o justificar ante ti misma, el hombre que es una zona absolutamente prohibida para cualquiera mínimamente cercano a tu círculo íntimo. Déjate de todo ese rollo del amor libre y de que ahora sois solo amigos, y reconoce lo que sientes de verdad: si el Astuto folla con alguien, no te conviene tratar con esa mujer. Todavía no. Ahora no. Quizá nunca. Como mínimo, espera a que se cure la herida en tu corazón, antes de presentar al Astuto a tus amigas, muy en especial a aquellas que describes como «ingeniosas, sexis, brillantes». Y luego prepárate para lo que pueda venir.

Aunque da la impresión de que la decisión de Amiga o Enemiga de incumplir su promesa y follarse al Astuto es la causa de todo este dolor, sus actos no son el origen de tu aflicción. El origen está en que tú no hayas reconocido ni respetado tus propios límites. Pretendiste nadar y guardar la ropa. Querías ser la mujer que podía ser amiga de un hombre al que aún no habías olvidado, pero no eres esa mujer. Entiendo por qué quieres serlo, querida. Esa mujer mola. Es la estrella del espectáculo. No se toma nada de manera personal. Pero tú no eres ella. Y no pasa nada. Tú eres tu propio yo frágil, fuerte, dulce, escrutador. Puedes estar triste porque un hombre del cual te medio colgaste no se colgó de ti. No tienes que ser buena tía. No tienes que fingir que no te importa compartir tus interesantes y hermosas amigas con el Astuto, aunque te sientas como una gilipollas endeble que no lo lleva bien. Puedes decir que no.

Sin embargo, la cuestión es que tienes que decirlo. Tienes que ser la mujer que da un paso al frente y lo dice. No solo a la encantadora amiga incapaz de mantener las promesas que te hizo mientras nadabais en las aguas comunes de vuestro difuso anhelo de reafirmación y orgasmos, sino también al hombre. Sí, al Astuto. Ese que es, pero no es, tu amigo. Tienes que convivir con la incómoda realidad de que es él la persona con respecto a quien necesitas poner tiempo y distancia. Y luego tienes que aceptarlo, por duro que sea, pase lo que pase.

Amiga o Enemiga, tomaste una decisión que, como bien sabías, haría daño a alguien que confiaba en ti —una decisión, merece la pena observar, que juraste de forma expresa no tomar— y después justificaste esa decisión con razones que podrías haber abordado con ella reflexivamente de antemano. Eso no te convierte ni en «adicta al placer» ni en «una pésima amiga». Te convierte en una persona que hizo lo que haría casi todo el mundo en esa situación y, en ese momento, de tu vida: una mujer que cogió lo que deseaba y no lo que necesitaba.

En cuanto a eso no tienes ninguna culpa, pero, a la vez, eres del todo responsable. En cierto modo, caíste en la trampa puesta por Triangulada y, en esencia, fuiste también una capullo con ella. La razón por la que ha aflorado todo ese rollo en tus reflexiones posteriores al desliz con el Astuto —(tu examiga, tu sensación de recibir un castigo eterno por haberla agraviado, tu impresión de que tu amiga nunca confió en ti)— es que, contrariamente a tu afirmación de que no te arrepientes de lo que hiciste, sabes que podrías haber actuado de otro modo, de un modo mejor, o no haber actuado en absoluto. Lo que aquí hay en juego no es solo tu amistad con Triangulada, sino también tu integridad. Prometiste no hacer daño a una persona a quien apreciabas. Le hiciste daño igualmente. ¿Qué conclusión sacas de eso? ¿Qué te gustaría extraer de eso, corazón mío? ¿Quieres levantar las manos y decir «¿Qué se le va a hacer?», o te atreves a dejar que esta experiencia cambie tu punto de vista?

A todos nos gusta pensar cuando pensamos sobre nosotros mismos que muchas veces nuestro punto de vista es el mejor y el más moral; es decir: «¡Claro que no follaría jamás con el Astuto, porque eso haría daño a mi amiga!». Nos gusta creer que nuestros impulsos generosos salen de manera natural. Pero lo cierto es que a menudo alcanzamos nuestro yo más bondadoso y ético solo después de ver qué se siente siendo antes un gilipollas egoísta. Es la razón por la que tenemos que luchar tan enconadamente por la cabeza cercenada de la princesa de plástico de cabello negro antes de aprender a jugar plácidamente; la razón por la que tenemos que quemarnos antes de comprender el poder del fuego; la razón por la que nuestras relaciones más significativas son muy a menudo aquellas que han superado una crisis que estuvo a punto de acabar con ellas.

Confío en que hagáis eso, queridas mujeres, aunque tardéis un tiempo en avanzar con paso tambaleante. No sé si vuestra amistad está destinada a durar toda una vida, pero sí sé que vale la pena intentarlo. Os veo en ese porche dentro de diez años.

Un saludo,

SUGAR

¿Eres tú mi mamá?

*Q*uerida Sugar:

Me trasladé a otra ciudad hace un año. En estos últimos meses, me he sentido muy a gusto y relajado, después de varias rachas de soledad. Aquí he conocido a unas cuantas mujeres maravillosas, mujeres con las que me habría imaginado saliendo en algún momento, o al menos acostándome con ellas durante un tiempo. ¿Qué problema hay con eso? Verás, he observado que tiendo a acercarme a las mujeres más por costumbre que por necesidad. Voy a por lo que está a mi disposición de manera inmediata y luego enseguida pierdo interés —a veces incluso antes de empezar—, pero, como soy una persona sensible y sensual, me cuesta rechazarlo.

Mi pregunta es, supongo, si eso tiene una causa biológica o una causa emocional. Soy un hombre de veintitantos años que inicia ahora lo que parece una prometedora carrera en algo que me encanta. Siento mucho amor y gratitud en la vida; solo escribir esta frase me hace sentir un poco mejor. Me gustan mucho las mujeres, mucho, y no sé si podría renunciar a ellas. Tampoco quiero acabar siendo, como tantos, un hombre distante, difícil y poco comunicativo que no está seguro de sus sentimientos.

Creo que parte del problema es, quizá, que tengo la sensación de necesitar el amor físico para ser feliz; sin él, soy una persona menos completa. ¿Lo que necesito es más autoafirmación? ¿Necesito convencerme de que encontraré a una mujer a quien poder amar realmente y no solo ir a por ella porque está a mi disposición de manera inmediata? ¿Tiene eso algo que ver con mi madre?

ANÓNIMO

*Q*uerido Anónimo:

No sé si habrás leído el libro de P. D. Eastman titulado *¿Eres tú mi mamá?* En él, un polluelo rompe el cascarón cuando su madre no está en el nido y decide salir a buscarla. Como no puede volar, camina. Camina, camina y camina con sus patitas de polluelo, haciendo una y otra vez la pregunta: «¿Eres tú mi mamá?». Cada vez que hace esa pregunta, está convencido de que la respuesta será afirmativa. Pero se equivoca. Nada es su madre. El gatito no es su madre. La gallina no es su madre. El perro no es su madre. La vaca no es su madre. El barco no es su madre. El avión no es su madre. La pala mecánica a la que llama *Plonk* no es su madre. Pero, al final, cuando ya ha perdido la esperanza, el polluelo vuelve al nido y entonces llega su madre.

Es un libro para niños que, en realidad, no habla de niños. Trata de ti, de mí y de las demás personas que alguna vez han tenido veintitantos años y han buscado dentro de sí eso que les permite sentirse a gusto en el mundo. Es un cuento sobre lo imposible que puede ser reconocer quiénes somos, a quién pertenecemos y quién nos pertenece. Es un cuento bastante exacto acerca del viaje en el que tú estás ahora, Anónimo, y te animo a prestar atención y sacar conclusiones.

Claro que te has acostado con mujeres con las que, en realidad, no te interesa mucho mantener una relación, guapo. ¡Claro que sí! Casi se puede decir que, cuando eres un soltero de veintitantos años, acostarte con toda aquella que se te cruza es tu trabajo. Es biológico. Es emocional. Es psicológico. Es egocéntrico. Y sí, algunos de esos impulsos quizá tengan algo que ver con tu madre (y también con tu padre, si a eso vamos).

Los sentimientos y los pensamientos en conflicto que te

asaltan sobre el amor, el sexo y los actos a veces contradictorios que realizas con mujeres son propios de tu etapa de desarrollo y te enseñarán algo que necesitas saber, así que no seas muy duro contigo, pero sí debes procurar no quedarte estancado. No quedarse estancado es vital para no «acabar siendo, como tantos, un hombre distante, difícil y poco comunicativo que no está seguro de sus sentimientos», un hombre que se acuesta con toda mujer medianamente interesante e interesada con la que se encuentra. Aprendemos de la experiencia, pero no es necesario seguir aprendiendo lo mismo de la misma experiencia una y otra vez, ¿no crees?

Sabes ya qué se siente al decir sí a mujeres que, en realidad, no acaban de convencerte. ¿Por qué no pruebas a ver qué se siente al decir no? ¿Qué espacio llena el sexo con mujeres que no te van mucho y qué llena ese espacio cuando no lo llenas con ellas? Si quieres convertirte en el hombre emocionalmente maduro que, según veo claro, estás a punto de ser, tendrás que evolucionar más allá del punto en que preguntas a toda gatita que te encuentras si es tu madre.

No lo es. Lo eres tú. Y, en cuanto deduzcas eso, estarás a gusto.

Un saludo,

SUGAR

Diez chicos iracundos

*Q*uerida Sugar:

Soy madre de dos niñas preciosas de cuatro y dos años. Son mi razón de ser; las quiero más de lo que puedo expresar con palabras. Creía que no quería ser madre; a menudo, decía que no sintonizaba con los niños. Pero, Dios mío, cuando nació mi primera hija, di un giro radical. No sabía qué me había pasado. Me enamoré. Me hechizó al instante. Enseguida establecí un fuerte lazo con las dos; diría que soy una madre que sigue los principios de la «crianza con apego». Las tres estamos muy unidas y somos una familia muy afectuosa.

Soy consciente de la importancia de respetar los sentimientos de mis hijas y de enseñarles a expresar sus sentimientos, no a reprimirlos. Pero, de un tiempo a esta parte, me dejo llevar por el mal genio, y permito que esa COSA demoniaca salga de mí en momentos de tensión. No me interpretes mal: no pierdo los papeles por trivialidades como que no se termine la cena o que no se porte bien en el supermercado. Es más bien un proceso: después de tolerar una cosa tras otra, al final estallo.

También debería explicar que mi marido, que es un padre y un marido que nos adora, tiene un horario de trabajo interminable e imprevisible. Eso lo atormenta, porque echa de menos estar con nosotras, pero así son las cosas. Es lo que yo llamo una persona de corazón puro. Es el hombre que me salvó, porque, antes de conocerlo, yo era una pesimista compulsiva. Él es de una «bondad» que ya no se ve hoy día. Es muy tierno, divertido y cariñoso con nuestras hijas, y le estoy muy agradecida por eso, pero trabaja mucho, así que a menudo soy una madre sola y me siento desbordada. La mayoría de los días todo va bien, pero, cuando me descontrolo, no veas la que se arma.

Lo que me asusta, Sugar, es que procedo de un entorno familiar muy inestable. No en el sentido de que mis padres fueran alcohólicos empedernidos y nos maltrataran brutalmente. Pero sí nos gritaban de una manera injusta y nos pegaban e intimidaban mucho. No nos dejaban tomar nuestras propias decisiones y, por su culpa, nos sentíamos desvalidos. Mi madre, en particular, perdía los estribos con mis hermanos y conmigo; a veces, aquello era como abrirse paso por un campo minado. Sencillamente, nunca sabías cuándo explotaría. Gritaba que quería marcharse. En noches como esa, no me dormía hasta que ella se acostaba. Estaba convencida de que haría las maletas y se iría. Tenía una serie de problemas que he descubierto hace poco. Procede de un entorno disfunçional, entre otras circunstancias (no quiero entrar en detalles, sería demasiado largo). Creo que eso la llevaba a caer en soliloquios de horas y horas sobre lo horrible que era su vida y lo horribles que eran sus hijos.

En fin, esa es la historia de fondo, en pocas palabras. Soy una mujer con un bajo nivel de autoestima que tuvo que esforzarse para acabar los estudios en la universidad, que consiguió un trabajo bastante bueno, que se casó con un hombre excelente y que tiene una familia maravillosa. Pero ahora me doy miedo a mí misma por mi mal genio. Hago cosas que sé que son inaceptables. Esta noche he sacado a mi hija mayor de la sillita del coche de un tirón y la he lanzado al jardín. Se ha quedado allí tendida, atónita, y se ha echado a llorar. Antes, en el camino de vuelta a casa, en el coche, me he cogido una

335

rabieta tremenda. Es como si no pudiera serenarme hasta que alcanzo mi máximo de ira.

Siento que soy despreciable y que no merezco ser su madre, porque sé que esto está mal, pero no puedo evitarlo. Hoy le he pedido a mi médico que me recomiende un psicoterapeuta para empezar a hablar de estos conflictos más profundos. Temo no poder cambiar nunca, que lleve grabados dentro de mí este mal genio, esta necesidad de estallar.

Un saludo,

MADRE DESVALIDA

Querida Madre Desvalida:

No creo que estés desvalida. Creo que eres una buena madre que, de vez en cuando, llega a su límite en cuanto a tolerancia, paciencia y bondad, y que necesita aprender a controlar su ira y su estrés. Eres perfectamente capaz de hacerlo. La parte de tu carta en la que afirmas que crees que quizá no puedas «cambiar nunca» me preocupa más que la parte de tu carta en que describes cómo arrojas a tu hija al jardín en un momento de rabia. Dada tu situación como principal cuidadora de dos niñas muy pequeñas con poco apoyo práctico de tu pareja, no es sorprendente que, de vez en cuando, pierdas la paciencia con tus queridas hijas. Yo misma, en breves etapas, he cuidado de mis dos hijos en circunstancias muy parecidas a las que describes, y es sin lugar a dudas el trabajo más agotador y exasperante que he tenido en mi vida.

También yo me he comportado con mis hijos de maneras que lamento. Te desafío a que encuentres a una madre que no lo haya hecho.

No te digo esto para exculparte, sino más bien —paradójicamente— para cargar sobre tus hombros toda la responsabilidad del cambio. Ser padre o madre es un asunto serio. Saca lo mejor y lo peor que hay en nosotros. Nos obliga a enfrentarnos a nuestro lado más luminoso y al más oscuro. Tus queridas

336

hijas te han dado la oportunidad de verte a ti misma de una manera más plena: eres la mujer que tiene la capacidad de amar más profundamente de lo que creía posible, y también la mujer que incurre, intermitentemente, en alguna «rabieta tremenda» dirigida contra dos personas menores de cinco años.

Lo mejor que puedes hacer por tus hijas es perdonarte por lo ocurrido, aceptar que tus arrebatos te han ayudado a comprender que tienes un trabajo que hacer para convertirte en la madre que tus hijas merecen, y luego aprovechar todos los recursos a tu alcance —tanto internos como externos— para conseguirlo.

El trabajo de tu marido es muy absorbente, pero seguro que está en casa el tiempo suficiente para darte algún que otro respiro en la brega familiar. ¿Es así? ¿Te los concedes? Sé lo difícil que puede ser para ti retirarte, sobre todo cuando deseas tener esos infrecuentes ratos en familia en los que, por una vez, estáis todos juntos, pero te aconsejo que busques también espacio para ti, incluso si te representa un esfuerzo. Es increíble lo que una hora de soledad puede reparar, o los arrebatos de ira que puede sofocar un paseo. Hay otras opciones de apoyo. Un acuerdo con otros padres para ocuparse de los niños por turnos; mandarlos a una guardería unas cuantas mañanas o tardes por semana, incluso si no tienes un «empleo» que te obligue a ello; inscribirse en un gimnasio que ofrezca servicio de guardería mientras haces ejercicio u hojeas una revista en la sauna. Son soluciones que a mí me funcionaron en los momentos más difíciles, cuando mis días eran inmensos mares de niños pequeños y no había alrededor adultos que pudieran ayudarme.

El trabajo más arduo es, claro, el de tu interior. Necesitas pensar sobre tu propia infancia. Me alegra oír que buscas ayuda psicológica. Espero que entres en ese proceso con una sensación de fuerza más que de desesperación, porque lo que trasluce tu carta es fuerza y amor. Ya es mucho lo que has avanzado. Que hayas actuado con tus hijas de una manera distinta de cómo actuó tu madre contigo quizá sea el logro más significativo de tu vida, pero no basta con quedarse en «yo lo hice mejor que ellos». Tengo la firme convicción de que lo conseguirás, de que aprenderás a dejar que tu ira sea solo lo que es y nada más: una tormenta que pasa por ti inofensivamente y que amaina hasta reducirse a una delicada llovizna antes de disiparse bajo el sol.

Una vez entregué mi corazón a diez niños iracundos. Aunque, aparentemente, no tienen nada que ver contigo ni conmigo, ni con ninguna de las madres buenas que tú y yo conocemos, mi experiencia con ellos me marcó en muchos sentidos; concretamente, respecto a mis obligaciones como madre. Trabajé con esos niños iracundos durante la misma época en que trabajé con chicas adolescentes en un centro de enseñanza media. Mi trabajo oficial no era con esos niños —me habían contratado para atender a las niñas—, pero, como tenía un despacho en el colegio y la descripción de mi cargo era «defensora de los jóvenes», y como cualquier programa cuyo objetivo es atender a niños que viven en la pobreza debe recurrir inevitablemente a todo aquello que pueda conseguir gratis, me reclutaron para participar en un experimento.

El experimento consistía en lo siguiente: convencer a los padres de esos chicos —cuyo comportamiento había sido tan malo como para que se los excluyera de las aulas normales y se los agrupara en una clase especial de control de la ira— para que vinieran al colegio a cenar con sus hijos en familia, cada martes por la noche, durante diez semanas. El programa proporcionaría la comida y los chicos iracundos la servirían. Cada familia se sentaría a su propia mesa, aparte de las demás. Así se pretendía potenciar la unidad familiar. Después de la cena, cada chico iracundo extraería una tarjeta de un tazón y leería el contenido en voz alta a su familia —podía ser «mi recuerdo más feliz» o «mis sueños para el futuro»—, y la familia tendría que hablar de eso durante quince minutos. Después de las conversaciones, las familias se separarían. Los padres de los chicos iracundos entrarían en una sala donde se reunirían con un equipo de asistentes sociales, a modo de terapia de grupo, para comentar los desafíos y las alegrías de la paternidad; los hermanos menores de los chicos iracundos pasarían a otra sala con un par de ayudantes, que tenían la misión de cuidar de ellos. Por su parte, los chicos iracundos y sus hermanos mayores, a menudo aún más iracundos, pasarían a una sala conmigo, la defensora de los jóvenes.

Ja.

El plan era que yo supervisara a los niños en juegos que los ayudaran a aprender a trabajar en colaboración sin que nadie intentara estrangular a nadie. La primera semana fue un desastre. Uno de los chicos iracundos amenazó al hermano de otro con una silla. Otro dio un puñetazo muy fuerte en la cabeza a alguien cuando jugábamos a «sígueme». El bingo se convirtió en una melé. Aquella hora se me hizo larguísima.

Literalmente, cuando nos reunimos otra vez con los padres y los hermanos menores en el comedor del colegio, mientras el resto del edificio estaba inquietantemente a oscuras y en silencio, me puse a temblar. Una vez todos allí, formamos un amplio círculo: los diez chicos iracundos y sus familias, cuatro asistentes sociales, dos ayudantes y yo. Era el momento del ritual de despedida, explicó una de las asistentes sociales con voz atronadora. Haríamos eso ese martes y los nueve siguientes, anunció. Primero cantaríamos una canción. Luego haríamos una cosa llamada «lluvia».

No sabía en qué consistía eso de la «lluvia», pero no tuve tiempo para preguntar. Me limité a seguir al resto del grupo, entonando la canción que, por lo visto, los asistentes sociales habían compuesto ellos mismos para la ocasión, advirtiendo las miradas remisas de los padres de los chicos iracundos mientras todos entonábamos con voces entrecortadas la letra estúpidamente alegre. Había unos cuantos hombres en el comedor —un padre de verdad y varios novios—, pero los progenitores eran en su mayoría mujeres más o menos de mi edad —cercanas a los treinta—, pese a que no se parecían a mí ni vestían como yo, ni tenían nada en común conmigo. Parecían lo que eran: madres de chicos iracundos. Como si vivieran en los extremos. O palpablemente andrajosas o sumamente peripuestas. O muy gordas o muy delgadas. O como si acabaran de esnifar o como si estuvieran a punto de dormirse.

Me sentí como una impostora entre ellas. ¿Cómo iba a convencer a sus hijos de que no se amenazaran entre sí con sillas?

Cuando por fin llegó el momento de hacer «lluvia», la asistente social nos dirigió. Yo volví a seguirla, mientras todos, colectivamente, representábamos una tormenta con nuestros cuerpos. Para empezar, estábamos inmóviles y en silencio, formando un sol con los brazos por encima de la cabeza; luego nos

339

frotamos las manos para crear un suavísimo susurro; después chasqueamos los dedos para simular el golpeteo de las gotas de lluvia; posteriormente, batimos palmas, primero una mano con otra, y luego contra los muslos en sonoras palmadas acuosas. En el punto culminante de la tormenta, pateamos el suelo con un estrépito atronador, hasta que muy lentamente invertimos el proceso —las palmadas en los muslos, mano con mano, el susurro cada vez más suave—, y al final nos quedamos de nuevo inmóviles como soles.

«Ha sido una pasada —comentó uno de los chicos iracundos en medio del silencio—. ¿Podemos repetirlo, por favor?», pidió, y todos nos reímos.

Era el chico que había dado un coscorrón en la cabeza a otro mientras jugábamos a «sígueme». Aquella primera noche, ese chico me amedrentó un poco, y no solo por ser un brutote e intimidante muchacho de octavo. Conocía su historia —los asistentes sociales me habían dado información sobre cada niño— y su caso me había parecido uno de los más tristes.

Dos años antes, cuando estaba en sexto, una tarde, tras salir del colegió, llegó a casa y se encontró la puerta cerrada con llave. Tras aporrearla sin recibir respuesta, miró por la ventana y vio a su padre tirado en el suelo del salón, muerto de una sobredosis de heroína. Pensó que no podía llamar a la policía. Los policías no eran amigos suyos. Así que esperó en el porche a que su madre llegase. Pero ella no llegó. También era drogadicta... y prostituta. El chico era su único hijo. Pasó la noche durmiendo en el porche, arrebujado en su abrigo. Por la mañana, volvió al colegio y le dijo a una maestra que su padre estaba muerto.

Desde entonces fue un chico iracundo.

Lo llamaré Brandon. Después de esa primera «lluvia» dejé de tenerle miedo. Empezó a pasarse por mi despacho en los momentos tranquilos, cuando casi todos los demás alumnos estaban en clase. Había llegado a un acuerdo con el profesor de su clase de control de la ira: siempre que intuyera que iba a comportarse airadamente, saldría del aula y se pasearía por el pasillo del colegio respirando hondo. Era una táctica que le habían enseñado en el colegio y le daba resultado. Iba pasillo arriba, pasillo abajo, ante la puerta abierta de mi despacho, una

340

vez, otra vez, otra vez más..., hasta que por fin se volvía y preguntaba: «¿Qué hace?», con una voz revestida de tan falsa despreocupación que se me encogía el corazón.

«Nada importante —contestaba yo—. Pasa.» Y él se acomodaba cerca de mi mesa, en la «silla de las historias», donde todas las chicas se sentaban a contarme sus espantosas vivencias. Y allí también él me contaba sus historias, no todas espantosas. Su vida mejoraba, me dijo. Se alegraba mucho de que su madre hubiera accedido a participar en el experimento de los martes por la noche. A ella estaba yéndole muy bien, explicó. Iba camino de limpiarse, y también su novio. Cuando llegara el verano, tendrían un perro.

Pasaron las semanas. Las noches de los martes llegaban y quedaban atrás. Un par de familias lo dejaron. Otras añadieron nuevos miembros: hermanas mayores embarazadas; nuevos novios e hijastros. Cada semana repetíamos lo mismo: cena, conversación, grupo, canción, «lluvia». «Los niños necesitan estructura» era una frase que se oía mucho. «A los niños les gusta poder predecir qué va a ocurrir a continuación.»

Sobre todo les gustaba hacer «lluvia». El aspecto ritual de aquello les resultaba emocionante. Se machacaban los muslos con palmadas para crear una tormenta. Cada semana, el silencio posterior se imponía entre nosotros como una curación.

Nunca creí que los chicos fueran iracundos. Creía que estaban dolidos y que la ira era la manifestación más segura de su pena. Era el cauce por el que sus impotentes ríos masculinos podían correr impetuosamente.

Brandon era el más iracundo de todos, pero era también el más tierno. Se enorgullecía de hacerse llamar ayudante mío. Los martes, a diferencia de la mayoría de los chicos iracundos, no volvía a casa después de clase, para regresar al cabo de un rato con su familia a la hora de la cena. Venía a mi despacho y hablaba conmigo hasta que llegaba el momento de ayudarme a preparar las mesas en el comedor. Reservaba la mejor para él, su madre y el novio de esta; colocaba los cubiertos con esmero y luego los esperaba.

El último martes del programa, Brandon y yo pegamos serpentinas en las mesas, un toque festivo para celebrar la ocasión. Entregaríamos certificados de graduación y repartiría-

341

mos entre las familias bolsas con objetos donados, como cepillos de dientes, juegos de mesa y vasos. Teníamos un gigantesco pastel rectangular donde se leía: «¡Felicidades, familias! ¡La unión hace la fuerza!».

Reparé en la ausencia de la madre de Brandon y su novio cuando el comedor estaba ya lleno a rebosar. Él estaba solo en su mesa. Fue a la puerta de entrada del colegio cuando el cielo oscureció y los otros chicos iracundos extrajeron del tazón las tarjetas con los temas de conversación. Nos dividimos en grupos, pero la madre de Brandon seguía sin llegar. Al cabo de media hora, alguien llamó a la puerta de mi aula y una asistente social me pidió que saliera al pasillo con Brandon. Su madre había sido detenida en el centro de la ciudad, por prostitución o consumo de drogas, o las dos cosas, no lo especificó. No la dejarían en libertad hasta el día siguiente, como mínimo, explicó la asistente social con voz serena. Su novio se pasaría por el colegio en cuanto pudiera y se quedaría con Brandon hasta que la madre regresara.

342

Ante la noticia, el chico se limitó a asentir, pero, cuando apoyé la mano en su brazo, lo apartó con tal violencia que temí que me diera un puñetazo.

—Brandon —lo llamé cuando él se alejó por el pasillo—. Por favor, vuelve —intenté decir con firmeza, pero me tembló la voz.

—No puedes marcharte —añadió la asistenta social—. Somos responsables de ti.

Brandon siguió adelante, como si no le hubiéramos dicho nada. Yo tenía nueve chicos iracundos con sus hermanos esperándome en el aula. Percibía que empezaban a entrar en efervescencia al otro lado de la puerta.

—¡Brandon! —exclamé con mayor aspereza, temiendo que escapara del colegio.

—No voy a hacer nada malo —respondió él en voz alta cuando se dio media vuelta y regresó hacia mí por el pasillo.

Y me di cuenta de que tenía razón. En ningún momento había tenido intención alguna de ir a ningún sitio. Solo hacía lo que había aprendido a hacer para contener sus impulsos más viscerales e irracionales. Respiraba hondo y caminaba. Era un chico iracundo controlando su rabia.

Todo en ese chico que se paseaba por el pasillo me dice algo vital: no tenemos derecho a sentirnos desvalidos, Madre Desvalida. Debemos ayudarnos a nosotros mismos. Una vez que el destino nos depara lo que tenga que depararnos, somos responsables de nuestras vidas. Podemos optar por lanzar a nuestros hijos a la hierba del jardín o podemos respirar hondo y caminar pasillo arriba, pasillo abajo. Y todo en la madre de Brandon me cuenta también una historia. Estamos muy lejos de ella, ¿no? En muchos sentidos, tú, yo y todas las madres buenas que conocemos no están siquiera en el mismo planeta que esa mujer. Ella falló, falló y falló.

Pero yo también. Y tú también.

¿Qué la llevó a no presentarse aquella noche? ¿Qué fuerza la impulsó a hacer lo que hizo para que la detuvieran cuando debería haber estado comiendo lasaña y pastel en el comedor de un colegio con su encantador hijo? ¿Qué no era capaz de perdonarse? ¿Para qué actos se consideraba desvalida?

No lo sé, pero sí sé una cosa. Cuando se trata de nuestros hijos, no podemos permitirnos el lujo de desesperar. Si nos levantamos, ellos se levantarán con nosotros cada vez, sin importar cuántas veces hayamos caído antes. Espero que recuerdes eso la próxima vez que falles. Espero recordarlo yo también. Recordar eso es nuestra labor más importante como madres.

Para cuando la reunión de aquellos grupos acabó esa última noche de nuestro experimento de los martes, Brandon ya había dejado de pasearse. Aceptó el certificado de graduación y la bolsa de regalos, él solo, en nombre de su familia. Comió un trozo de pastel. Se unió al círculo y cantó la canción que habían compuesto los asistentes sociales. Mientras cantábamos, llegó el novio de su madre.

Esa noche, cuando hicimos «lluvia», me pareció que tenía más sentido que nunca. Nuestros soles eran más redondos; frotamos las manos con más brío. Chasqueamos los dedos, batimos palmas y pateamos con tal estridencia que fue como si las nubes derramaran sus mismísimos corazones. En la culminación de la tormenta, iniciamos el proceso inverso, pero, al final, en lugar de quedarnos en silencio, sucumbimos de nuevo, porque ninguno de nosotros quería parar, de tan divertido como era. Seguimos y seguimos y seguimos, de los chasquidos a las palmadas, y vuelta a empezar, atronando y atronando, hasta que, al final, no nos quedó más remedio que levantar los brazos en actitud de rendición y aceptar que la lluvia había cesado.

Un saludo,

SUGAR

Las cosas hermosas

*Q*uerida Sugar:

Leo tu consultorio religiosamente. Tengo veintidós años. Por lo que deduzco de tus textos, tú tienes poco más de cuarenta. Mi pregunta es breve y sencilla: ¿qué le dirías a la persona que eras a los veintipocos años si pudieras hablarle ahora?

Con cariño,

UNA QUE BUSCA SABIDURÍA

*Q*uerida Una que Busca Sabiduría:

Deja de preocuparte por si estás gorda. No estás gorda. O mejor dicho, a veces estás un poco gorda, pero ¿a quién coño le importa? No hay nada más aburrido e inútil que una mujer lamentando el hecho de tener la barriga redonda. Aliméntate. Literalmente. Las personas dignas de tu amor te amarán más por eso, encanto.

En plena noche, en plenos veintitantos años, cuando tu mejor amiga se meta desnuda en tu cama, se monte a horcajadas sobre ti y diga «Huye de mí antes de que te devore», créela.

No eres una persona detestable por querer romper con alguien a quien amas. No necesitas una razón para marcharte. Querer marcharte basta. Marcharse no significa que una sea incapaz del amor real o que nunca volverá a amar a nadie. No significa que esté moralmente en quiebra ni trastornada, ni que sea una ninfómana. Significa que desea cambiar las condiciones de una relación en concreto. Eso es todo. Ten el valor de partirte tú misma el corazón.

Cuando esa pareja de gais encantadores pero chiflados te invite a su modernísimo apartamento a tomar éxtasis, di que no.

Hay cosas que todavía no puedes entender. Tu vida será un evolucionar extraordinario y continuo. Está bien que te hayas esforzado en resolver los conflictos de la infancia antes de los treinta, pero entiende que lo que resuelves deberá resolverse otra vez. Y otra vez. Acabarás sabiendo cosas que solo pueden saberse con la sabiduría de la edad y la dignidad de los años. La mayoría de estas cosas tendrán que ver con el perdón.

Una noche estarás revolcándote por el suelo de parqué de tu apartamento con un hombre que te dirá que no tiene condón. Le dirigirás esa sonrisa temeraria tuya que consideras tan *sexy* y le dirás que te folle igualmente. Ese será un error por el que pagarás solo tú.

No te atormentes tanto por cómo va tu vida profesional. No tienes una vida profesional. Tienes solo una vida. Trabájatela. Mantén la fe. Sé fiel a ti misma. Eres escritora porque escribes. Sigue escribiendo y déjate de quejas. Tu libro nacerá algún día. Todavía no sabes qué será.

No puedes convencer a la gente de que te quiera. Esta es una regla absoluta. Nadie te dará amor porque tú quieras que te lo dé. El amor verdadero se desplaza libremente en ambas direcciones. No pierdas el tiempo en nada más.

La mayoría de las cosas acabarán resolviéndose, pero no todas. A veces, presentarás batalla y perderás. A veces, resistirás firme y te darás cuenta de que no hay más remedio que abandonar. La aceptación es un espacio pequeño y silencioso.

Una calurosa tarde, durante la época en que estés absurdamente enganchada a la heroína, viajarás en un autobús pensando que eres una inútil de mierda y se subirá una niña sujetando dos globos morados atados con sendos cordeles. Te ofrecerá uno de los globos, pero no lo cogerás porque no te creerás ya con derecho a esas pequeñas cosas hermosas. Te equivocas. Sí lo tienes.

Tus suposiciones acerca de las vidas de los demás están en relación directa con tu ingenua presunción. Muchas de las personas a las que consideras ricas no son ricas. Muchas de las personas de quienes crees que lo tienen fácil han trabajado con ahínco para conseguir lo que tienen. Muchas de las personas a quienes, en apariencia, la vida les va sobre ruedas han sufrido y sufren. Muchas de las personas que te parecen viejas y estúpidamente cargadas de hijos, coches y casas fueron, en otro tiempo, tan modernas y presuntuosas como tú.

Cuando conozcas a un hombre en la puerta de un restaurante mexicano que, al cabo de poco, te bese mientras te explica que ese beso no «significa nada» porque, pese a lo mucho que le gustas, no tiene interés en mantener una relación contigo ni con nadie ahora mismo, tú ríete y devuélvele el beso. Tu hija tendrá su sentido del humor. Tu hijo tendrá sus ojos.

La suma de todos los días inútiles al final dará su fruto. Los trabajos cutres de camarera. Las horas escribiendo en tu diario personal. Los largos paseos sin rumbo. Las horas leyendo poesía, colecciones de relatos, novelas y diarios de muertos, y elucubrando sobre el sexo y Dios, sobre si deberías afeitarte las axilas o no. Todo eso marcará tu futuro.

Una Navidad, poco después de cumplir los veinte años, cuando tu madre te regale un grueso abrigo para el que ha ahorrado durante meses, no la mires con escepticismo cuando te diga que le pareció que era ideal para ti. No sostengas en alto el abrigo diciendo que es más largo que los que a ti te gustan, que abulta demasiado y que, posiblemente, abriga demasiado. En primavera, tu madre estará muerta. El abrigo será su último regalo. Durante el resto de tus días, lamentarás esas breves palabras que no dijiste.

Dale las gracias.

Un saludo,

SUGAR

347

Agradecimientos

*G*racias, Steve Almond, por tu fe en mí y tu amistad. Siempre te estaré agradecida por tu inmensa amabilidad.

Gracias a las miles de personas que me escribieron cartas y leyeron el consultorio «Querida Sugar» en TheRumpus.net. Este libro no existiría sin vosotros.

Gracias, Isaac Fitzgerald, Stephen Elliot, Julie Greicius, Antonia Crane, Elissa Bassist, Nancy Smith, Walter Green y mis otros muchos colegas en *The Rumpus* por vuestro apoyo, audacia, excelente trabajo y afecto.

Gracias, Kristen Forbes (alias Cupcake), por ayudarme y ser tan absolutamente formidable en todos los sentidos.

Gracias a Robin Desser, Janet Silver, Russell Perreault, Angelina Venezia, Jennifer Kurdyla y a todas las personas de Knopf, Vintage y The Zachary Shuster Harmsworth Agency que me ayudaron a traer al mundo *Pequeñas cosas bellas*.

Gracias a la organización sin ánimo de lucro Playa por concederme el periodo de residencia durante el que completé este libro.

Gracias, Brian Lindstrom (alias señor Sugar) y Bobby y Carver Lindstrom (alias peques Sugar), por tantas cosas, pero, sobre todo, por quererme como auténticos cabroncetes.

Y, por último, gracias a mi difunta madre, Bobbi Lambrecht, a quien Steve Almond llamó acertadamente «la verdadera Sugar original». Mi madre tenía razón: ese abrigo era ideal para mí.

Este libro utiliza el tipo Aldus, que toma su nombre
del vanguardista impresor del Renacimiento
italiano Aldus Manutius. Hermann Zapf
diseñó el tipo Aldus para la imprenta
Stempel en 1954, como una réplica
más ligera y elegante del
popular tipo
Palatino

***

**

*

Pequeñas cosas bellas
se acabó de imprimir
un día de invierno de 2015,
en los talleres gráficos de Liberdúplex, s.l.u.
Crta. BV-2249, km 7,4, Pol. Ind. Torrentfondo
Sant Llorenç d'Hortons (Barcelona)

***

**

*